JN411367

아르헨티나, 칠레, 우루과이

Argentina, Chile, Uruguay

이 저서는 2008년도 정부(교육과학기술부)의 재원으로 한국연구재단의 지원을 받아 연구되었음(NRF-2008-362-B00015)

이 도서의 국립중앙도서관 출판시도서목록(CIP)은 서지정보유통지원시스템 홈페이지(http://seoji.nl.go.kr)와 국가자료공동목록시스템(http://www.nl.go.kr/kolisnet)에서 이용하실 수 있습니다(CIP제어번호 : CIP2013007546)

 라틴아메리카 지정학 01

아르헨티나, 칠레, 우루과이

남미의 대안

서울대학교 라틴아메리카연구소 기획 | 박윤주 편역

한울
아카데미

아르헨티나, 칠레, 우루과이

남미의 대안

아르헨티나, 칠레 그리고 우루과이라는 세 나라를 흔히 '남미 원뿔꼴 지역' 혹은 서던콘(Southern Cone)이라고 부른다. 넓은 의미에서 이 지역은 파라과이와 브라질까지 포함하지만 좁은 의미에서 서던콘의 핵심 국가들은 여전히 아르헨티나, 칠레 그리고 우루과이이다. 이들 세 나라를 '서던콘'이라는 개념으로 함께 묶어 생각할 수 있는 이유는 이들 국가들이 공유하는 문화적 동질성 때문이라고 할 수 있다. 인종적으로 이들 국가는 백인이 다수 혹은 절대다수를 이루며, 이탈리아, 독일, 영국 등으로부터의 이주가 이 지역 문화를 형성하는 데에 강력한 영향을 끼쳤다.

하지만 이러한 문화적 동질성보다 더 눈에 띄는 이 지역의 특징은 주변 라틴아메리카 국가들보다 월등히 높은 교육 및 소득 수준, 기대수명 그리고 인간개발지수이다. 세계은행에 의하면, 라틴아메리카 및 카리브 지역 전체의 1인당 국민총소득은 2011년 기준으로 8,575달러이며, 기대수명은 2010년 기준으로 74세이다. 같은 기간 아르헨티나, 칠레, 우루과이의 1인당 국민총소득은 각각 9,740달러, 1만 2,280달러,

그리고 1만 1,860달러로 지역 평균에 비해 모두 1,000달러 이상 높다. 이들 국가의 기대수명 역시 2011년 기준으로 각각 76세, 79세 그리고 76세로, 지역의 평균보다 작게는 2년 많게는 5년이나 길다. 이들 국가들이 보여주는 상대적으로 우수한 이러한 지표들을 설명하는 경제·정치 혹은 사회적 요소가 있을까? 존재한다면 무엇이며, 그러한 요소들이 다른 라틴아메리카 그리고 더 나아가 세계의 다른 국가에 현 시스템에 대한 대안을 제시하거나 혹은 대안에 대한 단초를 제공할 수 있을까? 이 책은 이러한 질문들에 대한 답을 구하기 위한 노력의 일환이다.

이 책은 남미 국가들 중 서던콘이라 불리는 지역을 구성하고 있는 아르헨티나, 칠레 그리고 우루과이의 정치, 경제 그리고 사회를 분석한 ≪누에바 소시에다드(Nueva Sociedad)≫와 ≪레비스타 델 옵세르바토리오 소시알 데 아메리카 라티나(Revista del Observatorio Social de América Latina)≫의 글들을 선별해 번역한 것이다. 이들 학술지에 출간된 다양한 논문 중 이 책에 수록될 논문을 선별하는 기준은 오늘날 라틴아메리카뿐 아니라 우리 사회가 직면한 문제들을 포괄적으로 보여줄 뿐 아니라 그러한 문제들을 극복해가는 라틴아메리카적인 대안의 가능성을 엿볼 수 있는가 하는 것이었다. 그런 의미에서 이 책에 번역되어 실린 글들은 라틴아메리카와 우리가 공유하는 민주주의, 신자유주의, 사회운동, 경제통합, 사회정책 및 복지 등의 문제를 치열하게 고민하고 나름의 대안을 모색하려는 시도들이라고 할 수 있다.

이 책은 모두 4부로 구성되어 있다. 제1부는 이 책의 서론 및 이론적 검토에 해당하는 부분으로, 서던콘 지역의 특징을 보여주는 핵심 이슈들을 분석함으로써 라틴아메리카로부터의 대안들을 살펴보았다. 여기서는 특히 좌파정치와 지역의 경제통합을 점검했다. 이 두 이슈는 서던콘 지역뿐 아니라 라틴아메리카 전반을 설명하는 키워드로 최근 부상했고, 다른 지역에 주는 시사점 역시 크다. 특히 라틴아메리카에서의 사회민주주의는 가능한가라는 질문에 대한 로버츠의 답에 해당하는 논문은 라틴아메리카 좌파정치의 다면성을 보여줄 뿐 아니라 신자유주의의 쇠퇴와 함께 나타나는 사회민주주의적 징후들을 다시 한 번 이론적으로 점검해볼 수 있는 계기를 마련해준다.

제2부에서는 아르헨티나를 살펴보았다. 키르치네르 정부의 출범 이후 최근까지 아르헨티나가 보여준 정치·경제 및 사회적 행보는 신자유주의적 질서에 대한 다양한 저항을 의미한다. 이 장에서는 이러한 저항들에 대한 다각도의 평가와 그 역사적 배경에 대한 깊이 있는 토론들을 소개했다. 특히 신자유주의적 구조조정과 그 이후 발생한 경제위기에 대한 저항의 결과로 생겨난 다양한 사회운동들과 그 사회운동들이 어떻게 아르헨티나의 정당정치를 변화시켰는지에 대한 고찰을 통해 신자유주의적 질서하에서의 저항과 대안의 동력을 고찰했다.

제2부에서 신자유주의적 질서에 대한 비정통적 저항의 대표 주자로 불리는 아르헨티나의 사례가 다루어졌다면, 제3부에서는 신자유주의의 모범생이라 불리는 칠레의 사례가 소개되었다. 그리고 흔히 신자유주의의 모범생이라고 치부하는 칠레의 사례가 사실은 또 다른 대안의 배양액이 되고 있다는 것을 사회정책의 개혁, 학생운동의 태동 등을 통해 살펴보았다.

마지막으로 제3부에서는 남미에서 가장 작은 나라임에도 가장 안정적인 정치 시스템과 복지제도를 구축한 우루과이의 사례를 살펴보았다. 우루과이는 정당정치의 이해, 특히 제도적 좌파정치의 이해를 위해 매우 중요한 사례임에도 학계에서 가장 연구되지 않는 사례이기도 하다. 이 장에서 소개된 2009년 우루과이 대선의 사례를 통해 우루과이의 정당시스템을 이해할 수 있음은 물론 정당정치의 성숙이 우루과이가 이루어낸 여러 경제 및 사회적 성과의 중요한 밑거름이 되고 있음을 알 수 있다.

이 책에 소개된 글들을 선정하고, 서로 다른 나라의 저자들이 영어와 스페인어로 쓴 글들을 번역하는 작업은 예상했던 것보다 훨씬 어려운 작업이었다. 이렇게 어려웠던 작업을 인내심을 갖고 성원해주신 서울대학교 라틴아메리카연구소, 우석균 교수님 그리고 최수진 조교에게 감사의 마음을 전한다. 무엇보다도 이 책을 내는 데에 가장 큰 영감과 조언을 아끼지 않으셨던 고(故) 이성형 교수님께 그리움과 감사의 뜻을 전하고 싶다. 대구 시내의 한 커피숍에서 지정학 시리즈를 통해 한국사회에 라틴아메리카를 바로 볼 수 있는 라틴아메리카적 시각을 소개해야 한다고 필자를 강력하게 설득하시던 이성형 교수님께 생전에 이 책을 마무리해서 보여 드리지 못한 것이 못내 아쉽다. 늦었지만 이 책의 완성을 누구보다 기뻐하실 이성형 교수님께 이 책을 바친다.

박 윤 주

차례

제2부 아르헨티나

그림 차례

제 1 부
다시 보는 남미의 좌파정치와 지역통합

제1장 | 라틴아메리카에서 사회민주주의는 가능한가? _케네스 M. 로버츠

제2장 | 메르코수르 20년의 교훈 _메르세데스 이사벨 보토

제3장 | 지역통합과 라틴아메리카의 국제사회로의 편입 전략: 그 불확실성의 원인들

_헤라르도 카에타노

제1장

라틴아메리카에서 사회민주주의는 가능한가?

케네스 M. 로버츠

라틴아메리카의 좌경화는 이 지역에서의 사회민주주의의 가능성에 대한 뜨거운 논쟁을 불러일으켰다. 서유럽에서 시작된 사회민주주의는 기본적으로 강력한 산업화와 조직된 노동자 세력이라는, 라틴아메리카에서는 찾아보기 어려운 조건에 의해 가능했다. 반면 라틴아메리카에 널리 전파된 신자유주의는 상당히 이질화된 노동계층을 만들어냈고, 사회 불평등을 심화시킴으로써 사회민주주의의 가능성을 더욱 어렵게 하고 있다. 그럼에도 이 논문은 라틴아메리카식의 사회민주주의가 가능하다고 주장한다. 특히 우루과이, 칠레 및 브라질과 같이 민주주의가 공고화되고 정치체제가 안정된 나라에서는 더욱 그러하다.

케네스 M. 로버츠 Kenneth M. Roberts 스탠퍼드대학교에서 박사학위를 받았고, 현재 코넬대학교 교수로 재직 중이다. 주요 저서로는 Party System Change in Latin America's Neoliberal Era(출간 예정 Cambridge University Press), John Burdick and Phillip Oxhorn과 함께 편집한 Beyond Neoliberalism? Patterns, Responses and New Directions in Latin America and the Caribbean(2009, Palgrave-MacMillan) 그리고 Deepening Democracy? The Modern Left and Social Movements in Chile and Peru(Stanford: Stanford University Press, 1998)이 있다.

* 이 글은 ≪Nueva Sociedad≫ 217호(2008년 9~10월호)에 실린 글을 옮긴 것이다.

1998년 이래로 좌파 성향의 정부들이 라틴아메리카의 8개국에서 각각 선출되었다. 선례가 없는 이런 정치적 변화는 라틴아메리카 인구의 2/3가 어떤 형태든 좌파정부하에 살고 있는 현실을 만들어냈으며 자유시장을 위한 이른바 워싱턴 컨센서스 혹은 신자유주의적 개혁이 파기되는 결과를 가져왔다. 하지만 신자유주의 극복 이후에 무엇이 남을 것인가에 대한 전망은 불투명하다. 그리고 미래에 대한 이러한 불투명성은 상당한 정치적 불안의 원인이 된다. 몇몇 분석가들은 세계시장이 각국이 선택할 수 있는 정책의 범위를 제한하고 있으며 동시에 자유주의의 원칙에서 지나치게 벗어나려는 정치 지도자들을 교정할 것이기 때문에 큰 변화가 없을 것이라고 주장한다(Hakim, 2003; Weyland, 2004). 또 다른 이들은 좀 더 비관적인 시각을 견지하는데, 이들은 선동적인 포퓰리즘과 전통적으로 포퓰리즘과 동반되는 민족주의, 국가주의 및 권위주의의 부활을 경고한다. 하지만 신자유주의적 구조조정 이후 라틴아메리카식의 사회민주주의가 가능하다고 주장하는 이들도 있다. 이들에게 라틴아메리카식 사회민주주의는 시장주의와 대의민주주의 그리고 사회시민권의 강화와 불평등 감소를 위한 국가의 개입을 결합한 형태이다.

이 글을 통해 필자는 라틴아메리카식 사회민주주의의 가능성을 가늠해보고자 한다. 이 글에서 유럽과 라틴아메리카의 경험을 고찰해보고 이를 바탕으로 현재의 사회민주주의적 대안이 갖는 다양한 구조적·제도적 한계를 규정해볼 것이다. 동시에 사회민주주의적 목표를 달성할 수 있도록 하는 정치적 기회들을 고찰하고, 사회주의적 개혁의 과정이 서유럽에서의 과정과 어떻게 다를 것인지도 설명할 것이다. 필자는 제도적 민주주의와 시장경제의 결합이 가져다주는 다양한 한계 속에서 추진되는 불평등의 축소 및 사회시민권 강화의 노력들이 이미 일반적인 의미에서 라틴아메리카 좌파를 사회민주주의로 볼 수 있게 하는 요소라고 주장한다. 하지만 라틴아메리카 사회민주주의의 지형은 전형적인 사회민주주의를 구현했다고 여겨지는 북유럽과는 분명히 다르다. 이를 통해 우리는 라틴아메리카에서 추구하는 사회민주주의로의 노선들이 유럽의 그것과는 다르며 그 결과물 또한 다르다는 것을 알 수 있게 될 것이다.

▪ 라틴아메리카 사회민주주의의 역사적 배경과 한계

라틴아메리카에서 사회민주주의라는 대안이 유의미한가? 라틴아메리카에 사회민주주의의 성장을 위한 '조건들이 존재하지 않는다'고 생각하면 이 질문에 대한 답은 간단하다. 결국 사회민주주의라는 것은 특정 지역, 특정 시대에 생겨난 특별한 사회 조건의 산물이기 때문이다. 즉, 사회민주주의는 20세기 중반 북유럽과 중유럽에서 일어난 현상이다. 이러한 사회적 조건들은 미국이나(Lipset and Marks, 2000) 라틴아메리카에서 역사적으로 재생산되지 않았고 오늘날 라틴아메리카의 사회적 조건과는 상당히 거리가 있다. 그렇다면 지리적·정치적으로 유럽의 그것과 상당히 다른 조건 속에서 일어나는 정치적 실험을 사회민주주의라고 부르는 것은 '개념의 무리한 확장'(Sartori, 1970)일까? 라틴아메리카의 정치 실험들과 이에 동반되는 사회 및 경제 개혁들은 역사적으로 유럽에서 사회민주주의 모델이라고 불리던 것과 상당히 다르다는 것은 이미 분명하지 않은가?

이러한 지적은 정당하다. 그러나 동시에 다소 진부하다. 왜냐하면 이러한 주장들은 언제나 복잡한 사회 현실을 단편적인 특징으로 규정하려 하기 때문이다. 보편적이고 전반적인 복지제도, 높은 노동조합 가입률, 조합주의적 노사정 협상과 같은 유럽 사회민주주의의 가장 뚜렷한 특징들이 다른 지역에서 완벽하게 복제되기는 어려울 것이다. 유럽 사회 스스로도 위의 특징들이 변화하는 인구구조, 노동시장의 현실 그리고 자본의 흐름 속에서 지속 가능한 요소들인지에 대해 맹렬히 논쟁 중이다(Huber and Stephens, 2001; Pierson, 2001). 그러나 사르토리(Sartori, 1970)가 정확히 지적한 바와 같이, 일반화의 가능성이란 이론적 추상화의 한 요소로 보는 것이 좋으며, 매우 추상적인 수준에서 현재 라틴아메리카 좌파가 추구하고 있는 정책들이 어느 정도 사회민주주의적 정치 형태를 띠고 있다는 것을 부정하기는 어렵다. 즉, 라틴아메리카의 좌파들은 제도민주주의와 시장경제라는 한계 속에서 불평등을 축소하고 사회적 시민권을 확장하기 위해 노력하고 있다. 이러한 노력은 사회 정의와 평등을 추구하기 위해 자본주의를 민주적으로 개혁해나간다는 사회민주주의의 본질에 닿아 있다.

사회민주주의를 자유민주주의 혹은 사회주의의 한 분파인 레닌주의와 구분해내는 암묵적인 그러나 중요한 정의상의 차이가 존재한다(Berman, 2006). 사회민주주의는 자유민주주의가 표방하는 개인의 권리와 자유라는 개념을 포괄하며 동시에 정치적 다원주의를 경영하기 위한 일련의 제도적 규범과 절차로서의 경쟁적 선거를 존중한다. 사회민주주의는 자유민주주의뿐 아니라 사회적·경제적 불평등에 대한 깊은 우려, 사회 불평등 해소를 위한 공권력의 활용 의지, 그리고 자유민주주의가 보장하는 정치적 시민권의 확장인 사회적 시민권의 보장을 핵심으로 한다. 레닌주의와는 달리 사회민주주의는 혁명을 통한 국가권력의 획득보다는 민주적 경쟁을 통한 평등주의적 목표의 추구를 지향한다. 또한 사회민주주의는 자본주의의 철폐가 아닌 개혁을 시도한다.

즉, 사회민주주의는 민간 자본 및 시장의 폐기를 추구하기보다는 자본과 시장이 집단의 통제 및 조세제도의 제어를 받아야 한다고 생각한다. 이를 통해 시장과 자본이 사회의 통제를 좀 더 많이 받게 하자는 것이다. 민주주의하에서 자본주의를 개혁하고자 한다는 점에서 사회민주주의는 라틴아메리카의 포퓰리즘과도 구별된다. 라틴아메리카의 포퓰리즘은 사회민주주의와 유사한 부의 분배를 추구하는 개혁을 추진했으나, 정치적 권위를 몇몇 강력한 정치 캐릭터들 혹은 정치 운동체들에 집중시킴으로써 민주주의의 기본 원칙을 위반했다.

분명히 사회민주주의적 정치 프로젝트가 작동하기 위해서 다른 조건들보다 더 우호적인 조건들이 존재한다. 실제로 구조적·제도적 조건들은 사회민주주의의 전망에만 영향을 끼치는 것이 아니라 생성되는 거의 모든 사회민주주의의 정치적·경제적 특징에 영향을 준다. 예컨대 자본주의적 산업화의 구조, 즉 대규모의 노동자 계급을 전략적으로 중요한 도시에 집중시킴으로써 계급 중심의 집단행동을 용이하게 만드는 구조는 역사적으로 유럽의 사회민주주의에 강력한 영향을 미쳤다. 노동자들이 애초에 투표권이나 시민권을 부여받지 못한 제도적 조건 속에서는 임금이나 노동환경의 개선을 위한 집단투쟁이 자연스럽게 좀 더 큰 목표, 즉 민주적 정치권의 확보로 연결된다. 따라서 유럽의 정당 및 정치시스템 — 대중화된 노동조합과 노동자 중심의 사회주의 정당들 — 을 규정하는 계급을 중심으로 한 사회 및 정치 제도들은 20세기 동안 자연스럽게 생겨날 수 있었다(Bartolini, 2000). 노조와 정당의 연계는 노사정 협상이나 이익집단의 대표성에 기반을 둔 조합주의의 발전을 가져온 핵심적인 요소이다. 그 결과 유럽식 자본주의가 북미의 자유주의적 자본주의보다 더 '조직화'되었다. 이와 유사하게, 노조와 정당 간의 연계는 계급 간 권력의 균형이 변화하는 결과를 가져왔으며, 보편적인 사회적 시민권으로 상징되는 강력한 복지체제의 발전을 유도했다. 이는 자본과 노동 간에 일어난 민주적인 계급 타협이라고 볼 수 있다 (Przeworski, 1985).

지금 라틴아메리카가 갖고 있는 구조적 혹은 제도적 조건은 서유럽에서 사회민주주의를 낳았던 조건과는 완전히 다르다는 데 이론의 여지가 없다. 라틴아메리카와 서유럽 사이에는 세 가지 구조적 차이가 눈에 띈다. 첫째, 라틴아메리카의 종속적이고 느린 산업화 과정은 사회민주주의가 번성한 거의 모든 서유럽 국가들이 가졌던 거대하고 경제적으로 활발한 제조업 부문을 창출해내지 못했다. 그 대신 20세기 들어 도시화가 진행되면서 서비스 부문만 팽창했다. 2006년 제조업은 지역 GDP의 16%를 차지하는 데 그쳤다(CEPAL, 2007: 91). 이는 수입대체산업화 시기 말인 1970년대 수준에도 못 미치는 것이다. 만약 사회민주주의가 라틴아메리카에서 생겨난다면, 이는 강력한 산업화의 정치적 부산물로서 이루어지는 것은 아닐 것이다.

둘째, 앞서 언급한 구조적 조건과 밀접히 연관된 라틴아메리카 노동시장의 분절화 또한 중요하다. 산업 부문의 노동인력은 전체 라틴아메리카 경제활동인구의 21%에 불과하다. 이는 서비스 부문 58%에 비해 상당히 작은 규모이다(CEPAL, 2007: 42). 서비스 부문에 종사하는 인구 중 상당수는 비정규직(Informal Sector)에 종사한다. 지역에 따라 비정규직에 종사하는 인구가 칠레와 코스타리카처럼 30%에 달하는 국가들이 있는가 하면 볼리비아처럼 60%에 육박하는 국가도 있다(Portes and Hoffman, 2003: 56~59). 간단하게 말해서, 산업화된 프롤레타리아트로 라틴아메리카의 사회민주주의 프로젝트를 사회학적으로 설명할 수는 없다. 특히 '노동자 계급'이라는 거대 구호는 응집력 있는 사회적·정치적 집단을 만들어내지 못한다. 그 이유는 육체노동자와 사무직 노동자

간의 분절화된 이해관계, 다양한 산업 구조 내에서의 위치, 비정규직 노동자들의 하층노동계급화(Sub-proletariat) 그리고 대부분 비정규직의 형태를 띠는 소규모 자영업자들의 계급 구조 안에서의 매우 모호한 위치 때문이다. 따라서 라틴아메리카에서의 사회민주주의 프로젝트는 유럽식 사회민주주의 프로젝트보다 더욱 다양한 역사적 결과물이 될 것이다. 라틴아메리카의 사회민주주의는 사회 계급이 아닌 하위주체(Subaltern) 그룹들의 집단화나 연합에 의해서 추동될 것이다.

셋째, 라틴아메리카의 모든 사회민주주의 프로젝트는 시장의 세계화라는 구조적 현실을 인정한 상태에서 추진되어야 한다. 유럽의 사회민주주의는 상대적으로 대외무역에 개방적이지만 재정 및 통화정책 그리고 금융시장에 대한 국가의 주요한 통제가 유지되었던 작은 국가들에서 꽃피웠다(Katzenstein, 1985). 이러한 상대적 자율성은 관대한 복지국가와 활발한 산업정책의 발전에 기여했다. 그러나 점증하는 자본의 국제적 이동은 개발도상국의 정부가 운용할 수 있는 공간을 축소시킨다. 자본도피 혹은 평가절하의 위협은 이들 정부를 '훈육'하고 실행 가능한 정책 대안의 범위를 협소하게 만든다(Mosley, 2003). 예컨대, 정부들은 사회적 서비스 공급을 강화하기 위해 쉽사리 세금을 늘리거나 재정 적자를 시행할 수도 없다. 또한 무역자유화는 생산자들에게 엄청난 경쟁을 강요하고, 낮은 임금을 유지하는 아시아 국가들과의 경쟁으로 인해 생산자들은 많은 세금을 내거나 노동자들에게 높은 임금과 다양한 복지혜택을 제공할 수 없게 되었다.

앞에서 언급한 구조적 조건들이 라틴아메리카의 사회민주주의에 상당한 장애로 작용한다면, 조직 및 제도적 요인들은 또 다른 어려움을 불러일으킨다. 서유럽의 사회민주주의는 우호적인 구조적 조건의 혜택을 받았을지 모른다. 하지만 서유럽의 사회민주주의가 구조적으로 생겨난 당연한 결과물 또한 아니었다. 서유럽의 사회민주주의는 사회의 계급권력구조가 본질적으로 변환되었다는 것을 뜻하며 이러한 변환이 가능하기 위해서는 정치조직화가 근본적으로 중요하다. 노동조합과 이들의 긴밀한 협조자인 사회주의 정당들은 산업자본주의의 구조와 사회민주주의적 복지국가의 정책적 결과물 사이를 중재하는 중요한 주체들이다(Huber and Stephens, 2001). 평등과 사회적 시민권을 민주화의 어젠다 속에 포함시킨 이들이 바로 정치조직들이며 선거에서 국가의 권력에 도전하고 사회민주주의 정책과 동의어가 된 보편적 복지를 건설한 이들도 정치조직이다.

정치조직의 면에서 볼 때, 라틴아메리카 사회는 성공적인 사회민주주의의 조건을 갖추지 못하고 있는 것으로 보인다. 수입대체산업화 시기 이후 라틴아메리카의 대부분 국가에서 노동조합 가입률은 급격히 낮아져서 서유럽 사회민주주의의 종주국들의 수준에 한참 못 미친다. 1990년대 라틴아메리카 지역의 평균 노동조합 가입률은 13%로 수입대체산업화 시기 노동조합의 조직력이 절정이었을 때 기록했던 22%보다 훨씬 낮아졌을 뿐 아니라 사회민주주의의 전성기에 서유럽에서 기록했던 44%에 턱없이 모자란다(Roberts, 미출간). 라틴아메리카의 노동조합들은 역사적으로 공공 부문과 내수 중심의 산업 부문에서 강세를 보였다. 하지만 이 두 부문은 1980년대와 1990년대의 외채위기 및 시장 구조조정으로부터 가장 큰 타격을 입은 부문이다. 라틴아메리카는 수입대체산업화 시기에도 이질적인 노동세력을 조직화하는 데 큰 성과를 내지는 못했다. 비정규직 노동자, 수출자유지역 노동자 그리고 단기계약직 노동자들을 노동조합으로 조직해내는 것은 매우 어려운 일로 알려져 있다. 그 결과 갈수록 노동조합은 노동인구 중 매우 적은 부분을 차지하지만 많은 경우 특권을 누리는 정규직 노동자를 대변하는데, 이들은 대부분 라틴아메리카의 사회운동을 견인하는 조직으로서의 역할을 포기했다. 게다가 신자유주의에 저항하는 시위들은 대부분의 경우 새로운 사회주체들이 주도한다. 그 예로는 아르헨티나 도시 빈민들이 조직한 피케테로(Piquetero) 운동이나 볼리비아 및 에콰도르에서의 원주민 운동이 있다.

이처럼 전통적인 사회민주주의의 정당 중심적인 성격이 라틴아메리카에서는 매우 약하다고 할 수 있다. 역사적으로 볼 때 자주 스스로를 사회민주주의로 규정해왔던 이 지역의 포퓰리즘 혹은 중도좌파 정당들은 1980년대 수입대체산업화 정책의 실패와 그 뒤를 이은 신자유주의적 세계화로 인해 큰 타격을 입었다. 이러한 정당들 중 몇몇은 선거를 통해 붕괴되었으며〔베네수엘라의 민주행동당(AD)과 페루의 아메리카인민혁명동맹당(APRA)〕, 다른 정당들은 갈수록 보수화되어 시장주의 여당으로 탈바꿈했다〔붕괴되기 전 볼리비아의 민족혁명운동(MNR), 코스타리카의 국민해방당(PLN), 그리고 페루에서 재집권에 성공한 APRA〕. 베네수엘라, 볼리비아, 그리고 에콰도르와 같은 나라에서는 좌파가 다시 등장했으나, 여전히 그들은 정당정치 안에서의 제도화 정도가 취약하다. 이 세 나라에서 나타나는 신자유주의에 대한 사회 및 정치적 저항은 대규모의 저항운동과 혹은 강력한 정치적 인물을 통해 발현되고 있다. 하지만 이와 같은 사회운동이 어떻게 하위주체들의 이해를 대변하고, 사회의 권력관계를 변화시키며, 유권자들의 편에서 공무원들을 견제할 수 있는 지속 가능한 정치 제도로 변환될 수 있을지는 분명하지 않다. 더욱이 이 세 나라 모두에서 나타나는 전통적인 정당들의 붕괴와 헌정을 다시 세우고자 하는 좌파정권들의 계속된 노력을 고려한다면, 이들 국가의 사회 및 경제 개혁이 앞으로 제도화된 다원주의하에서 이루어질 것인지 아니면 민중권력에 기반을 둔 국민투표제도를 통해서 이루어질 것인지도 분명치 않다.

눈에 띄는 점은 베네수엘라, 볼리비아 그리고 에콰도르에서 권력을 획득한 좌파 운동들이 '새로운' 운동이라는 점이다. 즉, 이 운동들은 모두 기존의 민주체제를 붕괴시키고 정당시스템을 위기로 몰아넣은 신자유주의에 대한 민중의 반발과 저항에서 탄생했다. 이 세 정부들은 모두 체제 변화를 최우선의 과제로 설정했고, 정치 및 제도 개혁이 발전 모델의 유의미한 변화를 위한 전제조건이라고 주장한다. 제도권 내의 정치적 반대 세력이 취약하다는 점과 석유와 천연가스의 높은 가격, 그리고 최근 이들 나라에서 일어난 강력한 사회운동의 경험은 좌파들로 하여금 전통적으로 사회민주주의와 결부된 점진적이고 조심스러운 협상을 통한 사회 변환보다는 새로운 형태의 민중 주권을 추구하는, 더 야심적인 사회 변환 프로젝트를 추진하도록 했다.

이 국가들의 경험은 칠레, 우루과이 그리고 브라질의 수권정당인 좌파정당들의 경험과는 극단적으로 대치된다. 칠레의 사회당, 브라질의 노동당 그리고 우루과이의 좌파연합인 프렌테 암플리오(Frente Amplio)는 모두 상대적으로 잘 제도화된 정당 혹은 (우루과이의 경우) 정치연합체이며 라틴아메리카에서 가장 공고한 민주주의 체제와 중도 혹은 우파의 강력한 견제가 공존하는 정당시스템 안에 존재한다. 간단히 말해, 이 세 나라의 좌파들은 모두 제도화된 다원주의 시스템 안에서 그들의 개혁 의지가 항상 견제와 감시를 받는 시스템 속에서 활동하고 있다. 세 좌파정당 모두 위기보다는 민주주의 체제의 성숙을 의미하는 정권의 제도적인 이양을 통해 권력을 획득했다.

앞서 말한 세 정당은 모두 라틴아메리카의 사회주의 전통에 그 뿌리를 깊숙이 내리고 있다. 모두 관료적 권위주의 체제하에서 정치적 탄압을 경험했으며, 수입대체산업화 전략의 실패와 소비에트 연방의 붕괴를 겪어냈다. 이러한 경험들은 이들 정당이 온건한 노선을 추구하는 결과를 가져왔으며, 과격한 노선을 포기하고 시민의 자유를 보장하고 정치적 갈등을 해소하는 제도적 공간으로서의 자유민주주의를 인정하도록 했다. 또한 이 세 정당들은 신자유주의에 대한 비판을 수정했고, 세계시장으로의 편입으로 인해 그들이 추구할 수 있는 대안의 범위가 축소되었다는 점을 인정했다. 그들은 사실상 유럽의 사회민주주의 좌파와 놀라울 정도로 유사한 후기 마르크스주의 좌파를 대표하며, 사회정의의 구현을 위해 자본주의의 민주적 개혁을 추구한다는 점에서 유럽의 사민주의 좌파와 동일하다.

브라질과 '서던콘' 국가들의 온건한 후기 마르크스주의 좌파들은 견고한 구조 및 제도적 한계를 극복하며 불평등을 축소하고 사회적 시민권을 확장하기 위해 노력하고 있다. 이러한 노력들이 곧 이들 사회가 관료적 권위주의를 극복하고 사회민주주의로 이행하고 있다는 증거라고 볼 수 있을까? 분명히 이들의 시도가 유럽의 사회민주주의와 완벽하게 유사한 것은 아니다. 이 세 나라에서 노동운동은 시간이 지날수록 약화되었다. 우루과이에서 프렌테 암플리오가 조직화된 노동세력과의 긴밀한 관계를 유지하면서 동시에 노동운동과 조합주의적인 형태의 대의제를 후원하고 있는 반면, 노동당과 사회당은 갈수록 노동 및 민중운동과 괴리되고 있다. 나아가 이 세 정당은 모두 수권정당이 되면 매우 신중한 개혁노선을 따르는 것으로 드러났고, 그들이 물려받은 신자유주의적 발전 모델과의 급격한 단절을 시도하지는 않았다. 오히려 세 정당은 모두 정통적 거시경제정책을 추진했고, 재정정책 혹은 통화정책의 완화가 가져올 시장의 저항이나 자본의 도피를 피하고자 했다.

그럼에도 워싱턴 컨센서스의 침몰은 정책적 실험을 할 수 있는 정치적 공간을 열었으며, 2003년 이후 계속된 원자재 수출붐은 몇몇 정책적 시도를 제한하던 재정 및 환율 조건을 완화시켰다. 특히 사회정책과 관련해서는 점진적인 개혁이 계속되었다. 이러한 개혁들은 불평등을 감소시키고, 빈곤층의 소득과 삶의 질을 높이며 동시에 사회적 약자 계층을 위한 사회 안전망과 사회적 시민권을 확대시켰다. 브라질의 룰라 다 실바(Lula da Silva) 정부는 노동당이 전통적으로 추진하던 구조적 개혁이라는 수사로부터 이탈했고, 강력한 세력을 자랑하는 무토지 농민운동(MST)과 노동당을 연계시켜주었던 토지 재분배의 약속을 무시했다. 하지만 노동당은 최저임금을 과감하게 인상했으며, 페르난도 엔리케 카르도주(Fernando Enrique Cardoso) 정부로부터 물려받은 **볼사 파밀리아**(Bolsa Família) 사회 지원 프로그램을 확대했다. 볼사 파밀리아는 가난한 가정을 대상으로 하는 조건부 지원 프로그램으로서 신자유주의적 사회복지 모델에서 크게 벗어나지 않는다. 하지만 노동당 정부 하에서 이 프로그램의 범위는 대규모로 확대되었고, 룰라 정부의 임기 말 이 프로그램의 혜택을 받는 인구는 전체 브라질 국민의 1/4로 늘어났다. 그리고 표적화된 사회 지원 프로그램과 보편화된 임금 인상을 함께 추진함으로써 룰라 정부는 빈곤선 이하의 삶을 살아가는 인구를 감소시키고, 저소득층에게 소득을 재분배하는 동시에, 재정 및 통화정책의 안정성을 유지하는, 브라질의 심각한 경제 위기의 역사를 돌아보건대 결코 쉽지 않은 성과를 이루어냈다(Hunter and Power, 2007 참조).

칠레와 우루과이의 좌파 여당들은 모두 정통적 거시경제정책과 혁신적인 사회정책을 함께 추진했다. 사회당 대통령인 리카르도 라고스(Ricardo Lagos)에 의해 주도되었던 중도좌파 연합 정부는 칠레에서 빈곤계층을 표적화해 지원하는 새로운 빈곤완화정책을 추진했고, 라고스의 뒤를 이어 취임한 사회당 후계자인 미첼 바첼레트(Michelle Bachelet) 정부는 라고스의 빈곤완화정책의 수혜자를 늘리는 데 주력했다. 더욱 인상적이며 동시에 사회민주주의 전통에 부합되는 정책적 혁신으로는 라고스와 바첼레트 정부가 추진한 연금 및 의료 정책 개혁이 있다. 두 정부는 모두 조심스럽지만 점진적인 개혁을 통해 칠레의 의료 및 연금 시스템의 보편성을 강화하는 정책들을 추진했다. 라고스는 56개의 질병을 보편적인 의료 서비스 수혜 대상으로 지정하는 새로운 의료 프로그램을 실시했으며, 바첼레트는 이 프로그램을 이어받아 더 많은 질병을 진료 대상으로 등록했다. 또한 바첼레트는 칠레의 민간연금제도를 개혁하는 야심만만한 계획을 발표했다. 칠레의 민간연금제도는 비정규직 혹은 부정기적 고용 기록을 갖고 있는 노동자와 여성들에게 적절한 연금 혜택을 제공하지 못한다는 비난을 받아왔다. 바첼레트가 제안한 연금개혁안은 고용 기록과 무관하게 저소득층에게 기본적인 보편적 연금을 제공하는 것을 골자로 한다. 이를 통해 바첼레트 정부는 차별화된 노동시장에의 불공평한 참여 기회로 인해 파생되는 현 연금제도의 불평등을 축소시켰다(Pribble and Huber, 미출간).

우루과이도 마찬가지이다. 타바레 바스케스(Tabaré Vázquez) 정부는 빠르게 표적화된 사회원조프로그램과 더 많은 보편적인 사회보장서비스들을 확보해나갔다. 바스케스 정부는 저소득층 가정을 위한 지원 프로그램을 만들어 식비, 수도세, 전기세 등을 지원했다. 또한 연금을 납부하지 못한 인구를 구제하기 위해서 연금의 수혜 기준을 완화했으며, 실업자를 고용할 경우 민간기업들에 보조금을 지급하고, 공공교육에 대한 재정지출을 늘렸다. 의료개혁을 통해 공공의료시스템 의료서비스의 질과 접근성을 높였으며, 임금을 상승시켰고, 조합주의적인 노사정 임금협상위원회를 부활시켜 노동자들의 협상력을 강화했다. 이를 통해 공공 부문과 농촌경제에 근무하는 노동자들의 협상력이 강화되었다. 사뭇 강력했던 정치적 반대에도 우루과이와 칠레의 좌파정부는 모두 조세법 개혁의 발판을 마련했으며, 이를 통해 그들의 야심적인 새 사회프로그램들의 재정을 충당할 수 있는 기반을 확보했다(Pribble and Huber, 미출간).

분명 이러한 조치들은 유럽의 사회민주주의하에서 발전한 야심적인 부의 재분배 정책 및 사회적 시민권의 원칙에는 상당히 못 미친다. 실제로 이러한 조치들은 아직은 라틴아메리카 — 혹은 라틴아메리카 지역의 특정 나라가 — 신자유주의적 발전 모델을 극복할 수 있는 종합적인 대안을 창출해냈다는 것을 의미하지는 않는다. 거시경제정책의 결정 과정은 여전히 세계시장 상황의 강력한 영향력하에 있으며, 고공 행진하는 석유가가 없다면 정통 신자유주의적 원칙과 작별을 고하는 것은 지금 상황으로는 불가능해 보인다. 산업정책, 조합주의적 협상, 그리고 다른 사회민주주의적 정책들을 부활시키기 위한 이 국가들의 노력은 제한적이다. 표적화된 빈곤완화정책은 잘해야 신자유주의의 시장 친화적인 사회정책의 확장에 불과하며, 좀 더 보편적인 사회보호프로그램은 아직도 준비 중이라고 보아야 한다. 이러한 정책들과 이 국가들이 재건하고자 하는 복지국가는 모두 라틴아메리카의 구조조정이라는 사회적 전통의 제약을 받는다. 특히 도시 빈민과 비정규직 노동자들을 종합적인 사회복지프로그램에 편입시키는 것과 새로운 좌파정부하에서도 최소한의 규제만을 받고 있는 유연화된 노동시장에 존재하는 불안정하고 분열된 노동자들은 이 좌파정부들이 쉽게 해결하기 어려운 숙제이다.

이러한 사회적 조건들로 인해 새로운 좌파정부들은 시장의 구조적 논리와 민간자본의 구조적 힘에 상응할 수 있는 조직되고 결합된 노동자의 정치적 힘에 기댈 수가 없었다. 결국 신자유주의적 개혁은 많은 사회 그룹들을 시장의 불안정성에 노출시켰으며, 칼 폴라니(Karl Polany)의 주장대로(Polanyi, 1944), 이들은 사회보호망을 정치적으로 요구하기 위해 조직되기 시작했다. 신자유주의 시대의 분절화된 사회 지형은 폴라니의 주장에 힘을 실어주었고, 그 결과 복잡하고 대부분은 허약한 사회-정치적 연합체들이 만들어졌다.

이 글이 주장하는 바는 이러한 연합체들의 제도화 방식이 매우 다양할 것이라는 점이다. 완성되었건 혹은 중단되었건 간에 신자유주의로의 이행이 민주주의 체제를 위기에 처하게 하고, 정당시스템을 붕괴시킨 곳에서는 민중의 저항이 새로운 형태의 포퓰리즘 혹은 좌파운동으로 귀결되며, 이들은 정치시스템을 재구성하고 국가의 천연자원 혹은 그 밖의 경제 부문들에 대한 통제를 강화하고자 할 것이다. 베네수엘라와 볼리비아 그리고 에콰도르의 좌파정부들이 부의 재분배를 위한 정책 및 새로운 형태의 사회보장제도들을 실시했으나, 그들이 보여주는 제도화되지 못한 정치 논리로 인해 이들을 전통적인 사회민주주의 모델이라고 부르기는 매우 어렵다. 반면 칠레, 브라질 그리고 우루과이의 경우 민주주의 및 정당시스템이 견고하며 사회보장프로그램에 대한 요구가 기존의 정당 조직들에 의해 전달되고 있다. 또한 이들 정부는 혁신적인 새로운 정책들을 도입해 사회적인 약자를 양산하는 신자유주의의 모델에 타격을 입히고 있다. 이들 정부의 노력을 서구 유럽의 사회민주주의가 재생산된 형태라고 보기는 어려우나, 그들은 분명 시장을 민주적으로 개혁하고자 하는 라틴아메리카식 사회민주주의를 실현하고 있다고 보아야 한다.

하지만 이 글에서 논의된 그 어떠한 시도도 라틴아메리카가 신자유주의를 극복했다는 것을 뜻하지는 않는다. 지금 나타나고 있는 다양한 제도 및 정책 대안들의 출현은 여전히 막 생겨난 것에 불과하며, 매우 유동적이고 정치적으로 우발적인 결과물인 관계로 장래에 어떻게 발전해 나가리라고 예측하는 것은 무모하다. 하지만 분명한 사실은 시장지향적인 경제구조조정과 기술관료들의 합의가 주도하던 시대 — 몇몇은 '정치의 종말'이라고 규정했던 시대(Colburn, 2002) — 는 끝나가고 있다. 이 시대 이후의 시대를 규정하기 위한 매우 정치적인 투쟁이 진행 중이며, 변형된 사회민주주의가 그 대안으로 떠오르고 있다. 라틴아메리카식의 사회민주주의는 당연히 민주주의와 시장개혁을 결합했던 라틴아메리카의 독특한 경험의 흔적을 내포하고 있으며, 그것들은 민주적 시민권과 사회적 소외 사이에서 발생하는 선천적인 긴장들에 뿌리를 두고 있다. 이 지역의 정치적 미래는 이러한 긴장들을 조정하려는 대안적 전략들에 의해 상당히 좌우될 것이다.

참고문헌

Bartolini, Stefano. 2000. *The Political Mobilization of the European Left, 1860~1980: the Class Cleavage*. Cambridge: Cambridge University Press.

Berman, Sheri. 2006. *The Primacy of Politics: Social Democracy and the Making of Europe's Twentieth Century*. Cambridge: Cambridge University Press.

Castaneda, Jorge G. 2006. "Latin America's Left Turn." *Foreign Affairs*, May/June.

CEPAL. 2007. *Anuario Estadistico de America Latina y el Caribe*. Santiago.

Colburn, Forest. 2002. *Latin America at the End of Politics*. Princeton: Princeton University Press.

Hakim, Peter. 2003. "Dispirited Politics." *Journal of Democracy*, 14(2), pp.108~122.

Huber, Evelyne and John D. Stephens. 2001. *Development and Crisis of the Welfare State: Parties and Policies in Global Markets*. Chicago: University of Chicago Press.

Hunter, Wendy and Timothy J. Power. 2007. "Rewarding Lula: Executive Power, Social Policy, and the Brazilian Elections of 2006." *Latin American Politics and Society*, 49, 1(Spring), pp.1~30.

Katzenstein, Peter J. 1985. *Small States in World Markets: Industrial Policy in Europe. Ithaca*. NY: Cornell University Press.

Lanzaro, Jorge. 2007. "Gobiernos Socialdemocratas en America Latina." *Revista Nexos*, 354(June).

Lipset, Seymour Martin and Gary Marks. 2000. *It Didn't Happen Here: Why Socialism Failed in the United States*. New York: W. W. Norton.

Mosley, Layna. 2003. *Global Capital and National Governments*. Cambridge: Cambridge University Press.

Pierson, Paul(ed.). 2001. *The New Politics of the Welfare State*. Oxford: Oxford University Press.

Polanyi, Karl. 1944. *The Great Transformation: The Political and Economic Origins of Our Time*. Boston: Beacon Press.

Portes, Alejandro and Kelly Hoffman. 2003. "Latin American Class Structures: Their Composition and Change During the Neoliberal Era." *Latin American Research Review*, 38(1), pp.41~82.

Pribble, Jennifer and Evelyne Huber. "Social Policy and Redistribution under Left Governments in Chile and Uruguay." in Steven Levitsky and Kenneth M. Roberts(eds.). *Latin America's "Left Turn": Political Diversity and the Search for Alternatives*. manuscript in progress.

Przeworski, Adam. 1985. *Capitalism and Social Democracy*. Cambridge: Cambridge University Press.

Roberts, Kenneth M. *Forthcoming. Party System Change in Latin America's Neoliberal Era*. Cambridge: Cambridge University Press.

Sartori, Giovanni. 1970. "Concept Misformation in Comparative Politics." *American Political Science Review*, 64, 4(December), pp.1033~1053.

Vargas Llosa, Alvaro. 2007. "The Return of the Idiot." *Foreign Policy*, 160(May/June), pp.54~61.

Weyland, Kurt. 2004. "Threats to Latin America's Market Model?" *Political Science Quarterly*, 119(2), pp.291~313.

제2장

메르코수르 20년의 교훈

메르세데스 이사벨 보토

메르코수르는 출범한 지 20년을 지나면서 회원 수를 확장했을 뿐만 아니라, 회원국의 정치적·이데올로기적 변화를 경험하게 되었다. 통합 당시 중심축은 신자유주의적 헤게모니 속에 놓여 있었다. 하지만 오늘날은 국가가 발전의 필수적인 역할을 담당하는 또 다른 길들을 모색하고 있다. 이런 맥락에서 2006년의 코르도바 회합은 '사회적·생산적 메르코수르'의 단계를 설정했다. 이제 메르코수르는 무역정책에 대한 과도한 집착을 극복하고, 교육, 생산적 통합, 환경정책에 대한 그동안의 무관심을 재고하고자 한다.

메르세데스 이사벨 보토 Mercedes Isabel Botto 유러피언대학교 정치학 박사, 아르헨티나 국가과학기술위원회(Conicet) 소속 전문연구원을 거쳐 라틴아메리카 사회과학대(FLACSO)에서 국제경제제도 프로그램을 지도하고 있다.

* 이 글은 ≪Nueva Sociedad≫ 201호(2011년 3~4월호)에 실린 글을 옮긴 것이다. 이성형 교수가 부분적으로 번역한 것을 옮긴이가 마무리한 것이다.

다른 통합 과정과 마찬가지로 남미공동시장, 메르코수르(Mercosur)는 지속적으로 변화하고 성장하는 현상이다. 메르코수르란 이름은 1991년의 「아순시온(Asunción) 조약」의 체결에서 유래한다. 하지만 많은 연구들은 메르코수르의 시초를 아르헨티나와 브라질이 「통합 및 경제보완 의정서(PICE)」를 체결했던 1986년까지 거슬러 올라가서 찾는다. 이후 조약에 가입한 국가들이 확대되었고, 또 통합 과정을 지지하던 이데올로기도 바뀌고 있다. 무엇보다 통합의 동력인 시장 대 국가의 역할에 대한 생각이 바뀌게 되었다.

메르코수르의 발전 과정을 보면 적어도 세 단계로 구분할 수 있다. 제1단계는 1987~1991년으로 아르헨티나와 브라질 정부가 부문별 의정서를 매개로 산업 내(intraindustrial) 분업을 추진한 시기이다. 두 정부는 부문별로, 유연하고 점진적으로 경제통합을 추진하고자 했다. 제2단계는 1991~2002년이다. 파라과이와 우루과이가 회원국으로 합류했고, 통합의 리듬과 성격이 시장주도형으로 특징지어진, 무역 편중의 통합이 이루어졌다. 마지막으로 제3단계는 2001년의 (아르헨티나의) 위기 이후에 시작되었다. 국가의 주도력이 다시 회복되었고, 베네수엘라가 통합 과정에 합류했으며, 더 사회통합적인 메르코수르를 향한 방향 전환에 대한 합의가 이루어졌다.

지난 20년간 회원 수가 증가했고, 앞서 언급한 변화도 있었지만, 메르코수르에 대해서는 여전히 심각한 회의적 시각이 존재한다. 경제적으로 보면, 초기 몇 년 동안 시장의 확대로 좋은 성과를 보였지만, 상호의존성과 경제성장은 낮은 수준이어서 최근의 성과와는 대조를 보인다. 물론 브라질의 경우는 예외이다. 지정학적으로 보면, 메르코수르의 주도력은 약화되었다. 브라질은 메르코수르 명찰보다는 자신의 명찰을 달고 국제무대에서 뛰길 원한다(Fonseca, 2010). 남미국가연합, 우나수르

(Unasur)는 역내 국가들 대부분의 선호를 묶어내 메르코수르를 앞지른다. 마지막으로 국내적 신뢰도의 측면을 살펴보면, 메르코수르에 대한 사회적 참여와 시민적 지지도 역시 약화되었다는 것을 알 수 있다. 메르코수르가 남발한 실현되지 않은 약속에 대해 시민사회는 배신감을 느끼고 있다(Ventura y Perotti, 2004).

이 글의 전제는 다음과 같다. 메르코수르에 대한 회의는 대체로 이를 해석하는 학자나 정치인들의 기대치의 산물이다. 이런 유의 글들을 일별해보면, 우리가 보기엔 지역통합에 대해 잘못되거나, 적어도 편협한 두 시각을 변별해낼 수 있다. 첫 번째 시각은 강력한 처방전을 담은 것이다. 이에 따르면 조만간 메르코수르는 유럽 모델을 따라 초국가적 특성을 지닌 제도 또는 규제력을 만들어낼 것이다. 기능주의적 전제에서 출발한 이러한 분석은 통합제도에 초점을 맞추고, '확산' 효과나 심화를 방해하는 요소들을 확인하려고 한다.

두 번째 시각은 통합을 개별적으로 취할 수 없는 이득을 얻기 위해 뭉친 정부들의 합리적이고 도구적인 계산의 결과물로 바라본다. 이런 전제에서 출발한 분석들은 메르코수르의 목표를 확인하고 결과를 평가하고자 한다. 몇몇 분석은 개별 국가의 요인이나 국내적 요소를 강조하며, 진행 중인 민주화의 강화 또는 구조개혁의 공고화를 강조한다. 다른 분석은 메르코수르가 갖는 미국의 헤게모니에 대항하기 위해 마련된 전략을 지적하거나, 메르코수르를 지역화 경향의 세계적 추세 속에서 경제적 편입을 달성하려는 전략으로 바라본다. 이런 분석들은 각각의 차이점에도 불구하고, 지역통합에 대한 정태적이고 객관주의적인 이미지(Merke, 2010)를 만들어낸다. 이로 인해 구성주의적 시각이나 정부간주의(intergubernamentalista) 시각은 무시된다. 이 시각은 통합을 열린 목표를 지닌 운동 중의 과정으로 바라본다. 여기에서 사전에 예견하지

못한 정체성, 이념, 결과가 나오게 된다.[1)]

이 글은 메르코수르의 입장에서 지역정책 형성 과정(construccion)을 평가하면서, 앞서 언급한 연구의 공백을 메우고자 한다. 어떻게 정부들이 지역재(los bienes regionales)를 규정하고 있는가? 어떤 수준의 협력과 어떤 제도적 장치가 만들어졌는가? 이러한 질문에 응답하기 위해 지속가능한 통합에 관한 문헌들이 핵심적이라고 여기는 세 개의 주요 지역정책을 분석한다. 이 정책들은 생산적 통합, 환경, 고등교육 정책으로, 지역통합의 주된 과정에서 명시적으로 또는 암묵적 협력 사안으로 포함된 것들이다.

1. 지역 공공재의 구성

이 장에서는 통합이론이 통합 과정의 핵심으로 파악하는 지역재라는 틀에서 메르코수르의 정책을 분석하고자 한다. 지역재를 파악하는 과정에서 기능주의 시각과 정부간주의 시각의 차이가 드러난다. 기능주의 시각에 따르면, 지역재는 기술적 쟁점에서 시작해 심화 과정을 거쳐 정치적 문제까지 도달하는, 자동적이고 점진적인 과정 속에서 만들어진다. 정부간주의 시각은 정부가 국가별로 권력, 이해, 선호를 계산한 후에 어젠다를 정한다고 본다. 메르코수르는 정부간주의 패러다임에 더 가까운 것 같다. 이 글에서 분석된 어떤 정책도 통합 과정의 초기에

---

1) 라우라 고메스 메라(Laura Gómez Mera)의 작업들과 같은 예외도 있다. 그는 메르코수르의 성과를 새로운 정체성과 비정부적 자산의 생성이라는 관점에서 분석했다. 더 자세한 내용을 위해서는 Mera(2005: 109~140) 참조.

는 보이지 않던 것들이다. 이들 정책은 시간이 흐르면서 지역재가 자신의 영역을 재규정하면서 만들어졌다.[2] 예를 들어 생산적 통합 정책을 보자. 초기에 이 정책은 역내의 자동차 부문, 철강기업, 석유화학계 기업에 연계된 산업에 초점이 맞춰져 있었다. 이들 기업은 승용차와 트럭 생산에 원자재(commodities)를 제공하고 있었다. 2000년에 들어서서 역내 소국들의 압력으로 메르코수르의 중소기업 정책이 형성되기 시작했다. 중소기업 부문은 대단히 역동적이며 모든 나라에 해당되는 사안이었다. 또 더욱 통합적인 발전이란 목표를 충족시키자면 역내 국가 간 경제적 비대칭성을 줄여야 했는데, 이는 메르코수르 구조적 수렴기금(Focem: Fondo de Convergencia Estructural)의 창설로 연결되었다(Inchauspe, 2010 참조).

통합 초기에 회원국들은 목재 부문을 진흥하고자 했다. 가구의 생산과 유통이란 가치 사슬로 보면 다양한 부문과 회원국들이 해당되었다. 하지만 시간이 흐르면서 중소기업 정책으로부터 혜택을 받는 분야가 바뀌어갔다. 2005년부터 지역 전략에 '가스/석유 및 자동차 사슬의 공급자 프로그램'이 부가되었다. 이 프로그램은 수혜자를 브라질의 페트로브라스와 같은 수출 대기업과 연계할 수 있는 (인적 또는 기술적) 능력을 지닌 중소기업에만 국한시켰다.

2) 초기 메르코수르의 어젠다는 「아순시온 조약」(1991)에서 형성되었다고 볼 수 있다. 남미공동시장이라는 이름이 여론에서 불러일으킨 기대에도 불구하고 「아순시온 조약」은 오로지 한 가지 지역정책의 메커니즘과 기한을 규정했을 뿐이다. 그것은 바로 무역정책이었다. 조약이 정교해지면서 두 가지 통합의 과정이 명시되었다. 우선 그 첫 번째 과정은 각국 관세의 점차적이고 보편적인 자동 자유화이고, 두 번째 과정은 1995년 역외 공통 관세를 실시한다는 것이다. 공통관세를 통해 관세 동맹이 출범하는 것이었다.

환경정책의 경우도 마찬가지로 자기규정과 범위 설정에 중대한 변화를 겪었다. 처음에는 지역재가 지역 단위의 패턴과 규제를 매개로 일국적 표준을 격상시키려는 요구와 결합되어 있었다. 하지만 이러한 기준이 비관세 장벽을 만들 수 있겠다는 인식이 생기자, 「환경 의정서」는 공허한 문서로 남게 되었다. 환경 문제는 2002년에 독일의 민간기구인 독일국제협력회사(Deutsche Gesellschaft für Internationale Zusammenarbeit: GTZ)가 역내 환경 주제의 확산을 위해 금융적·기술적 지원을 해주겠다는 제안을 하면서 다시 부상했다. 하지만 환경보호는 무역 의제와 분리되어 있었고, 비강제적인 성격의 지속 가능한 실천을 촉진하는 것으로 축소되었다. 이런 의미에서 메르코수르의 환경정책은 다음 두 부문만 관여한다. 즉 대자본은 빠지고, 소기업과 공공 부문만 관여한다(Fulquet, 2010). 중소기업의 경우, 경쟁력 및 환경 프로그램(Programa Competitividad y Medio Ambiente: CYMA)이 지속 가능한 생산 메커니즘을 촉진하고 보장하는 것을 목표로 한다. 공공 부문에서는 지속 가능한 공공구매 프로젝트와 환경정보시스템(Sistema de Informacion Ambiental: SIAM)을 통해서 투명성과 정보 접근을 활성화시키고자 한다. 환경정보시스템은 메르코수르의 환경 부문에서 나오는 공식 의정서와 문서 모두를 공개하게끔 강제한다.

시간이 흘러가도 별로 변화가 없는 것이 교육 의제였다. 처음부터 회원국 정부들은 지역재로서 고등교육(대학 및 대학원 교육을 포함한다)의 질적 수준을 개선하고자 했다. 그래서 두 개의 목표를 지닌 세 가지 프로그램을 만들었다.[3] 첫째가 지역인증 시스템〔메르코수르 인증서(sello

3) 이 어젠다와 가장 관련이 있는 기획은 세 가지 그룹으로 나눌 수 있다: 첫 번째 그룹은 지역 내 학위인정 제도가 그것으로 학위인정 시험 메커니즘(Mecanismo

Mercosur)]으로서, 역내 대학의 학사 자격을 인증해 회원국과 준회원국(칠레, 볼리비아)의 교육 수준을 높이고자 했다. 두 번째 목표는 역내 공간 내에서 학문공동체의 이동성을 보장하는 메커니즘을 만들고, 이를 통해 제도적 협력, 학점 이관, 교수·연구원·학생의 교환을 촉진하는 것이었다.

시간이 흐르면서 의제의 범위는 축소되었다. 예컨대 자유로운 왕래란 목표는 교수와 학생의 교환에 제한되었고, 국가별 내부 압력으로 전문직들은 배제되었다. 하지만 과학연구 의제는 다양화되었고, 2005년 발전 패러다임의 변화로 말미암아 자율성을 획득하게 되었다. 소위 '과학적·생산적 혁신 의제'는 정부, 연구자, 생산부문 세 연관 집단을 결합하고자 했다.

2. 국가 간 협력 수준

역내 통합 과정에서 우리는 전진적 성격을 지닌 세 수준의 협력을 구분할 수 있다. 정보 교환, 공동행동 조정, 그리고 초국적 규제의 제도화가 그것이다. 반복해서 보겠지만, 경쟁적이고 상호 중첩된 기능을 가진 메르코수르의 지역적 제도가 작동에 들어간 이래, 협력의 수준은

Experimental de Acreditación: MEXA)로 시작해서 이후 남미 대학 학위인정 프로그램(Acreditación de Carreras Universitarias del Cono Sur: ARCU-Sur)으로 발전했다. 두 번째 그룹은 편입학 프로그램으로 Marca와 PMM 그리고 ERES와 같은 프로그램들이 있다. 마지막으로 메르코수르 교육부분 지원 기금(el Fondo de Financiamiento del Sector Educativo del Mercosur: FEM)의 창설이었다(Perrotta, 2010).

느슨했고, 애초에 합의한 것보다 낮았다.

생산적 통합의 예를 보면, 각국 정부는 역내 중소기업 부문의 상황에 관한 정보를 제공하고 확산하고자 했다. 기업 간 결합과 민간 행위자들 사이의 신뢰가 생길 공간을 만들고자 했고, 공동 행동과 절차를 규정하고자 했다. 이제까지 나온 모든 제안 가운데 가장 선진적인 것은 목재와 가구 부문이었다. 2004년부터 이 상품 사슬에서 일련의 비즈니스 워크숍과 라운드테이블(Foros de Competitividad, 경쟁력 포럼)이 마련되었는데, 국가와 블록 차원에서 기업, 노조, 공공기관, 학계가 참여했다. 2007년에는 역내 디자인 콘테스트가 개최되었는데, 여기서 가구 생산과 관련된 부문들의 결합과 활성화가 모색되었다. 그리고 공동 프로젝트와 운영계획을 구체화하는 데도 전진이 있었는데, 그 가운데 중소기업들의 신용에 대한 접근을 촉진시킬 역내 금융기구와 결합할 필요성도 제기되었다. 그 결과 2008년에 중소기업기금(Fondo PyME)이 창설되었다.

중소기업 정책을 관장하는 제도적 장치는 처음부터 제7 실무작업소위(Subgrupo de Trabajo No.7, 실무조직으로 산업정책작업소위)를 매개한 '공동시장그룹(GMC)'의 권능 아래 있었다.[4] 하지만 제7 실무작업소위는 메르코수르의 제1단계(1992~2000)에서 큰 관심을 받지 못했고, 이에 다른 국가기관들의 개입을 초래했다. 먼저 유일한 초국적 조직으로 당시 브라질이 지도부를 맡고 있던 메르코수르 행정부(Secretaria Administrativa)

4) GMC는 메르코수르 정부 조직 중 비토권을 행사할 수 있는 세 개의 정부 간 기구 중 하나이다. 이 조직은 회원국의 경제 및 외교부 차관 및 중앙은행 부총재로 구성되어 있다. GMC 위에는 공동시장위원회(CMC)가 있는데 메르코수르의 가장 높은 행정 조직이다. 이 조직은 각 회원국의 경제 및 외부 장관들로 구성된다. 세 번째 결정적인 조직은 메르코수르 무역위원회(la Comisión de Comercio del Mercosur: CCM)로 무역 분규 및 문제를 다룬다.

가 개입했다. 그다음에 메르코수르에서 유일한 정치조직이던 상임대표위원회(Comision de Representantes Permanentes de Mercosur: CRPM)가 개입했다. 상임대표위원회는 당시 아르헨티나가 맡고 있었는데, 공동시장위원회(Consejo Mercado Comun)에 직접 소속되어 있지는 않았지만, 직접 연계되어 있었다. 이렇게 다변화되고 중첩된 리더십에 더해, 다양한 제안들을 실행에 옮기는 특수한 기관들도 개입했다.[5] 2007년에는 공동시장그룹은 자신의 권능을 재확인하고, 새로운 구조를 만들었다. 그 결과로 '생산적 통합그룹(GIP)'은 현재 진행 중인 다양한 그룹과 제안들을 조정하는 역할을 맡고 있다.

눈길을 끄는 것은 다양한 제안, 리더십, 제도에도 불구하고 결과가 형편없다는 점이다. 예를 들어, 두 개의 자율적인 재원이 들어간 기금 — 구조적 수렴기금(Focem)과 중소기업기금(Fondo PyME) — 이 창설되었는데도, 여전히 그 활용은 답보 상태에 있다. 첫째, 기금의 경우 역내 수준에서 가치 사슬들에 금융을 제공해야 한다는 합의를 보지 못했기 때문이다. 둘째, 기금의 경우 이를 활용하는 데 각국의 저항이 있기에 계속 구체화가 미뤄지고 있다.

환경정책의 경우도 많은 점에서 위의 사안들과 비슷하다. 조정의 측면에서 중요한 진전이 있었는데, 이는 뉴스레터를 통한 정부 간 정보 교환, 역내 회합과 능력 제고 워크숍의 개최 등을 통해 가능했다. 정부들은 무엇을 지속 가능한 생산으로 생각할 수 있는지에 대한 기준에 합의하고, 이를 국가와 중소기업들 사이에 어떻게 촉진할 것인지를

---

5) 현재 작동하고 있는 조직들에는 남미공동시장 자동차 생산 라인 통합을 위한 워킹 그룹(el Grupo de Trabajo para la Integración Productiva de la Cadena Automotriz del mercosur: Geipa), 생산통합을 위한 특별 그룹(el Grupo Ad Hoc de Integración Productiva: Gahip), 그리고 MIPYME 특별 그룹이 있다.

정하는 등 정책적 진전을 이루었다. 하지만 중소기업기금과 같이 고유한 기금 — 그래야 역내 환경정책에 대한 연속성과 신뢰성을 담보할 수 있다 — 의 창설을 추동할 만한 공통의 이해를 창출하지는 못했다.

이렇듯 정책의 구상과 구체적 활성화 과정에서 나타나는 제도적 결과를 살펴보자. 환경 의제는 중소기업 정책이 지닌 몇 가지 약점들을 계속 반복적으로 재생한다. 이 가운데 가장 큰 약점은 메르코수르의 의사결정 구조 속에서 명확한 정치적 리더십을 찾을 수 없다는 점이다. 생산적 통합 의제와 마찬가지로, 환경 의제도 처음부터 정부의 결정에 따라서 공동시장그룹(GMC)의 영향권 아래에 있었다. GMC는 무역 우위의 통합을 지향했기에, 환경 의제의 연관성을 무시했고, 환경을 무역에 종속시켰다.[6] 하지만 2001년의 경제위기가 터지고 2004년에 메르코수르가 재점화한 이후에 환경부 장관들은 이 카드를 다시 빼들어, 다양한 시각과 담론을 제시하고 있다. 하지만 여전히 조정의 부재와 중첩 속에서 관리는 겉돌고 있다. 문제는 정치적 리더십은 환경부 장관들 — 국내, 역내 수준에서 환경 주제에 대한 가장 자연스러운 대변자들 — 이 행사하는 반면, 다양한 제안을 실천할 재원의 운용은 제6, 제7 실무작업소위(SGT 6 y 7: 각각 환경정책과 산업정책을 맡고 있다)가 관장하고 있다는 것이다.

이 틀에서 보면 교육정책이야말로 국가 간 협력 영역에서 가장 많이 진전된 분야일 것이다. 국가별 워크숍과 역내 워크숍을 통해 정보 교환

6) 사실, 환경문제는 1992년 창설된 환경 관련 회의(la Reunión Especializada en Medio Ambiente: REMA)에서 각국 환경부 장관들에 의해 메르코수르 의제로 제시되었다. 1995년 CMC는 환경관련 사안을 GMC로 이관하기로 결정했으며 환경문제를 다룰 제6 실무작업소위(el Subgrupo de Trabajo No.6: SGT6)를 만들었다.

이 이루어지고, 또 공공 부문과 민간 부문이 결합하면서, 대학의 교과과정을 평가하고, 학점을 부여하며, 대학 간 이동 프로그램을 활성화하는 공동 기준과 절차를 구체화하는 데 성과를 냈다. 하지만 메르코수르 역내에서 가장 큰 성과는 이른바 '메르코수르 인증서'를 통해 학위의 표준화를 위한 공동 기준과 표준을 제정한 것이다. 요컨대 이 지역적 표준은 진정한 규제라고 보기 어렵다. 왜냐하면 지역적 표준의 범위가 몇몇 전공에 제한되어 있고, 그 실행에 참여하는 해당 전공 관련 기관들의 자발성에 의존하기 때문이다.

교육 의제를 포함해 여타 메르코수르 쟁점의 공통된 부분은 회원국 정부들이 역내 제안들에 사용될 재원 부담에 소극적이라는 점이다. 회원국 정부들은 교육 프로젝트의 재원 마련을 위해 독자적인 기금을 만들기로 합의했다. 메르코수르 교육기금(FEM)은 2004년에 창설되었지만, 아직도 기금 조성이 완결되지 않았다. 브라질은 아직도 기여금을 내는 데 저항하고 있고, 어떤 제안에 재원을 부담할지에 대한 회원국들의 합의도 없는 상태이다.

3. 결론

물론 메르코수르 초기부터 어떤 수준에서든 교육, 환경 및 생산통합에 대한 논의는 늘 존재해왔고, 가장 최근의 논의는 2006년 코르도바(Cordoba) 정상회의에서 발표된 「사회적이고 생산적인 메르코수르(Mercosur Social and Productivo)」라고 볼 수 있다. 하지만 최근에 와서 위의 어젠다들에 대한 관심, 그리고 이 쟁점들을 조화롭게 연결하고자 하는 노력이 더욱 눈에 띄기 시작했다. 동시에 교육, 환경 그리고 생산

통합의 목표는 좀 더 야심만만한 메르코수르의 발전 계획의 중요한 요소로 자리 잡았다. 이 발전 계획의 목표는 단순히 회원국 간의 불균등을 극복하자는 것이 아니라 인간의 가치를 존중하고, 기술을 혁신하며 환경 기준을 준수하는 동시에 역외 시장에서도 경쟁력을 갖는 지역 생산력을 달성하고자 하는 것이다. 하지만 여전히 무역 이슈가 메르코수르 어젠다를 지배하고 있다(Botto, Inchauspe y Perrota, in progress).

지난 20년간의 메르코수르의 역사에 비춰볼 때 얻을 수 있는 교훈은 메르코수르는 다양한 가능성을 내재한 지역통합체로 여전히 변화하는 운동체라는 점이다. 비록 메르코수르가 다뤄야 하는 주요 테마에는 변화가 없다고 하더라도 지역 발전을 추구하는 전략에 대한 관점은 변화해왔고, 그 변화는 대부분의 경우 통합 과정 내의 요인에 의해서가 아니라 통합 과정 외의 요인(리더십의 변화, 자유주의 패러다임의 위기, 원자재 붐 등)에 의해서 결정되었다.

다양한 목표들이 메르코수르 내에서 난립하는 가운데 정작 메르코수르 창립 초기의 목적이었던 국가를 초월하는 초국가적 협력의 수준을 높이자는 주장은 그 설득력을 잃어가고 있다. 특히, 메르코수르 혜택의 재분배와 관련한 어젠다들에서 이러한 경향이 두드러지는데, 이는 회원국들이 혜택의 분배가 그런 방법으로는 공평하게 되지 않고, 오히려 몇몇 국가들에게만 유리하게 이루어질 것이라고 생각하기 때문이다.

이로써 이 글에서 분석된 정책의 방향은 명확해진다. 지역 내 학위를 상호인정 해주는 정책은 회원국 간의 협조를 최고조로 이끌어낸 정책이었다. 그리고 그 성공의 원인은 당사국들이 이 정책이 모두에게 이로운 정책이라고 여겼기 때문이다. 하지만 메르코수르 교육기금(FEM)에서 같은 수준의 성공을 기대하기 어렵다. 왜냐하면 주 기여국인 브라질이 이 기금의 발전을 가로막고 있기 때문이다. 중소기업기금(Fondo

PyMe)의 경우 브라질을 제외한 다른 국가들이 이에 대해 저항하고 있는데, 그 이유는 브라질만이 이 기금의 혜택을 받을 것이라고 생각하기 때문이다.

이런 이유에서 우리는 역내 국가 간 불균등이 심각하고, 분명하고 강력한 리더십이 결여된 지역통합의 경우 지역의 관성을 극복하지 못한다는 사실을 알 수 있었다. 하지만 실제로 통합은 계속해서 역내의 암묵적인 정책 공조를 향해 진행되고 있다. 이러한 진보가 가능한 것은 공공정책 네트워크를 통해 각국의 관료들과 지역의 관료들이 경험과 기술적 지식을 공유할 수 있었기 때문이다. 대부분의 경우, 통합이란 서로 다른 아이디어와 전 지구적 체제들의 사회화 과정이다.

참고문헌

Botto. M., M. E. Inchauspe y D. Perrota. in progress. *El Mercosur, ¿para qué sirve? Claves para el debate sobre los alcances de la integración*. Flacso/CTA, Buenos Aires.

Caballero, Sergio. 2010. "La política exterior de Brasil en el contexto de la integración regional." trabajos presentados en el v Congreso latinoamericano de Ciencia Política, Buenos Aires, 28~30, July.

Fonseca, Carmen S. 2010. "O papel do multilateralismo na politica externa do Brasil." trabajos presentados en el v Congreso latinoamericano de Ciencia Política, Buenos Aires, 28~30, July.

Fulquet, Gastón. 2010. "Acuerdos de integración regional and ambiente. Acciones cooperativas para un Mercosur sustentable." Documento de Trabajo No. 51, Área de Relaciones Internacionales, Flacso, Buenos Aires, abril.

Inchauspe, María Eugenia. 2010. "Integración productiva en en Mercosur. ¿Nueva agenda de cooperación regional?" Documento de Trabajo No.53, Área de Relaciones Internacionales, Flacso, Buenos Aires, Abril.

Mera, L. Gómez. 2005. "Explaining Mercosur's Survival: Strategic Sources of Argentina-Brazilian Convergence." en *Journal of latin American Studies*, Vol.37.

Merke, Federico. 2010. "De Bolívar a Bush: los usos del regionalismo en América Latina." trabajo presentado en el v Congreso Latinoamericano de Ciencia Política, Buenos Aires, 28~30, July.

Perrotta, Daniela. 2010. "Las agendas de educación superior y de ciencia y tecnología en el mercosur: alcances y desafíos de la cooperación." Documento de Trabajo No.52, Área de Relaciones Internacionales, Flacso, Buenos Aires, abril.

Ventura, Deisy y Alejandro Perotti. 2004. "El proceso legislativo del Mercosur." Fundación Konrad Adenauer, Montevideo. <www.kas.de/db_files/dokumente/7dokument_dok_pdf_5232_1.ped>.

제3장

지역통합과 라틴아메리카의 국제사회로의 편입 전략

그 불확실성의 원인들

헤라르도 카에타노

남미 지역통합의 상황은 지역정치의 지형과 분리될 수 없다. 좌파정부들의 등장으로 남미의 좀 더 강력한 결속에 대한 기대가 커지고 있으나, 지역통합은 이념적 목적을 통해서 이루어질 수 없다는 것은 분명하다. 하지만 남미의 분열이 극복되어야 한다는 데는 오늘날 모두가 동의하는 듯하다. 구성원들이 공동의 역외 대응정책을 마련하지 못한 남미공동시장의 사례에 대한 분석을 통해서 우리는 오늘날 지역통합의 현주소를 가늠해볼 것이다. 즉, 남미공동시장 구성원들이 느끼는 양자 간 협정 가능성에 대한 유혹과 유럽연합과의 협상 진전에서의 어려움은 지역통합의 미래가 불확실하다는 전망을 다시 한 번 확인해준다.

헤라르도 카에타노 Gerardo Caetano 역사학자이자 정치학자로서 우루과이 국립대학교(Universidad de la República-Uruguay) 정치옵저버의 총무이며, 지역통합을 위한 교육센터(Centrl de Formación para la Integración Regional-Cefir)의 소장이자, FLACSO 상임위원회의 위원이다. 또한 그는 우루과이 국제관계센터(Centro Uruguayo para las Relaciones Internacionales-CURI)의 학술 담당 사무총장이다.

* 이 글은 ≪Nueva Sociedad≫ 219호(2009년 1~2월호)에 실린 글을 옮긴 것이다.

1. 남미의 국제사회로의 편입과 관련한 딜레마들

국제 상황은 남미가 국제사회에 다시 한 번 편입되기 위해 국가적 혹은 지역적 수준에서의 확고한 조치를 취할 수 있기를 요구한다. 어지러울 정도로 빠르게 진행되는 역사의 발전 또는 관련된 일련의 사건들은 남미의 즉각적인 대응을 요구한다. 이러한 역사적 사건들에는 최근에 발생한 세계 금융위기가 있다. 이 사건은 다양한 결과를 초래할 것으로 예상되며 그 결과 세계체제의 구조적 변화가 예상된다.[1] 또한 세계가 다극체제화될 것이라는 전망이 우세하며, 이러한 다극체제로 인해 다국적 기구들은 심각한 위기에 봉착할 것이다. 그 결과, 세계정세는 매우 불확실해졌다. 즉, 오바마의 대선 승리 이후 일어날 상황에 대한 전망들(혹은 좀 더 정의로운 조치들이 취해질지도 모른다는 기대)은 세력을 강화해가는 러시아와 경기침체를 경험하고 있는 유럽연합, 앞을 내다볼 수 없는 중국의 행보, 그리고 다른 아시아 경제의 불확실성 등의 상황과 결합해 세계의 장래를 더욱 예측 불가능하게 만들고 있다. 다양한 징후들에도 불구하고, 도하라운드는 쉽사리 사라지지 않고 있으며, 오히려 이 지역의 통합을 위한 다른 협상들을 더디게 만들거나

1) 세계에서 경제적으로 가장 강력한 19개국과 유럽연합으로 구성된 G-20 재무장관 회담에 아르헨티나, 브라질 그리고 멕시코가 참여한다. 이들 국가의 중앙은행 총재들이 11월 중순 워싱턴에서 개최될 정식 회의에 앞서 브라질에서 회동했다는 것을 밝혀둘 필요가 있다. 이는 브라질의 국제적 리더십 및 글로벌 플레이어로서의 위상을 확인할 수 있는 기회였다. 이 회동에서 당시 대통령이었던 룰라는 국제통화기금과 세계은행의 근본적인 개혁을 요구하는 문건의 작성을 추진했는데 이를 통해 이 기구들을 통제하고 감독할 수 있는 새로운 방안들의 모색을 요구했으며, 동시에 세계경제와 관련된 결정이 이루어지는 다양한 장에서 신흥국들의 더 많은 참여가 가능해야 한다고 주장했다.

협상에 상당한 영향을 끼치고 있다.[2] 국제관계 속에서 다소 멀리 떨어져 있는 지역에서 일어나는 중요한 변화들과 그 밖의 다양한 요인들로 인해 국제정세는 더욱 불확실하고 예측 불가능해지고 있다.

우리는 세계 각국이 겪고 있는 유사한 과정과 사건들을 계속 열거할 수도 있을 것이다. 하지만 이 모든 과정과 사건들이 우리에게 제시하는 진실은 하나다. 세계정세의 도전에 대응하기 위한 급진적인 혁신은 라틴아메리카와 역내 국가들이 새로운 국제질서에 강력하게 재결합해야 할 필요성을 더욱 증가시키고 있다는 것이다. 이러한 맥락에서 우리는 남미의 각 국가가 경험하는 통합의 변화무쌍한 과정이 갖는 효과를 분석해야 한다. 그리고 그 분석의 대상은 지역통합과 관련한 다양한 제안들이다. 그뿐만 아니라 서로 다른 제도, 이념, 무역 혹은 생산 조건과 목표에도 불구하고 라틴아메리카 대륙에서 함께 공존하고자 하는 정치적 합의 또한 분석의 주요 대상이다.

현재 남미가 경험하는 통합의 과정은 최근 지역 정치에서 일어난 몇몇 사건들로 단순화될 수 없다. 우선 남미공동시장의 핵심에서 일어난 중요한 예들을 보더라도, 통합의 과정에서 일어난 긍정적인 변화의 원인을 각 정부 간의 이념적 동질성에서 찾는 것은 매우 무의미하다. 이 점을 더욱 깊이 있게 논의하기 위해서는 과연 남미에서 대규모 좌클릭이 일어났는지를 비판적으로 분석해야 한다. 또한, 분석의 결과를 받아들이기 위해서 이른바 '좌파'의 범위와 한계를 구분 짓는 구체적인 정책에 대한 분명한 이해가 전제되어야 한다. 예를 들어, 전통적인 좌파와 '진보주의' 및 국가주의적 대중운동 간의 차이는 무엇인가 등에

---

2) 라틴아메리카 국가 및 지역연합과 EU 간의 협정과 관련한 협상의 실질적인 증진 및 타결 가능성이 도하라운드의 최종 결과물과 깊이 연관되어 있다는 것은 분명하다.

대한 합의가 이루어져야 한다. 즉, 남미에서 출현한 새로운 형태의 정부들은 직간접적으로 사회 부문별, 국가별 그리고 정치적 이해관계의 복원이라는 점에서 서로 비슷한 경험을 하고 있으며, 이 정부의 대부분은 통합주의적인 노력 특히 희생을 반기지는 않는다. 어쨌든, 통합은 각 정부의 이념적 동질성으로 인해 공고화되기보다는, 본질적으로 서로 다른 민주국가들 간의 차이를 극복할 수 있는 제도의 건설을 통해 가능하다.

지역통합의 전 과정에서 꼭 짚고 넘어가야 할 것들로는 정치 불안의 요소가 항상 존재한다는 것, 사회운동의 격화, 정치의 개인화, 의회 권력의 상실과 함께 대의제와 정당들이 위기에 봉착해 있다는 것, 그리고 사회주체들과 그들의 운동의 지형에 매우 강력한 변화가 일어나고 있다는 것 등이다. 이러한 갈등과 격변의 정치 지형은 최소한 최근 5년 동안 지역경제가 꾸준히 높은 성장률을 기록했음에도 불구하고 부정할 수 없는 사회 불평등이 이 지역에서 지속되어왔다는 점과 무관하지 않다. 다양한 종류의 새로운 갈등들은 지역 내의 불안과 맞물려 몇몇 국가들이 상당한 예산을 군비 확충에 사용하는 원인이 되었으며, 이 지역에 상존하는 미군의 군사력도 새로이 강화되었다. 미 군사력의 강화는 무엇보다도 제4함대의 복구로 더욱 가시화되었다. 그 결과로 국제정세 속에서 상대적으로 미약한 현상들이 축적되어 라틴아메리카, 남미 그리고 남미공동시장에서 강력한 영향력을 발휘할 수 있다는 것을 목격했다. 이러한 관점에서 세계무역의 비율, 국내총생산 그리고 금융의 흐름 등에 관한 지수들을 살펴본다면 역내 갈등이 고조되는 상황이 더욱 분명하게 보일 것이다. 그럼에도 식량 생산이나 전략적 천연자원(특히 수자원과 에너지 자원)의 소유 여부와 관련된 상황은 앞서 이야기한 국제정세와는 확연히 다른 양상을 띤다.

2. 통합의 과정: 불확실한 균형

남미뿐 아니라 라틴아메리카 전체의 통합 과정의 현 상태는 이러한 정치적 지형의 심층에 실망 혹은 불안감을 가져온다. 이러한 관점에서 몇몇 통합 과정의 진행 상황을 살펴보자. 안데스 공동시장(la Comunidad Andina de Naciones: CAN)은 지난한 난관을 겪었으나, 서로 다른 두 가지의 속도로 협상이 진행될 수 있다고 인정하는 유연성[3] 덕분에 변신의 가능성을 보여주기도 한다. 칠레의 경우 매번 그 성공 가능성은 더욱 희박해지지만 계속해서 아시아 및 미국 시장 접근성을 강화하기 위해 아시아-태평양 경제협력체와의 관계를 더욱 돈독히 하려고 노력한다. 동시에 칠레는 브라질과 함께 남미연합(Unión de Naciones Sudamericanas: UNASUR)의 건설에 열의를 보이고 있다. 라틴아메리카의 북쪽에서는 중미통합체제(Sistema de la Integración Centroamericana: SICA)와 카리브 공동체(Comunidad del Caribe: CARICOM)를 통해 중미와 카리브의 국가들이 이들 간의 차이를 극복하고 멕시코와 마찬가지로 북미에 통합되기 위해서 노력하고 있다. 동시에 미국의 영향권에 너무나 가까이에 위치하고 있는 라틴아메리카는 언제까지 계속될지 알 수 없는 미국의 경기침체가 가져온 심각한 결과를 직접 겪고 있다.[4]

---

3) 이러한 방법은 콜롬비아 및 페루와의 분명한 차이를 강조하는 볼리비아 및 에콰도르의 현실을 고려한다면 이 경제블록을 유지할 수 있는 거의 유일한 방법이다. 이들 그룹은 미국과의 자유무역협정 및 EU와의 통상 관련 협정에 대해 분명히 다른 입장을 견지하고 있다. 당분간 유지될 것으로 예상되는 이러한 정책 유연성은 국제정세에 대한 분명한 차이를 견지하는 그룹들 간의 공존을 가능하게 하고 안데스 공동시장의 붕괴를 막을 수 있는 유일한 대안인 듯하다.

4) 미국의 경기침체가, 수출의 85% 이상을 미국 시장에 의존하고 있으며 천만 명

베네수엘라를 빠르게 정회원으로 받아들임으로써 남미공동시장은 확장되었다. 하지만 아직 남미공동시장은 일관되게 성장하는 듯한 모습을 보이지는 않고 있으며, 여전히 이 기구의 어젠다와 선언문에서 천명한 주요 목표들의 구체화는 미루어지고 있어 '재출범'을 이야기해야 할 지경이다. 남미공동시장 회원국 베네수엘라가 2005년 마르델플라타(Mar del Plata)에서 보여준 부정적인 입장 덕분에 미주자유무역지대(Área de Libre Comercio de las Américas: ALCA)는 실패했지만, 북미자유무역협정의 체결로 이 지역에서 미국의 위상은 강화된 듯하다.[5] 이타마라티(Itamaraty)에서 제안된 대륙 프로젝트의 주춧돌인 남미연합은 초기 노력을 기울였으며, 몇몇 분야에서의 상당한 가능성[6]에도 불구하고 분명하게 그 정치적 목적과 경제적 목적을 규정하는 작업이 끝나지 않은 듯하다.

이상의 이주민을 미국에 보낸 멕시코에 끼친 영향을 살펴보자. 선거 캠페인 중에 바락 오바마는 북미자유무역협정 및 중미자유무역협정 등의 수정 필요성에 대해 역설했다. 이러한 협정들의 수정은 이 지역에 매우 심각한 결과를 초래할 것이다. 이미 이 지역 경제를 움직이는 중요한 요소인 미국으로부터의 송금이 줄어들었다고 보고되고 있다.

5) 이러한 경향은 2006년 11월 미국의 총선 이후 변하기 시작했다. 이 총선에서 보호무역주의적 성향을 띠는 미국의 민주당이 상·하원에서 모두 다수당이 되었으며, 이후 대선에서의 오바마의 승리와 하원에서의 민주당의 의석수 증가로 상황은 더욱 심화되었다.

6) 볼리비아의 위기가 악화되자 칠레는 즉각 남미연합의 개입을 요구했고, 이후 브라질과 다른 국가들도 남미연합의 개입에 동의했다. 볼리비아 사태에 대한 남미연합의 개입은 매우 효과적이었다고 평가된다. 남미연합은 남미국가연합의 실패한 일시적인 시도의 대응책으로 신속히 추진되었는데, 이 체제의 목표는 정치적인 연대, 사회간접기반시설 및 에너지 연대 프로젝트의 추진 및 가장 논란거리가 되고 있는 이른바 방위 자문기구의 신설이다.

또한, 역내 리더십을 발현하고 행동의 축을 형성하기 위해 다양한 노력들이 다시 경주되었다. 예컨대 브라질 대 멕시코의 경쟁, 베네수엘라 요인과 우고 차베스(Hugo Chávez)라는 인물을 중심으로 하는 볼리바르(Bolivar) 프로젝트들, 볼리비아-쿠바-에콰도르-니카라과-베네수엘라를 연결하는 이념적 축을 중심으로 한 미주를 위한 볼리바르 동맹(ALBA), 브라질리아, 부에노스아이레스와 카라카스를 연결하는 축, 아직 분명한 결과물은 없지만, 끊임없이 시도되는 아시아태평양경제협력체(APEC) 연합 등이 그 예이다. 라틴아메리카 국가들은 G20+그룹과 브라질, 멕시코, 아르헨티나의 G20에서의 활약을 통해 칸쿤과 리마에서 보여준 것과 같이 도하라운드의 실패 이후 긍정적인 협정들을 추진함으로써 세계열강들에 대응하고 도전하는 역할을 담당해왔다. 물론 국제정치 무대의 주역의 하나로 브라질의 위상은 분명해지고 있으나 또한 브라질이 국제사회에서 인정받기 위해 필수적으로 갖춰야 할 지역 내에서의 지지 기반은 사실 항상 유지되어온 것은 아니다. 결론적으로 미래에 대한 불확실성과 다소의 실망감은 매우 당연하다.

3. 남미국가들은 공동의 대외정책을 채택할 것인가?

남미의 연대 및 통합의 전 과정을 규정하는 또 다른 방법은 각 정부의 대외정책이 한 가지로 조율될 수 있는가의 여부를 묻는 것이다. 전략적인 정책 수렴의 분명한 증거가 보이는가? 우리의 판단으로는 그 가능성은 희박하다. 소위 '진보적인 정당들'은 야당일 경우에는 강력한 통합주의자들이지만 막상 수권정당이 되면 그들의 태도는 변하곤 한다. 정책에서의 우선순위는 국내 정치에서의 이해관계가 될 수밖에 없고, 통합을 위한 기구의 설치 및 공공정책과 이들 기구들의 연계를 위한 노력에 대해 각국의 정부는 강력한 의구심을 표출한다. 현재 진행되고 있는 통합의 과정은 대외정책을 공동으로 마련하는 데서 나타나는 어려움을 잘 보여주고 있는데, 특히 상대적으로 약소국인 국가들이 겪어야 하는 피해가 분명하게 드러난다. 동시에 각국은 선진국과 양자 협정을 체결하고 싶은 유혹을 느낀다. 오늘날 라틴아메리카는 지역패권주의적 비전과 지방분권적 비전 사이에서, 메시아적이고 개인 중심주의적 지역주의와 전술 없는 실용적인 전략 사이에서 뚜렷한 합의점을 찾지 못하고 있다. 이에 대한 증거는 차베스의 강력한 주도하에 지역의 다양한 국가들이 설정한 어젠다에 이란이라는 이국적인 존재의 위상이 강화되고 있다는 점이다. 그 어젠다에는 러시아와의 교류도 포함되어 있으며 심지어는 북한과의 교류 또한 고려하고 있다. 결국, 이 모든 시도들은 공통의 대외정책을 구성하는 전략을 세우는 것이 얼마나 어려운가를 보여주는 예일 뿐이다.

라틴아메리카와 같이 상당히 분열된 대륙에 대한 하나의 일반적인 시각이 갖는 한계에도 라틴아메리카의 미래에 대한 한 가지의 핵심가설을 세워본다면, **지역의 오늘날을 규정하는 중요한 특징인 분열과 파편화에 변화가 감지되고 있다는 것이다.** 이러한 징후는 지역통합 및 정치적 연대의 진전에 결정적인 요소이며, 남미국가들의 국제사회 편입의 전략 속에서 이미 이러한 징후의 영향이 나타난다.

물론 각 국가의 정치 프로세스가 겪어내는 집중과 분리를 설명하고, 지역통합의 경험 속에서 그러한 정치적 흐름이 갖는 효과를 분석해 하나의 결론에 도달하는 것은 어려운 일이다. 그럼에도, 우리는 불확실성의 끝에 보이기 시작하는 보편적인 징후를 강조할 필요가 있다. 물론, 라틴아메리카에서 거대한 정치적 변화가 존재한다는 사실을 부정하는 주장이 설득력을 갖기 어려운 것과 마찬가지로 매우 분명한 라틴아메리카의 행보를 추론하는 주장도 신빙성이 없다. 사실 이미 살펴본 바처럼 이 지역의 다양한 국가들이 선택할 수 있는 서로 다른 정치적 행보에 관한 많은 의문점들이 남아 있으며, 이들 질문에 대해 보편적인 잣대로 하나의 일관된 경향과 분명한 특징을 들어 답변하는 것은 어려운 일이다.

대답하기 쉽지 않은 대외정책과 관련한 어려운 질문의 몇 가지 예는 다음과 같다. 앞으로 쿠바는 어떻게 될 것인가? 쿠바의 변화가 중미와 그 밖의 다른 라틴아메리카에 끼칠 영향은 무엇인가? 베네수엘라가 추진하는 볼리바르 프로젝트의 미래는 무엇이며 차베스 이후의 볼리바르 프로젝트는 어떻게 될 것인가? 미국 및 EU와의 관계 설정에 콜롬비아와 페루가 선택한 노선은 긍정적인 결과물들을 가져올 것인가? 혹은 현재의 위기를 증폭시킬 것인가? 에콰도르는 라파엘 코레아(Rafel Correa)에 의해 추진되는 개혁 정책과 변화를 어떻게 정착시켜나갈 것인가? 네 번의 정권 창출 이후 뚜렷한 피로감의 징후를 보이는 칠레 중도좌파연합 콘세르타시온(Concertación)과 칠레 모델의 미래는 무엇인가? 룰라 정부의 두 번째 임기는 어떻게 마무리될 것이며 누가 그 뒤를 이을 것인가? 아르헨티나는 오직 페론주의로만 통치할 수 있다는 인식은 바뀔 수 있을 것인가? 우루과이에 진보의 시기는 도래할 것인가? 갈등과 양극화를 경험하고 있는 볼리비아에서 에보 모랄레스(Evo Morales)의 실험은 어떤 결과를 가져올 것인가? 페르난도 루고(Fernando Lugo)의 정부는 파라과이에 새로운 민주주의 시대를 열 것인가? 국가를 극복한 이 지역의 다양한 지역주의 시도들의 운명은 어떠할까? 오바마 정부는 북미자유무역협정의 진전 혹은 미주대륙을 포괄해 남미, 라틴아메리카 혹은 전 미주를 포괄하는 새로운 통합을 시도할 것인가? 구성원들의 자유롭고 유연한 공존이 가능하며 동시에 연대가 강화되는 열린 지역통합이란 유연한 형태가 유지될 수 있을 것인가?

너무나 많은 질문들이 있으나 이에 대한 분명한 대답은 존재하지 않는다. 따라서 라틴아메리카 일반의 정치적 미래 혹은 특히 남미의 정치적 미래를 가늠하고자 한다면 미래의 불확실성을 풍부한 분석의 변수로 받아들여야 한다.

4. 효율적인 통합에의 도전/난관

특히 남미에서 효과적인 대외정책은 지역통합의 관점에서 국제사회로의 진입을 모색하는 어려운 딜레마를 극복할 수 있어야 하며, 고전적인 분리주의적 국가주의에 경도되지 않으면서 국가의 진정한 주권을 지킬 수 있어야 한다. 블록화되고 다극화되어가는 국제사회에 진정으로 편입되기 위해서 선언적인 수준이 아닌 진정한 통합의 과정이 필요하다.

근대적 개념의 주권을 효과적으로 방어하기 위해서는 모든 통합의 과정이 구성원들 간의 일정한 정치적 결사를 요구한다는 사실을 명심해야 하며, 그래야만 통합을 통해 구성원들이 함께 국제사회에 편입될 수 있게 된다. 그런 의미에서 현재 남미에서 진행되고 있는 통합의 실험을 이전의 지역정치 속에서 일어난 사건들로부터 떼어내서 고찰할 수 없다.

남미공동시장의 경우, 관련한 일련의 질문들을 생각해볼 수 있으며 이 질문들을 통해 이 지역통합의 한계를 가늠해볼 수 있다.[7] 그 질문들

---

7) 2009년 3월 26일은 1991년 「아순시온 조약」에 서명을 한 지 18년이 되는 날로,

은 다음과 같다.

- 남미공동시장 통합과 관련한 합의들을 다시 재정비해 각 국가뿐 아니라 정치시스템과 주요 사회주체들까지도 참여하는 일관성 있고 운용이 가능한 합의를 도출할 가능성은 존재하는가?
- 지역 불균형, 거시경제 운용, 관세동맹 등과 같은 구체적인 사안들에 대한 통합 대상 국가들 간의 합의 도출이 가능한가? 혹은 남미공동시장과 그 미래에 관한 기본적인 합의가 이미 훼손된 것은 아닌가?
- 남미공동시장의 국제사회로의 편입 계획의 일환으로서 민간 부문과 공공부문 간의 통합이 혁신적이고 효율적인 수준으로 향상되었는가?
- 파라과이나 우루과이와 같은 경제블록 내의 약소국가들은 그들이 두 거대 인접국들과의 관계 속에서 최근 수십 년간 요구된 주요한 변화의 요구를 받아들였는가? 우루과이와 아르헨티나 사이의 제지공장 건설을 둘러싼 갈등을 혁신적으로 극복하고 브라질과 파라과이의 새로운 협상과 대화를 가능케 할 구체적인 방법은 무엇인가?
- 최근 몇 년 동안 남미공동시장의 의제를 지배했던 유연화, 심층화 및 외연 확장의 문제를 균형 있게 연계시킬 방법은 무엇인가? 오로지 구성원들 간의 양보를 최소화시키는 유연화를 통해서만 파라과이와 우루과이의 정당한 요구를 수용할 수 있을 것인가? 남미공동시장의 심층화 없이 외연만을 확장하는 것이 가능한가? 남미공동시장을 심층화한다는 것은 오늘날 무슨 의미를 지니는가?
- 각 국가의 국내 정책과 경제블록으로서의 남미공동시장의 발전 사이의 교차점을 제대로 분석하고 있는가?

이 협정을 통해 남미공동시장이 출범이 공식화되었다.

- 각국이 가지고 있는 통합 전략, 양자 간 협상 전략, 다자간 협상 전략이 가진 수렴의 수준 및 한계는 무엇인가?
- 브라질과 아르헨티나 간의 특혜성 관계에 대응해 남미공동시장 내의 약소국들이 국제사회에 편입할 수 있는 차선책은 무엇인가? 이러한 전략은 무엇을 의미하는가? 무엇이 이러한 전략의 기본 내용이며, 어떻게 이러한 차선책이 정당화될 수 있는가? 우루과이와 파라과이가 남미공동시장을 탈퇴했을 때 생길 결과를 예측했는가? 이들의 남미공동시장 탈퇴가 즉각적으로 이루어질 때와 정회원에서 부회원으로 그리고 탈퇴의 순으로 점진적으로 이루어질 때를 각각 상정해 그 결과를 미루어 짐작해볼 수 있는가? 미국과의 관계에서 자유무역협정 외의 대안은 존재하는가? 혹은 EU와의 어떠한 연합이 가능한가? 우루과이에서 칠레 모델은 가능한가? 혹은 바람직한가?
- 현재의 조건을 크게 조정하지 않는다면 우루과이와 파라과이에 남미공동시장으로의 편입은 무역적자를 의미할 것이다. 우루과이와 파라과이가 선택해볼 수 있는 양자 간 협정이 가능한 열린 지역주의의 대안이 가진 한계와 장점은 무엇인가?
- 무엇이 지역통합의 장기적인 목표이고 무엇이 단기적인 목표인가?

사실 관련된 질문의 목록은 분명 끝없이 계속될 수 있으며, 남미공동시장이 직면하고 있는 구체적인 난관들만 포함하고 있는 것이 아니라 다른 지역통합의 노력들 혹은 남미의 정치적 연대에서 나타날 수 있는 문제점들도 포함될 수 있다. 무엇보다도 각각의 문제에 대한 논쟁은 매우 치열하게 전개되고 있으며, 많은 경우 각 국가의 국내 선거에서 쟁점으로 부각되기도 한다. 우리가 기억해야 하는 점은 지역통합의 열망과 아이디어를 넘어, 남미 정치는 각 국가에서 선거를 통해 결정된다는 것이다. 따라서 많은 경우 지역통합의 요구와 목표에 대해 관심이 없거나 심지어는 반대하는 유권자들을 극복해야 한다. 따라서, 이러한 현실은 지역통합을 우호적인 방향으로 끌고 나갈 수 있는 조건으로 작용하지는 않는다.

5. 공통의 대외 어젠다와 라틴아메리카: 대EU 협상들

라틴아메리카의 통합 과정에서 공동의 대외 어젠다가 형성된 과정을 분석하는 것은 지역 경제블록의 가능성과 한계를 고민할 기회를 제공해준다. 그러한 의미에서 완벽하지는 않더라도 현재 라틴아메리카와 EU 간에 일어난 협상들을 평가해보는 것은 특히 유용하다. 분석의 출발점은 1994년 독일 에센(Essen) 정상회담에서 EU가 채택한 새로운 전략이 될 것이다. 이 전략이 선택된 지 근 5년이 지났으나 아직도 이렇다 할 만한 결과물은 나오지 않고 있다. 이 정상회담에서 채택된 가이드라인은 다극화될 국제사회를 준비하기 위해 양 지역 경제블록 간의 동맹을 심화시킨다는 내용이 포함되어 있으며, 이 전략은 1999년 리우데자네이루에서 열린 제1회 라틴아메리카 - EU 정상회담에서 다시 확인되었다. 양자는 모두 점점 더 다극화되어가는 국제사회의 현실이 서로 간의 관계를 밀접하게 만들 좋은 기회라는 데 인식을 같이했다. 하지면 여기서 지적해둘 점은 이러한 기본적인 합의는 더 이상 존재하지 않는다는 것이며, 양 지역 간의 관계에 대한 이러한 긍정적인 전망들은 장기간 지속된 일국(미국)의 패권주의 덕분에 타격을 입었다. 나아가 쇄도하는 다자간 협상과 양 지역 블록 운용과 관련한 잦은 변동 그리고 세계 금융위기는 모두 양자 간 협력의 전망을 어둡게 했다.

라틴아메리카의 지역주의에 대한 이해와 현실 모두에서 나타난 분열은 EU와의 관계에 부정적인 영향을 끼쳤다. 다수의 서로 다른 시도들로 인해 협상에서의 라틴아메리카의 위치는 강화되기는커녕 약화되었다. 조지 W. 부시(George W. Bush) 정부하에서 추진된 미국과의 자유무역지대 설립 시도의 흥망도 지역주의에 대한 각국의 서로 다른 의견이 갖는 효과를 잘 보여준다. 라틴아메리카에 정치 불안과 빈곤 그리고 다면적인 갈등이 상존하고 때로는 폭력을 동반한다는 점(각 국가의 내부에 갈등이 상존함은 물론 몇몇 분쟁지역을 둘러싼 국가 간 갈등 역시 존재했다)은 두 지역 간의 협상에 부정적인 요소로 작용했다. 마지막으로 제3자와 협상하는 과정에서 블록 간의 협조가 더 강력한 협상력을 보장해줄 수 있을 것이라는 생각은, 비록 브라질에 의해 주도된 G-20+의 계획을 구체화하는 커다란 성과로 연결되기도 했으나, 많은 경우 현실화되지 않았고, 실제로 협상에서 긍정적인 결과물을 가져오지도 않았다.

요컨대 1994년 EU와 라틴아메리카 그리고 카리브 지역 간에 합의된 전략적 합의의 세 가지 근본 논리는 약화되었다. 지역통합의 논리는 수많은 난관에 봉착했는데, 이 중 가장 부정적인 요소는 남미 경제블록들 특히 남미공동시장의 초국가적인 기반 위에 제도적 설계를 진전시키고자 하는 정치적 의지의 부족을 꼽을 수 있다. 만약 앞에서 말한 초국가적 제도가 정비되었더라면 분명 이는 양 지역 간의 협상을 더욱 수월하게 만들었을 것이다. 경제논리 역시 협상의 진전에 도움이 되지 않았다. 1992~1997년 라틴아메리카는 유럽으로부터 20세기 들어 가장 많은 자본을 받아들였지만 이러한 상황은 곧 변했고 남미공동시장의 경제위기로 인해 유럽과 라틴아메리카 간 경제관계가 겪었던 변화는 매우 극단적인 것이었다. 따라서 그 5년 동안 일어난 문제를 해결하지 않은 채 협상의 내용을 경제위기 이전으로 되돌리는 것은 불가능했다.

세 번째 논리는 정치논리이며 이 또한 두 지역의 통합에 긍정적으로 작용하지는 않았다. 유럽은 미국의 헤게모니에 직접적으로 도전하고 싶지 않았고, 결국 남미공동시장이 그러했던 것처럼 수세적으로 대처했다. 미국이 진전을 보이면 EU 또한 약간 늦게나마 진전을 보였다. 국제무역기구와 같은 다자간 기구에서 EU는 미국과의 동맹관계라는 완고한 원칙을 벗어나지 않았다.

앞에서 지적한 문제들이 계속해서 상존하거나 심지어는 더욱 악화되었음에도 몇몇 분야에서는 양 지역 간 동맹에 긍정적인 요인들이 계속 존재해왔다. 우선 유럽과 라틴아메리카가 공유하는 역사적인 관계의 특수성이 그것이고, EU는 라틴아메리카 전반 그리고 특히 남미공동시장 회원국들에 매우 중대한 무역 파트너이자 투자자라는 점도 긍정적인 요인이다. EU가 라틴아메리카에서 갖는 비중이 라틴아메리카가 EU에서 가진 비중보다 훨씬 크긴 하지만, EU에게도 라틴아메리카와의 협력이 어려워진다는 것은 상당한 부담으로 작용했다. 마지막으로 미국의 헤게모니에 대해 대응해야 하며 다자주의를 강화시켜야 한다는 공동의 목표가 존재했다.

여기에 두 블록의 어젠다를 개선하거나 혹은 허물어뜨릴 기회가 더해져서 새로운 형태의 동맹을 이룹게 하는 시나리오를 생각해볼 수 있다. 갈수록 독단적으로 변해가는 미국에 대항하고 다자간 협의의 약속을 받아들이기 위해 EU와 남미공동시장의 선두에 선 라틴아메리카는 환경, 기후 변화, 인권, 사회통합과 같은 새로운 국제 이슈들과 관련한 전례 없는 합의를 도출해낼 수 있을 것이다. 이는 농업보조금, 외채상환 문제, 국제금융시스템의 재정비 및 소위 '싱가포르 의제'라고 불리는 의제들과 지적 재산권의 문제와 같이 항상 갈등을 양산하던 이슈들에 대해 양 지역이 좀 더 유연한 태도로 임하게 되었다는 것을 뜻한다.

원칙적으로 그리고 최근 일어난 다양한 사건들에 비추어볼 때 앞에 언급된 시나리오는 실현 불가능해 보일 수도 있다. 하지만 국제정세와 미래의 도전에 대한 엄격한 분석을 통해 양 지역이 공유하는 전략적 합리성의 가능성이 낮지 않다는 주장이 강력하게 제기될 수 있다.

분명 라틴아메리카와 카리브 지역이 EU에게 더 이상 중요한 지역이 아닐 수 있다는 증거들이 속속 나오고 있다. 또한 EU의 확장 자체가(27개국과 협상하는 것이 15개국과 협상하는 것보다 훨씬 어렵기 때문에) 양 지역 간의 협상에 부정적인 요소로 작용하는 등 갈등의 소지도 상존한다. 하지만 양 지역의 협상을 어렵게 하는 가장 강력한 요인은, 이미 앞에서 설명했듯이, 라틴아메리카가 갖고 있는 통합 모델이 취약하다는 것이며, 그 결과 비교적 결속되어 있는 EU와 이질적이고 분산되어 있는 라틴아메리카 간의 불평등한 관계가 형성될 수밖에 없다. 안데스 공동시장과의 협상에서 최근 나타난 어려움과 콜롬비아나 페루와 같은 나라들의 경우 EU와 양자 간 협상을 할 수 있도록 예외 조항을 신설했다는 점은 앞에서 지적한 문세점을 여실히 드러내는 사례이다. 남미공동시장의 경우 도하라운드에 대한 공동시장 구성원들 간의 이견이 존재하며 안데스 공동시장과 비슷한 양상을 보이고 있다.

어쨌든 국제금융위기와 함께 나타난 덜 배타적이고 더욱 다극화된 세계화 프로젝트에 근거해 서로의 이해관계와 가능성을 성숙시키고자 하는 고민을 계속해간다면 유럽과 라틴아메리카의 협력은 여러 면에서 발전을 이룰 수 있을 것이다. 발전의 여러 계기 중 몇 가지를 소개하자면 다음과 같다.

- 이러한 국제적 연합체 및 네트워크의 출현을 통해 더욱 강력한 신뢰가 구축될 수 있을 것이며, 동시에 정부 간 관계가 갖는 중요성 또한 보존될

것이다.

- 새로운 자본주의와 이를 지탱하는 이데올로기의 생존 능력이 직면한 문제점들에 대한 확증이 제시될 수 있다.
- 다자간주의를 수호하고 국제적인 권리를 보장하기 위한 합의를 통해 이러한 주장이 전략적이고 역사적인 타당성을 획득하게 될 것이다.
- 최근 몇 년간 미국이 실시한 정책들에 대한 대안으로서 안보를 위한 노력 및 테러리즘에 대한 대응이 통합적인 전략 속에서 이루어질 수 있으며, 오늘날 주된 방식으로 이해되고 있는 배타적이고 재앙에 가까운 무장화가 전부가 아니라는 것을 보여줄 수 있다.
- 국제기구의 재편을 위한 확고한 합의가 이루어질 수 있다는 것을 보여줄 수 있다.
- 국제 이주가 가져올 사회로부터의 소외와 같은 위험한 현상이 더 이상 지속되지 않게 하기 위한 노력이 강력한 지지를 받고 있다는 것을 보여줄 수 있어야 한다.

최근 정상회담의 결과는 라틴아메리카와 EU의 미래에 대한 낙관적인 전망을 어렵게 한다. 하지만 라틴아메리카 일반 그리고 특히 남미공동시장이 EU에 다가가도록 만드는 요인들과 과정들은 여전히 존재한다. 이러한 맥락에서 볼 때 칠레는 가장 앞선 국가이다. 이미 칠레는 EU와 자유무역협정을 체결했으며, 유럽과 영구적이고 우호적인 다양한 관계를 유지하고 있다. 하지만 칠레의 사례를 라틴아메리카의 다른 국가들이 본받고 따라야 할 모델로 소개하는 것은 중대한 오류이다. 칠레식 지름길을 따라가다 보면 출구가 없는 막다른 골목에 도달하는 절망감을 맛볼 뿐이다. 이러한 점을 지적하는 것은 전략적으로 매우 중요한 일이다.

6. 브라질의 양자 간 협상 선호에 대한 루머들

남미공동시장이 지역 밖의 국가 및 블록들과 협정 체결을 다시 한 번 심각하게 추진해야 한다는 것은 자명한 사실로 보인다. 남미공동시장이 이 점에서 이룬 성과는 정말 미미하다. 남미공동시장 18년 역사 속에서 이스라엘과의 협정 체결이 유일한 성과이다. 남미공동시장의 대외정책이 갖고 있는 한계는 구성원들(특히 소국들, 물론 소국들만 그런 것은 아니지만)이 협상을 통해 항상 위험하지만, 또한 매력적인 양자 간 협정을 체결하려 시도하도록 만든다. 남미공동시장이 국제협상과 관련한 공동의 입장을 견지하는 데 한계를 갖고 있는 한 양자 간 협상과 협정 체결에 관한 루머는 존재할 것이며 브라질 또한 양자 간 협상 및 협정 체결을 시작했다는 루머는 삽시간에 퍼져 나갔다. 아르헨티나의 유력지 ≪클라린(Clarín)≫에 실비아 나이쉬태트(Silvia Naishtat)가 기고한 기사에 따르면, 존재하는 그 순간부터 EU는 모든 종류의 협정을 만들어냈다. 하지만 남미공동시장과의 관계에서는 독특한 일이 벌어졌다. 이미 12년 동안 협상이 진행 중이지만 아직도 협정문은 채택되지 못했다. 그럼에도 브뤼셀(Bruxelles)은 포기하지 않고 있으며 12월에 매우 야심만만한 협정의 초안이 완성될 것이다. 하지만 놀라운 뉴스는 이 초안을 오로지 브라질과만 작성한다는 것이다. EU가 남미공동시장과 준비하던 협정은 상징적인 것에 불과한 것으로 여겨진다. 왜냐하면 협정을 통해 두 경제블록의 무역, 정치 그리고 협력과 통합의 장이 형성되기 때문이다. 기본적으로 협정에 참여하는 국가들이 유럽의 시장에 접근할 수 있는 접근성이 개선될 것이다. 게다가 이 협정은 정치적인 의미 또한 포함할 것이다. 왜냐하면 이 남미지역은 미국의 날개 하에 있다고 여겨지기 때문이다. 다양한 종류의 협정 요리법이 시도되었으나 모두 실패하고 말았다. 현재 EU의 대통령직을 수행하고 있는 프랑스 내각의 소식통에 따르면, 남미공동시장에 적합한 제도가 부재한 반면 목소리는 너무도 다양하게 표출되었다는 점이 실패의 원인이라고 한다. 분명한 사실은 브라질이 주요 협상 대상이며 브라질과 EU 간 협정이 가져올 위기에도 브라질은 EU와의 협정에 서명할 것이라는 점이다. 현재로는 브라질과 EU 간 협정 내용에 무역과 관련한 사항들은 제외되었으나 경제협력에 관한 내용은 포함되었다. 아르헨티나에 이 소식은 충격적인 것이다. 아르헨티나에 있어 EU로의 수출은 전체 수출의 20%를 차지하며, 이는 수출의 22%를 차지하는 남미공동시장으로의 수출에 이어 2번째로 큰 비중을 차지한다. 프랑스는 아르헨티나가 도하라운드에서 취한 입장을 비난하고 나섰다. 크리스티나 페르난데스 데 키르치네르(Cristina Fernandez de Kirchner)의 정부는 "자국의 산업을 보호하는 것을 선호했다. 반면 아르헨티나보다 훨씬 발달한 산업 부문을 보유한 브라질은 유럽과의 협상에 참여했다"고 전하고 있다. 이미 예상할 수 있듯이, 브라질은 칭찬을 받을 것이다. "브라질은 국제적 행위자가 되고자 하며, 협상 리스트에 다른 국가는 없다"라고 파리정치학연구소의 올리비에르 다베네(Olibier Dabene)는 말했다. 프랑스 외무성의 제랄드 마르틴(Gerald Martin)은 이 뉴스의 파장을 줄이려고 노력하면서 블록의 통계자료를 개선하는 것과 같은 다양한 협정들이 이미 존재한다고 주장했다. 흥미로운 것은 예로 든 협정의 당사자가 아르헨티나라는 점이다(Naishtat, 2008).

이러한 보도 내용은 곧 부정되었고, 오히려 정반대 내용이 기사화되기도 했음에도, 분명한 것은 정황을 객관적으로 분석해보면 브라질의 EU와의 양자 간 협상 시도가 있었다는 점을 부정하기는 어렵다는 것이고, 이를 인정한다면 이는 남미공동시장에 치명적인 결과를 가져올 것이다. EU나 브라질과 같은 다양한 주체들에게 이러한 전략을 고려할 만한 충분한 이유가 있다는 점을 망각한다면 이는 너무도 순진한 것이다. 하지만 공식적으로 양 정부는 그러한 사실을 부정했다. ≪클라린≫에 실린 또 다른 심층취재 기사에 따르면, 룰라는 도하라운드 이후 국제사회에서 '독자적으로 활동할' 가능성에 대한 의견을 묻자 단호하게 그러한 사실을 부정했다.

> 그러한 가능성은 없다. 우선 개인적으로 나는 남미의 통합을 위해 일하며 아직도 남미공동시장을 활성화하기 위해 해야 할 일들이 많이 남아 있다고 본다. …… 둘째로 부에노스아이레스에서 열린 세미나에서도 이미 언급했듯이 브라질과 아르헨티나가 서로를 경쟁자로 보지 않고 동료로 바라보는 것은 매우 중요하다. …… 이러한 현실 인식하에서 브라질은 도하라운드가 수행하는 역할에 대해 잘 알고 있으며 도하라운드와 아르헨티나와의 협력을 어떻게 조화시켜 아르헨티나의 산업화를 회복시키는 데 기여할지를 고민하고 있다. 따라서 브라질이 독자적으로 활동할 어떠한 가능성도 없다. 브라질은 아르헨티나와의 관계가 우호적이고 생산적일수록 남미공동시장이 강화되며 남미의 통합에 더 기여할 것이라는 점을 매우 잘 알고 있다. …… 우리들의 서로 다른 상황을 갈등으로 해석하지 말자. 경제와 산업 역량의 차이는 존재하지만 이는 갈등을 의미하는 것은 아니다. 브라질이 도하라운드에서 농업과 산업 부문 관련 협상 내용에 동의하려고 한다는 것은 브라질이 남미공동시장의 범위 내에서 아르헨티나가 요구하는 보상을 실현시키고자 했기 때문이다. 브라질은 도하라운드가 도구를 가질 수 있도록 열심히 노력했다. 브라질은 농업에 종사하는 많은 빈민들에게 우호적인 조건이 만들어지고 말 그대로 닫혀 있는 유럽시장의 문제를 해결하기 위한 도구들을 도하라운드가 마련할 수 있도록 노력하고 있다. 우리가 원하는 것은 유럽의 닫힌

시장이 약간이라도 열리는 것이다(Cantelmi, Kirschbaum y Eleonora Gosman, 2008).

이 사안에 대한 다양한 신문 보도는 외교계 및 학계의 다양한 의견과 이 사안에 대한 전망의 불확실성을 잘 반영하고 있다. 일례로 우루과이의 주간지 ≪부스케다(Búsqueda)≫는 브뤼셀 특파원이 보내온 아래와 같은 기사를 게재했다.

유럽연합은 남미공동시장과 '평등하고 광범위한 지역 간 협정'을 맺는 데 높은 '정치적 그리고 경제적 이해'가 달렸다. 왜냐하면 최근의 정체에도 불구하고 이 통합의 과정은 '성공적'이라고 평가되며, 성장의 잠재력도 상당하기 때문이라고 앙헬 카로 카트리요(Angel Carro Castrillo)가 ≪부스케다≫에 답변했다. 앙헬 카로 카트리요는 유럽외교위원회의 위원장으로 이 기구의 남미공동시장 및 칠레 담당 부서의 부서장이기도 하다. 그는 지난 3일 금요일 라틴아메리카 기자들과의 간담회에서 위와 같이 대답했다. 도하라운드의 실패, 세계금융위기 그리고 유럽 경기 침체의 시작은 브뤼셀의 공무원들로 하여금 시장의 확장을 추구하고 동시에 오랫동안 진행된 메르코수르와의 협상에 먼지를 털고 다시 추진하도록 했다. "이제 전보다 많은 경제적 이유가 생겨났다. 왜냐하면 작은 실수 정도는 함께 극복할 수 있기 때문이다"라고 ≪캐피털(Capital)≫의 유럽 소식통이 전해왔다(Búsqueda, 9/10/2008: 7).

분명한 사실은 라틴아메리카 경제블록 — 특히 남미공동시장 — 과 다른 나라들 혹은 다른 경제블록과의 협상 실패는 유럽연합이 경제통합을 지지하며 추진해왔던 양국 간 협상전략을 약화시킴으로써 양자 간 협상주의의 위기를 초래했다. 국제 이슈에서의 협상 전략의 핵심 사안으로서 통합 과정을 우선시했던 일련의 입장에서 볼 때 유럽이 스스로의 통합 과정에서 채택한 협상 과정과 전략들 — 국가별 불균등한 상황에 대한 인정, 소규모 경제에 대한 우호적인 대접, 사회 참여 및 투명성 — 을 사용한다면 양 지역 간 협상이 오히려 수월할 수도 있다. 하지만 라틴아메리카 내에 우선 협상 대상과 중심 과제를 선택함에 혼란과 우유부단, 그리고 분열이 존재하는 한 유럽연합이 고결하고 분별 있는 행위를 할 것을 기대하는 것 또한 어려운 일이다.

7. 이유들 그리고 불확실성

몇 년 전, 라틴아메리카 특히 남미공동시장의 통합을 향한 기대와 열기는 실제보다 훨씬 긍정적인 예측과 전망을 불러일으켰다. 에컨대 서던콘 지역의 2001~2002 경제 위기에 뒤따라 발표된 전망과 계획들을 살펴보자. 하지만 이러한 장밋빛 전망에도 불구하고 상황은 많이 달라졌으며, 지역 밖으로 '나가는' 비용은 생각보다 훨씬 큰 것이었다. 담론의 수준을 넘어 '라틴아메리카 지역을 위한' 혹은 '세계를 위한' 선택을 하는 것이 분리될 수 있다는 점을 주장하는 것은 분별 있는 행동은 아니다. 라틴아메리카 국가들은 지역을 고려하지 않은 채 국제사회로의 편입을 추진하지 못하며 더욱이 지역에 반해서 국제사회로 편입할 수는 없다. 그렇다면 어떻게 남미의 국제사회로의 편입을 방해하는 다양한 장애물과 이견들을 극복할 수 있을까?

이 질문은 아마도 남미 국가들이 국제사회로 통합되기 위해 대답해야 할 가장 핵심적인 질문일 것이며 정치적인 해결을 요구하는 질문이기도 하다. 통합을 시대적·지리적·역사적·경제적으로 자연스럽고 당연한 결과라고 생각해서는 안 된다. 대외정책 — 그리고 지역통합의 과정과 전략 그리고 국제사회로의 편입 — 은 그렇듯 폐쇄적인 태도로는 해결할 수 없다. 이를 위해서는 의사결정 단계에서부터 정당하고 일관성 있는 정치적 결정이 필요하다. 그리고 이러한 정치적 결정은 경제발전과 경쟁력에 대한 전략적 시각을 포함하고 있어야 한다. 이것이야말로 갈수록 더 복잡하고 불확실해져 가는 세계 속에서 라틴아메리카가 역동적인 역할을 찾을 수 있게 만드는 바람직한 방식이다.

참고문헌

Cantelmi, Marcelo, Ricardo Kirschbaum y Eleonora Gosman. “Lula, en exclusiva con Clarín: ‘No existe ninguna hipótesis de que Brasil se juegue solo.” *Clarín*, Buenos Aires, 7/9.

Naishtat, Silvia. 2008. “Brasil, el socio elegido por París y Bruselas. Cae el acuerdo entre Europa y el Mercosur.” en *Clarín*, Buenos Aires, 8/10.

“Crisis global y fracaso de Doha reavivaron interés de Unión Europea en un acuerdo político y comercial con el Mercosur.” 2008. *Búsqueda*, Montevideo, 9/10.

제 2 부 아르헨티나

제4장

아르헨티나 경제성장의 원인

새로운 모델 혹은 '우호적 조건'? —주요 비교지점을 통해 아르헨티나 경제 들여다보기

마르틴 스쵸르

태환제 체제로부터 탈피하고 2001년 위기를 겪어낸 이후 아르헨티나는 생산부문의 확장을 꾀하는 성장정책을 선택했다. 국제사회의 환경과 원자재의 높은 가격이 아르헨티나에 매우 우호적으로 작용했지만, 이것들만으로는 아르헨티나가 최근 경험한 투자와 소비의 모든 영역에서의 강력한 성장을 설명하기 어렵다. 그럼에도 생산구조에 상당한 변화가 일어나지는 않았고, 경제의 천연자원 의존도는 여전히 상당히 높은 편이다. 또한 아르헨티나 국내산업의 대외경쟁력은 실질환율의 절상과 특히 국가 단위의 재산업화 계획의 부재로 성장에서 한계를 보이고 있다.

* 이 연구는 태환제 체제 이후 아르헨티나 경제의 변화에 관해 진행 중인 연구인 "La industria argentina en la posconvertibilidad: continuidades y rupturas en la dinámica y la estructura del sector"의 몇몇 결과물들을 종합한 것으로, la Agencia Nacional de Promoción Científica y Tecnológica의 지원을 받았다.

마르틴 스쵸르 Martín Schorr 부에노스아이레스 대학교의 사회학자로 라틴아메리카 사회과학대학(FLACSO)에서 박사학위를 받았다. 그는 FLACSO와 국립과학기술위원회(el Consejo Nacional de Investigaciones Científicas y Técnicas: Conicet)의 연구원이자 사회과학연구소(el Instituto de Altos Estudios Sociales: Ideas)와 FLACSO의 교수이다.

* 이 글은 《Nueva Sociedad》 219호(2009년 1~2월호)에 실린 글을 옮긴 것이다.

군사독재 시기에 시작되어, 1990년대에 한층 심화된 아르헨티나 경제의 대외 개방과 규제 완화로 인해 수입대체산업화 시기 동안 도입되고 추진되었던 아르헨티나의 사회경제적 구조는 중대한 변화를 경험했다. 신자유주의적 경제개혁은 아르헨티나의 경제가 앓고 있던 저성장의 문제를 해결할 대안으로 도입되었으나, 개혁의 중·장기적 효과는 지속가능하고 폭넓은 경제성장의 길을 마련하는 것과는 거리가 멀었다.

오히려 신자유주의 경제모델은 낮은 경제성장률을 가져왔으며, 동시에 국내 산업생산의 위축과 외채의 상당한 증가 그리고 실질임금의 급격한 하락이라는 결과를 초래했다. 사실 1986~2001년 아르헨티나의 경제는 단지 연간 1.5%의 누적성장률을 기록하는 데 그친다. 한편, 외채는 같은 기간 92억 7,800만 달러에서 1,397억 8,300만 달러로 증가했으며, 아르헨티나에서 해외로 유출된 자본의 액수는 약 1,300억 달러에 달할 것으로 추정된다.[1)]

이처럼 낮은 성장률과 산업구조의 붕괴, 외채 및 자본도피의 증가는 고용률의 감소로 이어졌다. 그뿐만 아니라 실질임금은 1970년대에서 2000년대 사이에 평균 25%가 낮아졌다. 이러한 경향은 태환제 체제가 가져온 경제위기 속에서 더욱 심화되었다. 1998년부터 2002년 중반까지 아르헨티나의 경제는 그 기간과 강도로 볼 때 역사상 가장 강력한 경기침체를 경험했다. 이 기간 동안 아르헨티나의 국내총생산은 18.4% 감소했고, 실업률과 빈곤율은 역사상 가장 높은 수준으로 치솟았으며, 실업률은 경제활동인구의 18.3%[2)]에 달했고, 빈곤율은 전체 인구의 거

1) 이 통계의 자료는 아르헨티나 재정경제부, 브라질의 지리통계청, 그리고 중남미-카리브 경제위원회의 자료를 기반으로 작성된 것이다.

2) 실업률은 2001년 10월 도시 지역의 누적 실업률을 사용했다.

의 60%에 이르렀다.

2002년 초부터 시작된 아르헨티나 통화의 평가절하와 함께 태환제 체제만 끝난 것이 아니라 금융부문의 투기와 산업기반의 붕괴로 자본축적의 모델 역시 종말을 고했다. 이 시기부터 강도 높은 사회 투쟁을 통해 새로운 경제체제에 대한 고민이 시작되었고, 그 결과 사회 및 경제 동력의 변화가 도래했다. 2003년부터 2010년까지 아르헨티나의 경제는 연간 7.4%의 누적성장률을 기록했으며, 동시에 약 500만 개의 새로운 일자리가 창출되었다.[3)]

통화의 평가절하 이후 형성된 상대가격 구조는 생산부문의 팽창을 가능하게 했고 동시에 수입을 위축시켰으며 수출 품목의 경쟁력을 강화시켰다. 또한 국내 금융시장에서 이자율이 낮게 유지됨으로써 공급뿐 아니라 수요의 측면에서도 생산활동은 더욱 활발해졌고, 그 결과 생산과 소비를 위한 융자가 저렴하게 제공되었다. 동시에, 생산부문의 투자는 더 높은 상대적 수익률을 낳았고, 이는 이전 시기와는 다른 종류의 경제가 시작되었음을 의미했다.

2002년 초에 시작된 전례를 찾아보기 어려운 통화의 실질적 평가절하는 소득이 노동에서 자본으로 이전되었다는 것을 뜻하며, 이 점은 특히 강조되어야 한다. 그 결과 노동자들은 자신들의 실질임금이 1/3 이상 감소하는 것을 목격하게 된다. 이러한 임금 감소의 원인은 국내 물가상승률을 감안한 명목임금의 상승이 일어나지 않았기 때문이며,

---

3) 분명 태환제 체제의 위기와 함께 아르헨티나의 경제가 경험했던 심각한 수축으로 인해 아르헨티나 경제의 성장가능성이 어느 정도 멈춰버린 것은 사실이다. 그 결과 태환제 체제의 붕괴 직후 몇 년 동안이 경제회복에 기여했을 수도 있다. 하지만 2003년부터 2010년 사이에 일어난 아르헨티나 강력한 경제성장을 오로지 수축 이후의 팽창으로 설명하는 것은 한계가 있다.

이는 높은 실업률 덕분에 가능한 일이었다. 그 결과 전체 경제의 수익률 구조가 크게 변했고, 특히 국내 독점기업들의 수익률 역시 변화를 경험하게 된다.

새로운 상대가격 구조는 아르헨티나 경제 전반의 수익률 회복에 기여했으며 특히 생산부문의 약진은 2007년까지 경제성장을 주도했다. 하지만 2007년 이후 산업생산 부문은 계속해서 성장세를 유지하기는 했으나 곧 서비스 부문보다 낮은 성장률을 기록하게 된다. 2002~2010년 생산부문은 연간 6.6%의 누적성장률을 보였다(이 성장세는 2009년 3.5%로 감소하는데 이는 세계금융위기 때문이다).

이러한 경제부문들의 뚜렷한 성장세는 건설과 제조업 분야의 성장으로 이어졌다. 산업생산은 2001년의 침체된 수준에 비해서만 성장한 것이 아니라 1990년대의 성장률을 능가하는 수준으로 팽창해, 2003~2010년 연간 평균 누적 성장률은 7%에 달하게 된다.

다양한 증거들을 통해 우리는 산업부문을 포함한 경제의 여러 분야의 변화가 두 가지 국면을 거치면서 이루어졌음을 알 수 있다. 2007년까지 경제의 전반적인 성장이 일어났고, 이는 1976년부터 2001년까지 퇴행적 구조조정을 경험했던 제조업 분야에 특히 중대한 효과를 가져왔다. 제조업 분야는 중소기업의 사활과 밀접하게 연관되어 있으며, 고용을 창출하는 부문으로 기계장치, 다양한 금속공업, 섬유 및 의류, 신발 및 피혁 분야들이 제조업 부문에 속한다. 결론적으로 이 시기의 특징은 '고(高)달러'와 적극적이고 통일된 산업정책의 부재로 규정할 수 있으며, 신자유주의 시기로부터 물려받은 경제구조에 근본적인 변화가 일어나지는 않았다.

하지만 2007년부터 세계경제위기가 일어나고 실질 환율로 인해 아르헨티나 경제가 얻었던 놀라운 대외경쟁력이 소멸되자, 산업부문의 성장이 둔화되기 시작했다. 이러한 성장 둔화는 다음의 세 가지 요소로 설명될 수 있다. 우선, 산업부문의 절대적 크기가 줄어든 것이 그 첫 번째 원인이다〔화학공업, 식료품, 제혁업, 기초금속, 플라스틱 제조, 자동차 조립 그리고 티에라 데 푸에고(Tierra de Fuego)의 전자부품 조립공장들이 사라졌는데, 특히 티에라 데 푸에고의 자동차 및 전자제품 조립공장은 아르헨티나의 정부들에 의해 특별히 추진된 사업이었다〕. 두 번째 요인은 사라지지는 않았으나 그 성장세가 뚜렷한 감소세를 보인 부문이다. 예컨대, 비금속물질 부문, 정밀기계 부문, 섬유 및 의류 생산 부문, 제지 부문, 금속공예 부문, 출판 부문에서 성장률이 둔화되었다. 마지막으로 2003~2007년의 생산량에 비해 그 생산량이 감소한 분야들이 있다. 자본재 분야, 목재, 가구 및 침대 관련 생산 분야, 그리고 운송 및 석유정제 분야에서 그러한 현상이 나타났다(특히, 운송 및 석유정제 분야는 탄소배출 산업에 대한 규제로 생산성이 약화되었다).

제1기, 즉 2003년부터 2007년까지 산업부문들은 태환제 체제하에서 입은 타격의 규모보다 더 큰 규모의 성장을 경험했다. 하지만 이러한 성장이 산업구조 전반의 근본적인 변화를 가져오지는 못했다. 반면 제2기에는 천연자원의 정제와 자동차부품 조립이라는 두 부문의 축소와 이를 제외한 다른 산업구조의 공고화라는 이질적인 현상이 나타난 시기이다. 2010년 산업생산의 2/3가 식료품, 화학, 철강 및 알루미늄, 석유화학, 자동차부품 산업에서 이루어졌다. 이들 산업은 모두 자본집약적이라는 특징을 지니는데, 그 결과 국내산업과의 연계는 매우 취약하며 주로 해외시장에 종속적이고 수동적으로 편입되어 있다. 그 결과 이들 산업의 시장은 대부분 해외자본에 의해 지배되고 있다. 이러한 구조적 특징들로 인해 현 아르헨티나의 시장구조가 '사회통합을 가져올 수 있는 경제성장 모델'의 동력을 제공할 수 있을 것인가에 대한 상당한 의구심이 존재한다.

한편, 건설업의 경우 제조업의 성장률보다 더 높은 성장률을 기록하는데 2003~2010년 연간 누적 성장률이 11.3%에 달했다. 이러한 성과는 경제활동의 회복과 관련이 있지만 동시에 태환제 체제하에서 지나치게 위축되었던 건설경기(거의 50% 이상 수축함)와도 관련이 있다. 상품 생산의 나머지 부문들에서는 그리 눈에 띄는 성장은 없었다. 농수산물 생산은 분명 증가했지만, 그 증가율은 전체 경제성장률의 절반(3.9%) 정도의 수준이었다. 그 이유는 새로운 '콩 중심의 패러다임'의 혜택을 입은 농수산물 부문의 성장은 1990년에 이미 시작되었고, 이 부문은 국내 경기의 영향을 덜 받기 때문이다. 그 결과 농수산물 부문은 태환제 체제가 초래한 위기로부터도 다른 부문에 비해 영향을 덜 받았다. 한편, 어업과 광업의 경우 성장을 경험하기는 했으나 연간 누적 성장률이 1%에도 미치지 못하는 약한 성장의 동력을 보여주었다.

종합해보건대, 앞에서 언급한 성장의 내용을 분석해보면, 아르헨티나 경제가 최근 1990년대 상황의 코페르니쿠스적 전환을 경험했다는 것을 의미한다. 1990년대에는 금융부문의 높은 수익률, 대외개방과 통화의 평가절상이 상품생산 부문의 수축을 가져왔으며 이러한 수축의 예외가 될 수 있었던 생산부문은 천연자원의 가공과 관련되어 있거나, 자동차 분야와 같이 정부가 특별히 관리하는 부문들뿐이었다. 실제로, 태환제 체제하에서 장기적으로 각 경제 분야에서 일어난 일들을 평가해본다면, 서비스 부문이 전체 경제 평균 성장률 이상의 성장을 경험했다는 것을 알 수 있으며, 동시에 상품생산 부문, 특히 제조업 부문은 평균 성장률 이하의 성장을 기록한다.

이처럼 2003년부터 아르헨티나 경제성장의 동력은 이전 시기와 비교해볼 때 더욱 강력해졌다는 데 이론의 여지가 없다. 그럼에도, 다양한

〈그림 4-1〉 다양한 경제요소의 국제수요 증가에 대한 기여분(2003~2010)

(단위: %)

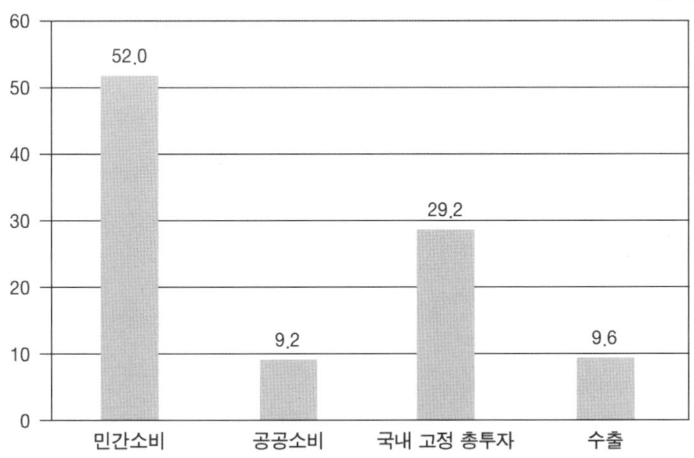

주: 국제수요를 계산할 때 통계의 불일치와 주식시장의 변동은 고려하지 않았다.
자료: 경제부 자료에 근거해 저자가 분석했음.

부문들에서 이러한 현상은 새로운 성장 패턴의 출현을 의미하는 것이 아니라 놀라울 정도로 유리한 대외 상황의 영향을 의미한다.

아르헨티나가 경험한 성장의 과정이 국제시장에서 발생한 유리한 조건들 덕분이기는 하지만, 국제시장의 상황이 아르헨티나 성장의 주요 원인이나 유일한 원인은 결코 아니다. 오히려 최근 몇 년 동안 아르헨티나가 일구어낸 주요한 성장의 동력은 내수였다. 2003~2010년 국제수요의 증가에 기여한 다양한 요소들의 효과를 분석해보면, 공공부문과 민간부문에서 동시에 나타난 국내소비의 증가와 투자가 경제성장에 상당히 기여했다. 반면, 수출은 역사적인 성장세를 기록했음에도 불구하고 경제성장에 기여한 바는 10% 미만이다(<그림 4-1> 참조).

2003~2010년에 일어난 아르헨티나의 경제성장을 지역의 다른 국가들과 비교해본다면, 대외무역 조건과 관련해서는 상대적으로 그 개선

〈그림 4-2〉 환율 및 교역조건 대비 GDP 변동(2003~2010)

(2003=100)

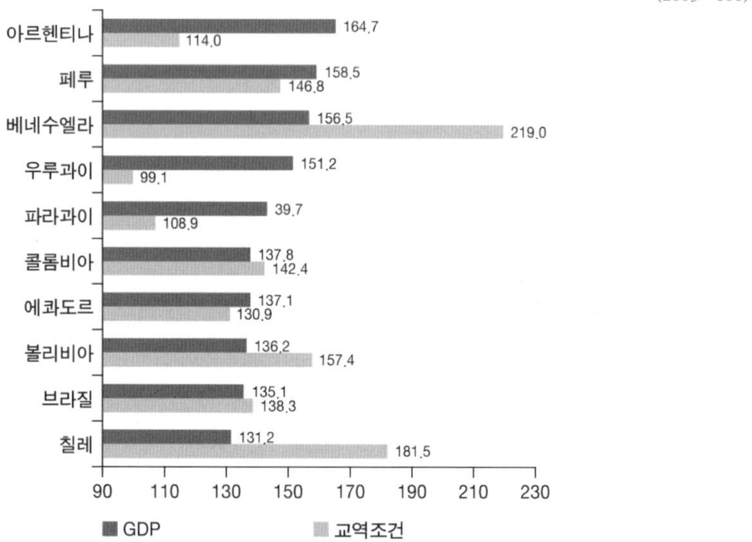

주: 교역조건의 변화를 추정하기 위해 CEPAL이 발표한 자본재 및 서비스 가격 변동을 활용했음.

자료: FMI와 CEPAL의 자료에 기초해 필자가 작성.

의 정도가 미미하지만 전체적인 성과는 더 긍정적이라고 평가할 수 있다. 실제로, <그림 4-2>에서 볼 수 있듯이 비록 지역 내 다른 국가들보다 대외무역 조건의 개선이 더디게 진행되었지만(여기서 우루과이는 예외이다), 아르헨티나의 경제는 여전히 가장 역동적인 경제이다(64.7%).

한편, 상품 수출은 2003년 299억 3,800만 달러에서 681억 3,300만 달러로 증가하며 아르헨티나 경제에 상당한 영향을 끼쳤지만, 아르헨티나는 지역에서는 최악의 수출 성과를 기록한 국가였다. 실제로, 앞에서 언급한 시기 동안 남아메리카의 누적수출성장률이 16.2%에 달한 반면, 아르헨티나의 수출성장률은 12.7%에 머물렀다. 게다가 아르헨티나 수출액의 성장세는 파라과이, 페루, 볼리비아와 같은 나라들에 비해서도 상당히 낮은 편에 속한다.

이러한 경향은 다음의 두 가지 핵심적인 주장의 증거라고 할 수 있다. 첫째, 아르헨티나 경제가 경험한 중요한 경제성장을 오로지, 많은 분석가들이 '순풍효과'라고 부르는, 우호적인 세계경제의 흐름만으로는 설명할 수 없다. 둘째, '생산의 활성화'를 위해 취해진 '고달러 정책'은 대외수출의 성장을 위해 필요한 조건이라고 여겨질 수는 있어도 그 자체로 수출의 증가를 보장해주지는 않으며, 더욱이 수출 품목의 다변화를 가져오는 요인도 아니다.

분명, 이 시기를 전반적으로 조망해보면, 태환제 체제 이후 아르헨티나가 경험한 경제성장이 세계경제 상황의 호전에 기인한 것이라고 보기 어렵다. 오히려 세계경제 상황의 개선은 최근 몇 년, 즉 2007년부터 시작된 과정이라는 점을 강조해야 하고, 그때부터 지역 경제 전반에 긍정적인 효과가 나타났다.

2007년부터 시작된 주요 원자재 가격의 상승으로 인해 상당한 크기의 부가 지역으로 유입되었고, 그 결과 환율은 하락하고 국내 물가의 변동도 잦아졌다. 이러한 일련의 과정을 통해 천연자원의 수출과 관련되지 않은 대외경쟁력이 낮은 부문들은 (낮은) 환율로 인해 경쟁력을 상실하게 된다. 결국 생산구조의 1차산업 의존도가 더욱 높아지는 결과를 가져온다.

이러한 맥락에서 다음 절에서는 라틴아메리카의 두 주요국의 경제가 2007년부터 채택했던 거시경제정책을 시기별로 요약하고 새로운 세계경제의 환경이 이 두 나라의 경제에 끼친 영향을 평가해볼 것이다.

▪ 외부의 충격과 국내 경제에 끼친 영향

이미 언급한 바처럼, 2007년 시작된 국제 원자재 가격의 가파른 상승으로 지역 경제에 상당한 부가 유입되었고, 이는 지역 통화의 절상과 지역 내 가격구조의 빠르고 잦은 변동을 가져왔다. 이러한 상황에서 아르헨티나의 경제는 지역 대부분과는 달리 경쟁력 있는 환율의 유지를 경제정책의 중심 과제로 선택했다. 그 결과, 지역 대부분의 국가들이 자국 통화의 평가절상을 경험한 것에 반해 아르헨티나의 경우 그 반대의 현상이 일어났다.

남미 대부분의 국가들은 2007년 초부터 자국 통화의 상당한 평가절상을 경험했다. 이 과정에서 2008년 하반기 세계금융위기가 발발했고, 2009년 초부터 강력한 평가절상이 시작되었다. 이를 통해 이들 국가들은 자국 통화의 부족으로 인한 '수입된' 명목 인플레이션을 피해보려고 노력했고, 동시에 자신에게 끼칠 국제 가격 상승의 충격을 완화하려고 노력했다. <그림 4-3>에서 나타나듯이, 통화 명목가치의 가파른 상승은 지역의 다양한 국가들에서 일어났으며 그 수준은 낮게는 11.0%(칠레)에서 높게는 20.5%(브라질)에 달했다.

이 논문의 분석을 마무리하기 위해 우리는 이 지역의 두 주요 경제에 일어난 변화와 새로운 국제 정세에 대응하기 위해 채택된 경제정책들의 부정적인 영향들을 집중적으로 살펴보고자 한다. 브라질과 아르헨티나가 2003년부터 서로 다른 종류의 거시경제정책을 채택했다고는 하지만, 그 차이는 2007년 대외무역의 조건이 상당히 호전되면서 더욱 분명해졌다.

아르헨티나 경제의 경우 태환제 체제의 붕괴 이후 채택된 새로운 경제성장의 모델은 '고환율' 유지의 경제 전략을 그 중심 전략으로

〈그림 4-3〉 남미: 명목 및 실질환율의 변동(2007년 1월~2010년 12월)

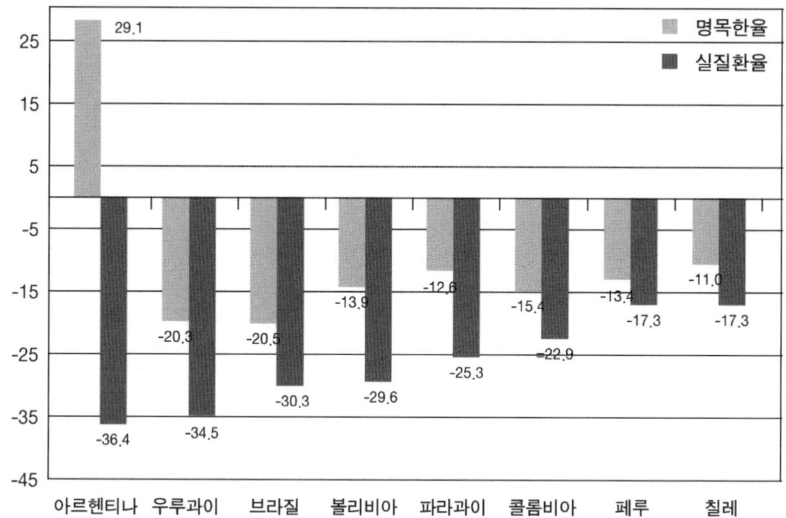

주: 그래프에는 달러화한(환율을 1달러 대 자국 통화 1단위로 유지하는 정책) 경제를 채택한 에콰도르와 이원화된 외환시장을 갖고 있는 베네수엘라는 제외되었다. 아르헨티나의 경우 IPC-7 Provincias〔(7개 지방정부에서 제출하는 통계를 기반으로 작성된 물가지수로 아르헨티나 개발연구 센터에서 작성함. 7대 지역은 다음과 같음. 후후이(Jujuy), 네우켄(Neuquén), 파라나(Paraná) 라우손-트렐레우(Rawson-Trelew), 살타(Salta), 산타로사(Santa Rosa), 비에드마(Viedma)〕의 물가지수를 사용했음.
자료: CEI의 통계를 바탕으로 필자가 재구성했음.

삼았다. 반면, 브라질의 경우 경제정책의 기본 목표는 낮은 인플레이션을 유지하는 것이었다. 그 결과, 이 두 나라에서 각각 도입된 경제정책은 각국의 가격 및 명목 환율이 서로 다른 패턴으로 움직이는 결과를 가져왔다. 1999년부터 시작되었고, 2003년 더욱 강력하게 추진된 브라질 중앙은행의 저인플레이션 정책 덕분에 브라질은 낮은 인플레이션을 유지할 수 있었으며, 그 결과 1999년부터 2010년까지 연평균 인플레이션율은 5.8%로 유지될 수 있었다. 게다가 2007~2010년 국제가격의 상승이 일어난 상황에서도 브라질의 소비자가격지수는 연평균 5.6%의 성장률을 보이는 데 그쳤다.

낮은 인플레이션율을 유지하기 위해서는 자국 통화가치의 상당한 상승이 필요했고 이를 통해 국제가격의 상승이 국내시장에 끼칠 영향을 약화시키려 했다. 또한 국내시장의 수요를 조절하기 위해 금리를 인상시킴으로써 가중되는 국내 인플레이션의 가능성을 차단하려고 했다. 하지만 이러한 조치는 오히려 브라질 통화의 가치를 더욱 높이는 결과를 가져왔고, 그 결과 국제 투기자본의 대규모 국내 유입이 일어났다. 실제로 국내금리와 국제금리의 차이로 인해 환율이 낮은 통화로 빚을 내 투기성 투자에 사용하는 일들이 빈번하게 일어났으며, 이후 이 자금을 매우 높은 이자율이 보장되는 브라질 시장에 재투자하기도 했다. 그뿐만 아니라 명목환율의 상승으로 브라질 시장에의 투자는 더욱 높은 수익을 보장해주었다. 이는 1976~2001년 시행되었던 금융정책으로 전환하기 위해 아르헨티나에서 채택된 방법과 매우 유사한 것이다.

국제시세의 상승과 엄격한 인플레이션 조절을 위해 농원된 거시경제 정책이 맞물려 브라질의 통화인 헤알의 가파른 평가절상을 가져왔다. 명목상의 절상 폭은 2007년 1월부터 2010년 12월 사이 무려 20.5%에 달했고, 이는 2003년부터 시작된 평가절상이 최고점에 다다랐다는 것을 의미했다. 이러한 정책으로 낮은 인플레이션율은 유지되었으나, 브라질 경제의 대외경쟁력은 상당히 저하되었다. 브라질 경제의 대외경쟁력 하락은 곧 브라질 수출구조의 1차산업 의존도 상승을 가져왔고, 산업생산 부문의 동력이 약화되는 결과를 낳았으며, 투자가 위축되고 무역수지의 흑자 폭은 절반으로 줄어들어 경상수지 적자는 2010년 550억 달러를 넘어서게 된다. 그럼에도 한 가지 지적해두어야 할 점은, 최근 몇 년 동안의 헤알화 평가절상은 브라질 인구의 상대적인 삶의 질을 개선했으며, 교역재의 가격 인하 특히 국내시장에서의 식료품 가격의 인하를 가져왔다는 점이다.

반면, 오랜 산업공동화를 경험한 아르헨티나의 경우, 2003년부터 거시 경제정책의 중심과제는 '고달러'를 유지하는 것이었고, 이를 통해서 생산부문에 상대적으로 유리한 가격구조를 만드는 것은 물론 생산과 일자리의 창출을 증진시키고자 했다. 그 결과, 2007년부터 급격하게 개선된 대외 교역 조건하에서 아르헨티나는 통화의 평가절상이 일어나지 않았을 뿐 아니라 오히려 2007년 1월부터 2010년 12월 사이에 무려 29.1%에 달하는 명목환율의 상승이 일어났다.

명목환율의 상승은 이미 국제물가의 상승으로 인해 가격변동을 경험하고 있는 국내물가의 상승을 가져왔다. 설상가상으로 경제부가 상정한 정부가 곡물 수출의 유보를 강제할 수 있도록 하는 125호 법령이 통과되지 않음으로써 정부가 주요 수출 품목의 수출량을 증가시킬 방법은 사라졌다. 한편, 이처럼 가격변동의 폭을 늘리려는 초기의 노력은 소득분배를 위한 조치들(과점적 인플레이션이라고 불리는 요소를 포함한)을 채택하면서 더욱 강화되었으며, 이는 국내생산활동의 수준을 유지하려는 적극적인 정부 정책의 일환으로 이해해야 한다. 그 결과 국내 가격변동의 속도는 상당히 빨라질 수 있었고, 2007년과 2010년 사이 가격은 22.3% 정도 상승했다.[4)]

이러한 상황에서, 아르헨티나 통화의 명목 평가절하에도 불구하고,

---

4) 2007년부터 아르헨티나 통계청(el Instituto Nacional de Estadística y Censos: INDEC)이 발표하는 자료의 신빙성이 논란의 대상이 되었기에, 추부트, 엔트레리오스, 후후이, 네우켄, 리오네그로와 살타 주의 주 단위 통계국에서 발표하는 자료들을 기초로 발표되는 「IPC-7 Provincias」의 자료를 사용했다. 또한 이 수치는 다자간 환율과 미 달러 환율을 추산하기 위해 사용되었다.

실질다자간 환율은 2007~2010년 거의 20%나 상승했다. 즉, 거시경제 정책은 환율정책을 통해 아르헨티나 경제의 대외경쟁력을 유지하는 것을 그 목적으로 삼았지만, 그 목표는 최근 몇 년 동안 소득분배정책의 추진으로 인한 인플레이션 상승으로 부분적으로나마 흐릿해진 듯하다. 게다가, 2007년 1월과 2010년 12월 사이 실질 달러환율의 변동 폭을 비교해보면, 아르헨티나의 통화는 라틴아메리카에서 가장 강력한 평가절상을 경험했으며, 브라질의 그것보다도 강도 높은 것이었다(<그림 4-3> 참조).

하지만 환율만을 놓고 엄격하게 따져본다면 아르헨티나는 브라질 경제에 비해 상당히 높은 대외경쟁력을 계속 유지했는데, 이는 최근 일어난 양국 통화의 절상이 서로 다른 지점에서 시작되었기 때문이다. 아르헨티나는 2007년 초가 되어서야 태환제 체제 말기보다 높은 실질 다자간 환율을 기록하고 있었다면, 브라질의 경우는 2003년부터 룰라 정부하에서 실시된 거시경제정책으로 인해 이미 평가절상의 수준은 매우 높았다.

따라서 아르헨티나 통화의 절상이 점진적으로 이루어졌음에도 불구하고, 아르헨티나는 2007년부터 상당한 무역흑자를 기록했고, 비록 해외투자본의 배당금과 수익의 형태로 외화가 계속 빠져나갔기 때문에 줄어들고는 있었지만 여전히 경상수지 흑자를 기록할 수 있었다.[5)] 한편, 산업부문 성장률의 눈에 띄는 둔화는 일어나지 않았다. 하지만 거의 완벽하게 보호주의적이고 편파적인 산업정책의 맥락에서 볼 때 통화가치의 상승은 상대적으로 더 취약한 산업부문 간 연계를 발전시킬 수

---

5) 동시에, 2007년부터 자본의 해외 도피가 심해졌다는 점 역시 지적해야 한다. 2007~2010년 자본의 해외 도피는 연평균 143억 7,600만 달러에 달했다.

있는 가능성을 약화시켰다. 산업부문은 태환제 체제의 붕괴 이후 첫 5년 동안 일자리와 산업이 상당한 회복을 경험할 수 있었던 결정적인 요인이었다.

하지만 최근 아르헨티나 경제에서 일어나는 국내 가격 변동 폭의 증가와 실질환율의 상승은 아르헨티나가 정통적 경제안정화정책을 따라서 최저 인플레이션의 유지를 경제정책의 목표로 삼아야 했다는 뜻은 아니다. 오히려 그 반대로, 상품생산 분야의 대외경쟁력 강화를 통한 성장모델을 채택함으로써 아르헨티나 역사상 가장 큰 경제성장을 이룰 수 있었다. 그리고 아르헨티나는 2003~2010년 연간 누적성장률이 7.4%에 달했는데, 이는 인플레이션 조절을 거시경제 전략의 핵심으로 삼았던 브라질이 달성한 4.4%의 연간 성장률의 두 배에 달하는 수치이다.

아르헨티나의 대외경쟁력은 최근 몇 년 동안 낮아졌지만, 2010년 말 다자간 환율은 태환제 체제 말년보다 50%가량 더 경쟁력이 있는 수준이었다. 물론, 최근 몇 년 동안 거시경제정책으로도 경쟁력 있는 환율을 유지하지 못하고 있다는 점을 지적하지 않을 수 없다. 게다가 이미 지적한 바와 같이 대외경쟁력의 유지를 위한 정책을 강력하게 추진했음에도 불구하고, 실질적으로 아르헨티나는 라틴아메리카에서 국내통화가 가장 절상된 국가이다.[6)]

이러한 맥락에서, 단기간의 우호적인 환율이나 세계 수준보다 낮은 임금에 기대어 생기는 대외경쟁력이 전부가 아닌 산업 분야를 통해 새로운 경제의 특성화 및 세계시장으로의 편입을 가능하게 하는 전반적인 산업 발전 정책에 대한 토론과 적용의 필요성을 강조하지 않을

6) 좀 더 엄격한 경쟁력 수치를 추정하기 위해서는 라틴아메리카의 다양한 국가들의 다자간 환율을 사용하는 것이 필요하다.

수 없다. 그리고 이러한 과업을 달성하기 위해서 정부의 개입이 필요하다는 점은 의심의 여지가 없다. 국가는 시민사회로부터 독립된 중립적인 기구라기보다는 서로 다른 사회계급과 부문들의 관계가 집중된 장이다. 따라서 앞에서 지적한 목표들을 달성하고 세계노동분업시스템에서 수동적인 역할만을 담당해왔던 과거를 수정하기 위해 다양한 사회의 이해관계 중 어떤 사회적 목표를 제고하는 것이 필요한지 고민해야 한다.

제5장

사이버액티비즘과 환경에 대한 소고

아르헨티나 그린피스의 사례를 중심으로

에르난 P. 나달

그린피스는 수년 전부터 국제 캠페인에서 새로운 기술들을 사용해왔던 조직들 중 하나이다. 이 글에서는 두 개의 성공 사례－아르헨티나 삼림법과 부에노스아이레스 자치주의 폐건전지 재활용을 둘러싼 투쟁－를 통해 이러한 기술들이 구체적으로 어떻게 사용되었는지를 분석할 것이다. 인터넷, 특히 웹2.0은 정치 지도자들뿐 아니라 다국적 기업들에 압력을 행사할 수 있는 새로운 방법들을 제공한다.

* 사이버액티비즘(cyberactivism): 인터넷을 통한 사회운동

에르난 P. 나달 Hernán P. Nadal 그린피스 아르헨티나 지부 홍보국장(mobilización pública).

* 이 글은 ≪Nueva Sociedad≫ 235호(2011년 9~10월호)에 실린 글을 옮긴 것이다.

그린피스는 국제적인 환경운동조직으로 1970년대 출범한 이래로 환경보호의 가치를 공유하고 이러한 가치를 달성하기 위해서 적극적으로 참여하는 전 세계 수백만 명의 지원 속에 활동해왔다. 새로운 기술의 발전과 함께, 그린피스는 이러한 기술들을 후원자 및 자원봉사자들 간의 새로운 소통과 참여의 장을 열기 위해 사용해왔다. 새로운 기술의 사용은 매우 점진적으로 이루어져 왔으며, 새로운 기술의 사용이 곧 기존의 기술을 대체해버리는 것을 의미하지는 않는다. 오히려 새로운 기술은 기존의 방식들을 강화시키고 보충하기 위한 수단으로 활용되곤 했다. 1996년부터 그린피스 아르헨티나는 회원들이 인터넷을 통해 그린피스에 무료로 가입할 수 있도록 해왔다. 그린피스의 홈페이지에 가입한 이들은 그린피스로부터 새로운 기술을 사용해서 혹은 전통적인 방법으로 그린피스의 활동에 참여하도록 독려하는 메시지를 받을 수 있었다. 예를 들자면 그들은 그린피스가 조직한 이벤트나 시위에 초대하는 메시지를 받는다. 이런 식으로 그린피스는 중개자 없이 매우 낮은 비용을 들여 그린피스의 캠페인에 우호적인 활동을 할 의지가 있는 수백만 명의 시민들과 직접적으로 그리고 개인적으로 소통하고 있다.

아르헨티나에는 그린피스의 주장에 동조하는 약 120만 명 이상의 인터넷 운동가들이 있다. 이처럼 새로운 기술들을 도입한 운동의 방식은 새로운 참여의 통로를 형성했고, 이를 통해 환경을 보호하고자 하는 다양한 활동에서 성과를 올릴 수 있었다. 게다가 새로운 방식은 우리 그린피스가 추구하는 목적에 관심을 갖는 개인들과 직접 소통할 수 있는 주요한 도구가 되었다. 이러한 방법은 매우 효율적이면서 동시에 거대한 규모이기 때문에, 만약 우리가 인터넷상에서 활동하는 운동가들에게 이메일을 한 통 보낸다면, 다음날 약 25만 명에서 30만 명이 그 메시지를 읽게 된다는 뜻이다.

수많은 인터넷상의 활동가들에게 다량의 메일을 보내는 것뿐 아니라, 인터넷상에서 활동하는 조직들 사이에 매우 흔히 사용되는 또 다른 기술이 있다. 그것은 바로 온라인 서명이다. 온라인 서명을 통해 컴퓨터에 접근할 수 있는 시민들은 전 세계 어디에서든지 혹은 언제든지 서명을 통해 본인이 지지하는 사안에 대해서 지지 의사를 표시할 수 있게 되었다. 그린피스의 입장에서 볼 때, 인터넷에서의 활동은 어떠한 목적 혹은 조직에 간여하기 시작하는 첫 단계이다. 종종 인터넷에서의 활동은 다른 형태의 참여, 즉 자원봉사나 기부로 이어지기도 한다. 여기서 그린피스는 어떠한 기업, 정부, 혹은 정당으로부터도 후원을 받지 않고 오로지 전 세계 300만, 아르헨티나의 8만 2,000명 이상의 후원자들의 소규모 기부로 운영된다는 사실을 밝혀둔다.

그린피스의 전통적인 인터넷상 운동의 모델은 이메일을 통해 인터넷 활동가들에게 직접적으로 메시지를 보내 온라인 서명에 참여하거나, 관련 공무원 혹은 기업에 전화를 하거나 혹은 그린피스를 후원할 것을 독려하는 것이었다. 이러한 활동들에 참여한 이후, 인터넷 활동가들은 그들의 친구 또한 참여할 것을 독려하거나 관련 정보를 인터넷상에서 공유하고 또 그 캠페인이나 그린피스가 조직한 다른 캠페인에 관련한 의견을 피력하기 위해 그린피스와 다시 소통할 수 있다.

그린피스 아르헨티나가 조직한 가장 성공적인 인터넷상의 운동 사례는 바로 「산림법(Ley de Bosques)」이다. 2007년 8월, 「원시림 보호를 위한 최저 예산법」이 통과되었다. 이는 산림 파괴, 대두(大豆)산업의 확장 그리고 그 결과 나타나는 사막화에 반대하는 동시에 이러한 문제들로 인해 삶의 터전을 잃어버린 원주민 공동체를 보호하고자 했던, 지난 10년 동안의 그린피스 아르헨티나와 다양한 환경 및 사회 운동단체들의 투쟁의 결과물이었다.

〈그림 5-1〉 전통적인 방식

새로운 법률은 결정적인 방법으로 이러한 문제들을 해결할 수 있도록 하는 역사적 기회였다. 그 당시, 아르헨티나는 총선을 앞두고 있었으며, 이 법안의 통과를 지연시키고 있는 상당수 상원의원들은 각각 다양한 직책에서 자신의 주를 대표하고 있었다. 총선에 대해 우리가 조사한 바에 따르면, 많은 유권자들은 선거에 흥미를 잃었고, 서로 다른 후보들의 차이를 만드는 중대한 사안이 없다고 느꼈으며, 선거의 결과는 이미 분명하고 정해져 있다고 생각하고 있었다. 몇몇 주, 특히 북쪽 주들은 새로운 「산림법」 제정에 반대하고 있었는데, 그 이유는 대두의 국제시세가 가파르게 상승하고 있었고 대두를 경작하기 위한 산림 훼손은 여러 주에서 대두산업이라는 강력한 분야의 발전을 위해서 꼭 필요한 요소였기 때문이다.

이러한 정치적 상황 속에서 그린피스 아르헨티나는 「산림법」 제정을 위한 캠페인을 시작했다. 2달 만에 그린피스는 이 법률을 청원하는 100만 명의 서명을 받아냈고, 4달 후 이 법안은 통과되었다. 어떻게 그린피스 아르헨티나는 150만 명 이상의 시민들을 조직해냈고, 그 힘을 상원에 압력을 가하는 데 사용할 수 있었을까?

새로운 「산림법」을 위한 캠페인을 구상하는 과정에서 우리는 분명한 목표를 갖고 있었다. 상원의원들에게 강력한 압력을 행사해 그들이 이 사안의 중요성을 깨닫고 「산림법」을 통과시키도록 한다. 총선에서 한 표를 던질 시민들이 바로 아르헨티나에 남은 몇 안 되는 원시림을 지키기 위해 적극적으로 참여했고, 상원의원들을 압박했다. 이러한 시민들의 헌신과 시민들 간의 관계들은 이 홍보 및 여론 조직 전술의 성공을 가져온 열쇠였으며, 목표 달성을 위한 정치적 지지를 만들어내는 원동력이었다.

이 캠페인 기간 우리 그린피스 아르헨티나 조직의 모든 자원은 이 법률을 지지하는 100만인 서명을 확보하는 데 집중되었으며, 이를 위해 우리는 이 활동에 참여하거나 정보를 전파하고자 하는 모든 이들에게 필요한 도구를 제공하기 위해 노력했다. 이 캠페인의 목적을 마치 자신의 목표인 양 최선을 다했던 시민들은 그들의 연락처에 기재된 사람들 또한 모두 우리 캠페인에 참여할 수 있도록 독려했다. 바이럴라이제이션(Viralización)[1]은 우리가 온라인 서명을 모을 때 항상 사용하는 방법으로 이번에도 사용되었고 최고의 성공을 거두었으며 그 결과 며칠 만에 수천 명의 인터넷 사용자들이 이 온라인 서명에 대해 알게 되었다.

---

1) 바이럴라이제이션은 자신의 연락처에 속한 이들에게 인터넷을 통해 특별한 인터넷 콘텐츠를 알리는 방법으로 각각의 인터넷 사용자가 자신의 연락처에 있는 이들에게 특정 정보를 공유함으로써 정보의 공유가 순식간에 기하급수적으로 진행되는 현상을 말한다.

이 캠페인에서 우리는 또한 인터넷 활동가들의 기층 그룹을 매우 집약적으로 활용했다. 비록 우리가 단 두 달 만에 '투표할 의지가 있는' 시민들 100만 명의 「산림법」 지지 서명을 받았으나, 우리가 이를 통해서 얻어낼 수 있었던 것은 이 법이 그다음 달에 다뤄지게 될 것이라는 약속뿐이었다. 따라서 우리는 서명인들에게 지역구의 상원의원들에게 이메일을 쓰고 전화를 해서 이 법률을 긴급하게 처리할 것을 요구하도록 부탁했다. 2주 후, 법률은 곧 상정되려 했으나 회기가 중단되었고, 우리는 이에 항의하며 의회 앞에서 시위를 조직했다. 그다음 주 법률의 전반적인 내용은 통과되었으나 몇몇 상원의원들이 이 법률의 효율성에 영향을 끼치는 몇몇 조항들을 수정하고자 했다. 이를 통해 법률의 내용을 이른바 '비워버리고자' 했던 것이다. 즉, 「산림법」은 존재하지만 사실상 산림을 효과적으로 보호할 수 없는 법을 만들고자 했다.

그래서 우리는 각 주에 거주하는 인터넷 활동가들을 위한 이메일을 작성했고, 이메일에는 그 주의 상원의원 전화번호를 적시해 활동가들이 전화로 상원의원에게 이 법률의 수정에 대한 우려의 뜻을 표할 수 있도록 했다. 예를 들어 살타 주에 사는 인터넷 활동가들은 그 주의 상원의원에게 전화를 걸어 「산림법」이 원시림을 효과적으로 보호할 수 있는 모든 조항들을 포함할 수 있도록 하라는 메시지를 남겼다.

이 이메일을 발송하고 몇 시간 후 수천 명의 활동가들이 각자의 주를 대표하는 상원의원들에게 전화를 걸기 시작했다. 이러한 전화 행렬은 일주일이 넘게 계속되었고, 「산림법」은 결국 만족스러운 정도의 수정만을 거치고 통과되었다. 그다음 주 「산림법」은 다시 하원에 회람되었는데, 여기서는 상원에서 결의한 수정 사안을 검토하기만 했을 뿐이다. 이렇게 불과 4개월 만에 이 캠페인은 소기의 목적을 달성했다.

이 인터넷 캠페인은 지역 단위의 온라인 서명운동 중에서는 세계사에 남을 만큼 가장 성공적인 사례 중 하나이다. 이 서명에 참여한 인구는 전체 아르헨티나 인구의 3.7%에 달했으며, 그 당시 인터넷 사용 인구의 9.5%에 달한다. 이는 또한 그린피스 아르헨티나의 인터넷상에서의 기반이 증가했다는 것을 의미하는데, 캠페인 초기 19만 4,500명이었던 그린피스 인터넷 회원이 캠페인이 끝날 무렵에는 81만 5,200명으로 증가했다. 매달 후원하는 후원자의 수도 상당히 증가했는데, 캠페인 초기 3만 6,600명이던 후원자 수가 캠페인이 끝난 후 6만 4,300명으로 증가했다.

같은 소통의 논리에 근거해, 우리는 2004년 '모바일 액티비즘'을 출범시켰다. 이를 위해 우리는 우리만의 소프트웨어를 개발했는데 이를 통해 우리는 컴퓨터와 연결된 한 대의 휴대전화로 대량의 문자메시지를 주고받을 수 있게 되었다. 이 기술을 처음으로 성공적으로 활용한 사례는 바로 2005년 최종 승인된 부에노스아이레스 자치주를 위한 「쓰레기 제로 법안」을 지원하기 위한 캠페인이었다.

이 캠페인 중에 우리는 이 법안에 관심이 있는 시민들에게 한 휴대전화 번호로 문자메시지를 보냄으로써 캠페인 참여 의사를 밝혀달라고 요청했다. 이 법안이 입법부에서 어려움에 봉착할 때마다 우리는 모바일 활동가들에게 그러한 소식을 알렸고, 이들은 이 법률의 발효에 반대하는 국회의원들에게 전화를 걸어 의견을 바꿀 것을 설득했다. 마침내 법안은 국회를 통과했고 발효되었다. 휴대전화를 사용한 시민조직의 새로운 방법은 2006년 160캐릭터스(160characters)라는 휴대전화 메시지 사용의 획기적이고 새로운 방법을 독려하는 조직으로부터 공공 부문 및 NGO 부문 최고의 인터넷 메시지 활용상을 받았다(www.160characters.org).

사실 인터넷 활동가들에게 보내는 이메일은 여전히 우리의 커뮤니케

〈그림 5-2〉 2.0 모델

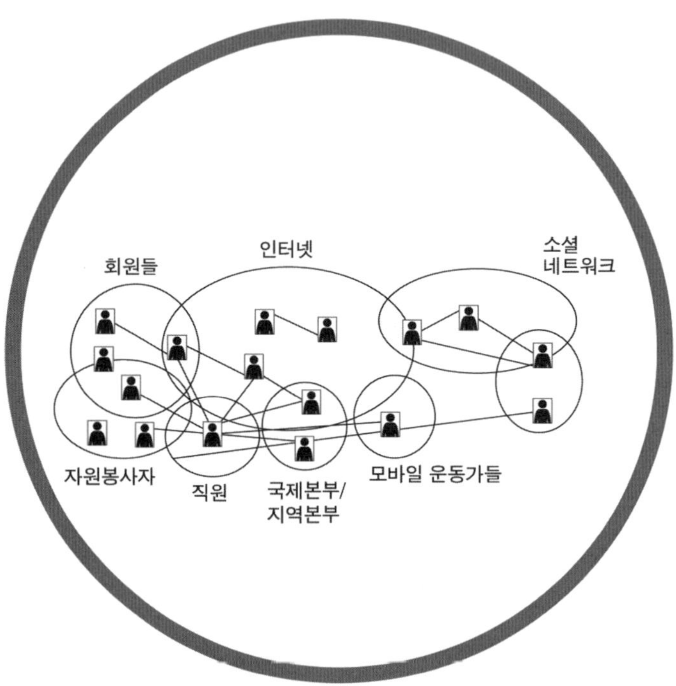

이션 핵심 방법이다. 하지만 웹2.0의 출현과 관련한 새로운 기술들의 발전으로 우리는 또다시 새로운 참여 방법과 공동 창작의 방법을 모색해나가고 있다. 이제 그린피스가 개인적으로 후원자와 인터넷 활동가들과 소통하는 것뿐 아니라 후원자들과 인터넷 활동가들도 그들끼리 서로 소통하고 집단을 이루어 공동으로 그린피스와 소통하는 것이 가능해졌다. 게다가 그들은 자율적인 방법으로 다양한 아이디어를 제안할 수 있게 되었고 그러한 아이디어를 기층에서 스스로 적용해볼 수 있게 되었다.

이러한 종류의 인터넷 운동이 성공을 거둔 가장 최근의 사례는 2010

년 6월 시작한 '하고 싶은 사람이 그 비용을 부담한다'는 캠페인이었다. 이 캠페인의 목표는 건전지 수입업체들이 부에노스아이레스 자치시 정부가 쌓아놓은 10톤 정도의 폐건전지에 대한 책임을 지는 것이며, 이 건전지들을 재활용하기 위해 수출하는 것이었다.

이 캠페인은 모든 기업들에 보낼 온라인 서명을 받는 전통적인 방법으로 시작되었고, 부에노스아이레스 시민 12만 명 이상이 참여했다. 이후 우리는 더욱 강력한 사회네트워크 안에서의 참여 전략을 세웠다. 트위터의 경우 우리는 팔로워들에게 (현재 그린피스의 트위터인 www.twitter.com/greenpeacearg에는 약 13만 1,116명이 팔로우하고 있다) 바로 며칠 전 개설한 에너자이저 아르헨티나 트위터 계정에 그 회사가 10톤에 달하는 폐건전지 처리를 책임질 것을 요구하는 트윗을 보낼 것을 부탁했다. 인터넷 활동가들은 재빨리 응답했고, 몇 분 만에 에너자이저 아르헨티나 트위터에 수백 개의 트윗을 보냈다. 이 캠페인을 시작한 지 며칠이 지나서 에너자이저 아르헨티나는 트위터 계정을 닫아버리기로 결정했다. 이는 우리의 행동이 얼마나 효과적이었는지를 보여줌과 동시에 에너자이저 회사 측의 대응이 얼마나 성의 없는지 역시 보여주었다. 아직도 트위터 계정은 중지되어 있다. 듀라셀의 경우 트위터 계정을 갖고 있지 않았기 때문에 우리는 세계지사의 계정에 트윗을 보냈다.

페이스북에서도 우리는 다양한 방식의 작업을 시도했다. 우선 우리는 모든 건전지 회사를 향해 사이버 활동을 개시했다. 이후 우리는 우리들의 페이스북을 활용하는 인터넷 활동가들에게 건전지 회사들에 항의할 것을 부탁했다. 이후 우리는 건전지 회사의 모회사에 항의를 하도록 요청했으며, 나아가 이 모회사가 갖고 있는 자회사들에도 항의할 것을 독려했다. 그중 한 예로 참여가 급속도로 증가해 관련 코멘트가 몇 초 만에 수천 개 작성되었던 사례는 팸퍼스 사이트에서 일어났다. 프록토 앤 겜블사의 자회사인 팸퍼스의 사이트에서 인터넷 활동가들은 만약 진심으로 아기들을 보호하고자 한다면 그리고 아기들을 진심으로 걱정한다면 듀라셀 건전지로 환경을 파괴하는 행위를 중단하라고 요구했다.

대개의 경우 이러한 활동들은 영어로 된 페이지에서 이루어졌다. 왜냐하면 많은 브랜드들이 아르헨티나 회사의 페이스북을 열지는 않았기 때문이다. 이런 상황을 극복하고자, 페이스북 이용자들은 서로 상의했고 어떤 종류의 메시지를 게시할 것인지 그리고 무엇이 그 메시지의 가장 정확한 번역인지를 결정했다. 게다가 페이스북 페이지 관리자들이 답변할 경우 어떻게 대처해야 하는지에 대해서도 서로 조언을 나누었다.

이런 식의 인터넷 운동은 모든 종류의 SNS에 급속도로 퍼져 나갔다. 그중 하나인 포스퀘어(Foursquare)에서 우리는 역사상 최초로 '사이버 점거'를 실행했다. 포스퀘어는 웹과 휴대전화 등의 기기를 통한 위치 추적에 기반을 둔 SNS의 한 종류이다. 사용자들은 자신이 어디에 있는지를 특별한 애플리케이션의 체크인(check in) 기능을 통해 알릴 수 있다. 이 앱에서의 다양한 활동을 통해 사용자들은 포인트나 배지를 획득하거나 혹은 정해진 지역의 시장이 될 수도 있다. 이 프로그램 안에 프록토 앤 갬블이 공식적으로 사무실을 개설했다. 며칠 동안의 활동 끝에 우리는 '듀라셀은 오염원'이라는 아이디로 듀라셀 사무소가 있는 지역의 시장이 되었고, 이 지역에 들어오거나 혹은 이 지역을 지나는 사람들이 모두 볼 수 있도록 듀라셀에 대한 항의를 게시했다.

게다가 수십 명의 인터넷 활동가와 포스퀘어 사용자들도 이 회사에 항의의 메시지를 남겼다. 거의 석 달에 걸친 그린피스 아르헨티나의 강력한 인터넷 및 SNS에서의 캠페인 끝에, 듀라셀과 에너자이저는 부에노스아이레스 자치주 정부가 쌓아놓은 10톤의 폐건전지를 처리하는데 합의했다. 이 캠페인에서 우리는 이 회사들이 갖고 있는 미디어에서의 막강한 권력 덕분에 주요 전통 매체를 활용할 기회를 얻기 어려웠다. 따라서 우리가 선택한 방법은 인터넷 운동 2.0을 활용하는 것이었고, 이는 우리에게 많은 이들에게 우리의 캠페인을 알리고 많은 이들이 동시에 우리의 캠페인에 참여할 기회를 열어주었다. 이는 아마도 전통적인 미디어만을 생각했다면 불가능한 일이었다.

지금까지 설명한 사례들은 아르헨티나 환경운동에서 사용된 인터넷 운동의 발전 과정과 효율성을 보여주는 예였다. 비록 긴 여정을 견뎌야 하겠지만, SNS와 무선전화가 가져온 그리고 앞으로 가져올 상당한 변화는 서로 정보를 공유하고, 참여하고, 시위하고, 항의하고, 구성원으로 참여할 수 있는 새로운 방식들을 생산해낼 것이며 이러한 방법들이 미래 사회에 통합되는 것을 지켜볼 수 있을 것이다.

제6장

아르헨티나, 그 10년 후

'모두 꺼져라'라고 하던 시대에서 격앙된 민족주의적 민중주의의 시대로

마리스테야 스밤파

돌아오는 12월에 10주기를 맞이하는 2001년의 사건 이후로 아르헨티나는 만연한 위기와 거리에서의 시민의 시위, 그리고 국가의 외부를 지향하는 새로운 전투적 에토스의 시기를 벗어난 것처럼 보인다. '코랄리토(정부에 의한 예금인출 제한 — 옮긴이)'와 경제적 혼란 또한 먼 옛날의 일처럼 느껴진다. 이러한 맥락에서, 이 글은 지난 10년을 돌아보며 양분법적인 사고를 극복하고, 단절과 지속성에 대한 고민과 발전 모델에 대한 논의 그리고 페론주의로부터 다시금 태어나 새로운 투쟁의 세대를 시험하고 있는 민족주의적 민중주의의 모순을 고찰하고자 한다.

* 저자는 이 논문에 대해 귀한 의견을 주었던 Carlos Janina, Florencia Puente, 그리고 Marsa Velasco에게 감사한다.

마리스테야 스밤파 Maristella Svampa 사회학자. 아르헨티나 국립과학시술위원회(el Consejo Nacional de Investigaciones Científicas y Técnicas: Conicet)의 연구원이자 국립 라플라타대학교의 교수이며, 비판적 발전연구 프로그램(el Programa de Estudios Críticos del Desarrollo)의 소장이다

* 이 글은 ≪Nueva Sociedad≫ 235호(2011년 9~10월호)에 실린 글을 옮긴 것이다.

1. 10년 그리고 세 번의 순간들

'que se vaya todos(모두 꺼져라)'라는 구호를 외치던 아르헨티나 국민들이 어떻게 민족주의적 민중주의에 고취되었는가를 설명하기는 쉽지 않은 일이며, 상당히 긴 분석과 다각도의 고찰을 필요로 하는 일이다. 분명 그 일은 이 논문을 통해 이루고자 하는 바는 아니다. 우리는 이 논문에서 이러한 변화의 몇몇 특징, 특히 사회갈등 전선의 외연 확장, 이념적 스펙트럼에서 일어난 여러 논쟁, 그리고 사회운동 언어들에서 나타난 변화들에 대해서만 논의할 것이다. 우리의 분석은 네스토르 키르치네르(Nestor Kirchner, 2003~2007)와 크리스티나 페르난데스 데 키르치네르(2007~)의 정부가, 그의 지지자들이 주장하듯이, 어떤 정치적 시도나 모험을 감행하지는 않았다는 데서 출발한다. 또한 우리는 이들 정부가 1990년대의 연장선상에 놓여 있을 뿐이라는 주장에도 동의하지 않는다(Svampa, 2007). 오히려 모호성, 단절과 계승 간의 긴장, 그리고 무엇보다도 이중적 담론이 민족주의적 민중주의의 전통을 실현하는 주요 요소로 점차 자리 잡아갔다고 보는 것이 타당할 것이다. 그리고 민족주의적 민중주의는 항상 아르헨티나의 정치에서 울림을 가졌었던 요소이다.

이미 알려졌다시피, 민족주의적 민중주의의 전통은 아르헨티나의 경우 1946년 후안 페론(Juan Perón)에 의해 생겨난 정의당(Partido Judicialista) 운동에서도 나타난다. 하지만 소위 '민족주의적 민중주의'는 안토니오 그람시(Antonio Gramsci)가 개념화한 카테고리이다.[1] 이 글에서는 에밀리오

---

1) 이 카테고리는 안토니오 그람시의 『옥중수고』에서 '지성적·도덕적 개혁'과 연관된 '집단의지'로 정의된다. 그람시에 의하면, 이 두 가지 요소는 모두 헤게모니 생성의

데 이폴라(Emilio de Ípola)와 후안 카를로스 포르탄티에로(Juan Carlos Portantiero)가 1986년에 발표한 라틴아메리카에서의 대안적 포퓰리즘에 대한 분석으로 돌아가도록 하겠다(Ípola y Portantiero, 1994). 이들에게 포퓰리즘이 요구하는 이중적인 과정(민중의 조직화와 국가의 건설)은 세 종류의 분석을 통해서만 이해될 수 있다. 첫째는 민족주의적 민중주의의 전통과 요구에 대한 분석이고, 둘째는 민족주의 운동과 대중의 시민화 과정으로서의 포퓰리즘에 대한 분석이며, 나머지 하나는 국가 타협의 한 형태로서의 포퓰리즘에 대한 분석이다.[2)] 이런 맥락에서, 우리는 특히 정치이념의 매트릭스로 정의할 수 있는 민족주의적 민중주의의 전통 분석을 강조하고자 한다. 이러한 매트릭스에는 1930년대, 1940년대 그리고 1950년대의 포퓰리즘에 대한 '평균적인 기억(Memoria Mediana)'이 담겨 있고, 민족, 중재자이자 분배자로서의 국가, 그리고 조직된 대중 혹은 민중과 함께하는 카리스마 있는 리더십이라는 세 가지 축에 대한 긍정을 내포한다. 비록 일반적으로 민족주의적 민중주의의 동력

과정을 통해 역사적 변혁을 이루기 위해 필요한 요소이다. 더 자세한 내용은 A. Gramsci(1971), Ípola y Portantiero(1994), 그리고 Portantiero(1991: 151~157)를 참조.

2) 대부분의 저자들은 마지막 두 가지 분석만을 해왔으나 우리는 첫 번째의 분석, 즉 민족주의적 민중주의의 전통과 여기서 기원한 다양한 특징들에 대한 분석을 포함시켜야 한다고 생각한다. 이를 위해 위는 이 논문에서 '매트릭스'의 개념을 도입했다. 매트릭스란 정치와 권력을 생각하는, 나아가 사회변혁을 사고하는 방식을 조직하는 가이드라인들을 의미한다. 민족주의적 민중주의의 매트릭스는 라틴아메리카의 민중조직들에서 흔히 나타나는 것이다. 각각의 정치이념의 매트릭스가 하나의 견고한 형태를 공유한다고 할지라도, 사회 내의 갈등과 같은 각국의 특수한 상황은 각 사례에 독특한 동력과 특별한 역사성을 부여한다(Svampa, 2009: 113~137).

은 민중과 그들의 지도자에 의해 추진되는 민족주의 혁명의 노선, 지도자의 리더십 그리고 국가의 지도하에 일어나는 통제된 참여 사이의 긴장을 동반하지만 통제된 참여의 형태가 라틴아메리카의 다양한 사례에서 나타난 민족주의적 민중주의의 전형적인 특징인 경우가 많았으며, 특히 아르헨티나는 더더욱 그러하다(Svampa, 2006; Svampa, 2009).

우리는 최근 10년 동안 아르헨티나에서 세 번의 정치적 순간이 있었으며, 매우 중대한 사회적 효과가 있을 만한 사건들이 발생했다고 생각한다. 첫 번째 순간은 2001년의 민중봉기로, 만연했던 위기와 새로운 형태의 사회운동을 그 특징으로 볼 수 있다. 이 정치적 순간의 최고점은 푸에이레돈(Pueyrredón) 다리에서의 탄압(2002)이다. 두 번째 순간은 네스토르 키르치네르 대통령 취임(2003)과 이를 통해 새로운 정치 시나리오가 생겨났고 이 새로운 정치 시나리오는 사회와 사회운동조직들에 강력한 도전을 안겨준 시기이다. 키르치네르 대통령의 취임으로 '정상화'는 이루어졌으며, '위로부터의' 진보주의라는 담론이 생겨났고, 조심스럽게 민족주의적 민중주의가 복원되기 시작했다. 마지막으로 세 번째 순간은 중앙정부와 농업부문 간의 갈등(2008)으로 시작된 시기로 두 개의 변곡점이 있었는데, 그 하나는 「오디오 및 비디오 통신법」의 국회 통과(2009)와 전임 대통령 네스토르 키르치네르의 죽음(2010)이다. 이 세 번째 시기(2008~2010)를 우리는 민족주의적 민중주의의 강화 및 헤게모니 생성 시도로 규정한다.

2. ‘모두 꺼져라’로부터 새로운 전투적 에토스[3]의 출현까지

2001년 말 아르헨티나를 강타했던 헤게모니의 위기는 기존의 사회구조들을 심각하게 훼손하고 변형시킨 10년을 기억한다면 대단한 사건이었다. 이러한 변화가 사회를 고찰할 수 있는 새로운 지평을 제공한다는 점에는 이론의 여지가 없다. 엄청난 위기 속에서 국민들이 느끼는 감정과 현실이 일치했고, 위기 속에서 그 순간까지 국가의 운명이라고 여겨지던 경제시스템이 붕괴되었다는 사실은 너무나 분명했다. 아르헨티나는 바닥까지 추락했다. 위기와 함께 찾아온 긴축재정, 상상할 수도 없었던 국가의 예금인출 제한, 불가피해 보였던 연쇄적 지불 정지, 수많은 화폐가 매번 더 구하기 어려운 다른 화폐로 대체되는 경험 속에서 일어난 수많은 약탈들은 마치 그 당시 아르헨티나 상황에 대한 사회적 대응 또는 답변처럼 느껴졌다. 그리고 2001년 12월 19일 잊지 못할 시위의 밤이 일어났다. 이날 밤 이른바 민주정부는 시위세력에 대한 무자비한 탄압을 가했으며, 그 결과 30명이 사망했고, 수백 명이 부상을 당했다. 페르난도 데라루아(Fernando de la Rua) 대통령의 사임과 단 일주일 동안 데라루아의 뒤를 이어 4명의 임시 대통령이 선출되었다는 사실은 당시 아르헨티나가 겪었던 제도의 위기가 어느 정도였는지를 보여준다.

‘우리들의 특별한 해’라고 불리는 2002년의 이런 모든 위기에도 불구하고 역사적으로 위대한 기회가 열리는 듯 보였다. 지배모델의 해체가 뚜렷해지며 헤게모니는 위기에 처했고, 강력한 사회조직과 운동의 모티브는 충분했다. 그 결과 거리는 “모두 꺼져라”라는 함성으로 가득했

3) 성격 및 습관을 나타내는 그리스어로 이 글에서는 새로운 운동의 행태 및 성격이라는 뜻으로 사용됨 — 옮긴이.

다. 경제 붕괴의 중심에서 아르헨티나는 정치적·사회적 실험실이 되었고, 다양한 저항의 구심점들이 나타났다. 시민들은 저항을 그만두려 하지 않았고, 대의제 정치의 전통적인 방식을 거부했으며, 사회적 유대관계를 아래로부터 복원하기 위해 노력했다. 과연 누가 그리고 어떤 '아래로부터의' 정치적 연계의 공간이 새로운 제도들에 대한 비전을 제시하며 그동안 일어났던 정당성의 상실을 만회할 수 있을 것인가에 대한 질문을 던지는 사람들은 한둘이 아니었다.

1990년대 신자유주의 정책들은 소외와 배제의 범위를 확대했으며 이러한 소외의 확장은 무엇보다도 실업률 증가의 결과였다는 사실을 기억할 필요가 있다. 대중의 빈곤화와 원자화라는 현실 속에서 훌륭한 실업자들의 조직(피케테로)이 생겨났는데, 이들의 특징은 직접적인 행동(도로 점거 혹은 피케팅), 마을에서의 공동 작업, 정부가 제공하는 사회보장프로그램 통제, 그리고 회의를 통한 민주주의의 구현이었다. 이들은 1999년부터 정치·사회의 공간에서 주도적인 역할을 담당했으며, 특히 2002년에는 국가에 대한 강력한 항의를 표시하며 부에노스아이레스로 행진하는 시위를 주도했다. 그 결과, 민중의 관점에서 본다면, 2001년과 2002년의 심각한 위기는 실업자의 조직들을 강화시키리라고 예상되었고 다양한 정치 및 이념적 전통에 기반을 둔 사회운동단체들이 출현했는데, 이러한 다양한 정치적·이념적 스펙트럼에는 전통적인 계급주의 매트릭스, (당시에는 페론당과는 분리되었던) 민족주의적 민중주의 매트릭스, 그리고 새로운 내러티브 아우토노미아(narrative autonomia) 운동[4]의

4) 내러티브 아우토노미아 운동이란 아우토노미아 운동을 내러티브, 즉 담론과 소통을 통해 추구하는 사회운동의 한 형태이다. 아우토노미아 운동이란 자율성 혹은 자주성 운동이라고 번역되는 좌파 운동의 한 종류로 자본주의로부터의 독립과 획일적이거나 중앙집중적이지 않은 자율적인 저항을 강조하고 공동체의 가치를

매트릭스가 포함되어 있었고, 당시 이들을 모두 포함할 수 있는 하나의 매트릭스가 생성 중이었다(Svampa, 2006). 특히, 내러티브 아우토노미아 운동가들의 경우 대도시의 지역자치단체나 독립적인 실업자 조직 그리고 전국의 수많은 문화조합들을 통해 활발하게 성장했다.

이 세 가지 매트릭스들은 서로 연결되기가 쉽지 않았다. 은유적으로 이야기하자면 2002년은 '군중의' 안토니오 네그리(Antonio Negri)가 그람시를 이겼을 뿐만 아니라 레닌까지 무찌른 해였다. 실제로 아르헨티나 노동조합(el Central de Trabajadores de la Argentina: CTA)과 그의 동맹세력들에 의해 고취된 대항헤게모니 블록을 건설하고자 했던 그람시적인 계획들은 2002년의 주요한 사건들에서 어떻게 중요한 역할을 담당해야 할지에 대한 답도 내놓지 못했다. 수많은 직접 행동과 자치주의자들과 같은 좌파 매트릭스에 호응하던 피케테로 운동단체들의 눈에 띄는 활약 덕분에 제도적으로 문제를 해결하려는 시도들은 모두 퇴색되었다. 2002년 말, 아르헨티나 노동조합(CTA)은 전국회의를 개최하고 브라질의 노동조합(La Central Única de los Trabajadores: CUT)과 같은 방식으로 정치·사회 운동을 조직해야 할 때라고 주장했다. 그러나 CTA의 이러한 제안은 이미 폐기될 운명에 처해 있었다.

한편, 내러티브 아우토노미아 운동가들은 새로운 투쟁적 주체성 출현의 기틀을 마련했다. 새로운 투쟁적 주체성은 젊은이들, 계급주의적 좌파 운동에 대해 비판하는 이들 사이에서 나타났다. 마르틴 베르겔(Martín Bergel)이 훌륭하게 지적한 바와 같이, 이들은 이론적인 것보다는 현실적인 아우토노미아주의의 운명에 대해 목소리를 높였다(Bergel, 2007). 이러한 내러티브는 이른바 대표 운동들(movimientos faros)에 의존

중시한다 — 옮긴이.

하고 있었는데, 대표적인 운동으로는 솔라노의 실직 노동자들의 운동(Movimiento de Trabajadores Desocupados de Solano)이 있으며, 이 운동은 상황공동체(Colective Situaciones)[5]를 통해서 대중에게 알려졌으며 네그리나 존 할러웨이(John Holloway)와 같은 학자들의 주장도 소개되었다.[6] 새로운 투쟁의 에토스는 대의민주주의 거부라는 주장을 내포하고 있으며, 제도의 부재 속에서 대중이 느끼는 두려움 및 불안과 새로운 정치적 경험 속에서 느끼는 희열이 혼합되어 저항의 초기에 분출되었다. 도시지역 주민회의들은 위기가 전반적인 것이었다는 점을 보여주었다. 마치 마술처럼 새로운 에토스는 이전에 존재하는 권력들(정당, 노조를 포함한)을 모두 해체했다. 해체된 권력에는 소위 '전문가'들도 포함되었으며, 집회민주주의의 권력의지를 없앨 수 있는 혹은 헤게모니를 장악하려는 매개체들은 모두 거부되었다. 공간은 모든 이에게 열려 있었으나, 이러한 공간들은 완벽하게 평등한 공간이어야만 했다.

하지만 사회정치의 동력은 항상 순환한다. 참여에 한한 개념으로 축소된 도시의 집회주의(asambleísmo)[7]는 끊임없이 계속되는 정치토론과 수많은 분열로 인해 소진되었고, 결국 위기에 지친 사회로부터 뿜어져 나오는 제도의 정상화 요구로 인해 코너에 몰리게 되었다. 그뿐만 아니

---

5) 1990년대 아르헨티나의 학생운동으로부터 시작된 사회운동의 한 형태로 공동체의 관심 즉 구성원의 삶의 한 부분으로서의 사회상황(situation)들에 대해 소통하고 행동하는 공동체 — 옮긴이.

6) 할러웨이의 '권력을 취하지 않으며 세계를 변혁하는 길'은 국가로부터 출발하는 대항헤게모니적 변화라는 발상을 해체함과 동시에 새롭고 강력한 전투의 주체성을 보여주었다. 이러한 주체성은 멕시코의 사파티스타 운동과 반세계화 운동에서 나타난다고 주장했다.

7) 모든 결정을 집회를 통해 직접 결정하려는 경향 — 옮긴이.

라 2002년 6월 26일 부에노스아이레스 주 경찰과 헌병대 그리고 연방 경찰의 합동작전으로 이루어진 푸에이레돈 다리의 폭력 진압은 새로운 변곡점이 되었다. 이 사건은 피케테로 운동단체 특히 아우토노미아 조직에 큰 타격을 입혔는데, 공권력의 폭력으로 살해된 다리오 산티얀(Darío Santillán)과 막시밀리아노 코스테키(Maximiliano Kosteki)라는 두 청년은 모두 아우토노미아 조직 소속이었다. 공권력의 폭력적 진압에 대한 두려움은 지난 군사독재에 대한 공포를 떠올리게 했으며, 많은 운동조직들의 오래된 상처를 다시 건드리는 효과를 가져왔다. 이들 조직에 대한 축출과 탄압은 이후 임시정부를 구성한 에두아르도 두알데(Eduardo Dualde, 2002~2003) 정권하에서 끊임없이 계속되었다.

동시에 멜리나 바스케스(Melina Vásquez)가 지적한 것처럼, 푸엔테 푸에이레돈에서의 폭력진압에 대한 반감은 중산층 젊은이들로 구성된 새로운 투쟁세력의 유입을 가져왔다. 이들은 아우토노미아 피케테로 조직에 접근해서 그동안 소외되었던 민중세력과의 연계를 이루고자 시도했다(Vásquez, 2010). 이렇게 새로운 투쟁의 세대가 생겨났다. 이들은 2001년 세대로 지역주의와 집회 중심의 운동주의 그리고 자율성/아우토노미아에 대한 갈망 및 평등적인 정치연대라는 틀 속에서 발전했다. 여행이라는 의식을 거쳐 이들은 전국에서 모여들었다. 그들은 도시의 중심부에서 주변부로 여행했으며, 특히 부에노스아이레스 근교의 가장 가난한 지역으로 찾아갔다. 그들이 필연적으로 느꼈던 도전의 목표는 '아래로부터'의 운동체 건설 그리고 정치와 도덕의 결합에 대한 요구였다. 아르헨티나가 겪어내던 위기의 최악의 순간에 목숨을 바쳤던 '막시와 다리오'는 새로운 젊은 투쟁의 세대에게 '모범적인 예'가 되었다.

집회주의와 지역주의 운동 동력에 기반을 둔 새로운 투쟁의 에토스는 스스로에게 훨씬 비판적이었으며, 그 결과 2002년의 아우토노미아 운동보다는 훨씬 덜 과장되었다. 이 새로운 에토스는 다른 조직공간으로 퍼져 나갔는데 다큐멘터리 운동, 대안신문운동, 민중교육운동 등을 펼치던 수많은 문화공동체에 영향을 끼치기 시작했다. 또한 기층의 노동운동에도 영향을 끼쳤는데, 기층 노동운동은 2003~2004년 경제지표의 개선과 어느 정도의 불안정성이 완화되면서 나타나기 시작했다. 이처럼 새로운 젊은 노동운동가들이 출현하기 시작했고, 오랜 노동운동조직의 축소와 정체를 극복하고 노동운동이 투쟁의 도구로 다시 재평가되기 시작했다. 이는 대부분 급진당 성향의 자유주의적 에토스의 덕분이었는데, 자유주의적 에토스는 좌파들과의 동맹에 우호적이었으며 동시에 기존 관료 및 기업구조에 대한 반감을 포함했다.

이후, 대규모 노천광산 개발에 반대하는 주민들의 자발적인 모임에 기반을 둔 새로운 투쟁의 주체성이 출현한다. 이들 중 첫 번째 움직임은 2002년 파타고니아 추부트 주의 에스켈에서 주민들의 자발적인 모임을 통해 시작되었다. 2004년 이후로 다국적기업의 노천광 확상에 위협을 느낀 시민들의 모임은 15개 주로 확산되어갔다. 이런 의미에서 다계급적이지만 중산층이 주도하고 있는 시민들의 모임은 2001년 출현한 투쟁 에토스를 계승하고 있다고 볼 수 있다. 2006년 시민회의 연합(Unión de Asambleas Ciudadanas: UAC)이 발족했는데, 이는 서로 다른 기층의 시민회의 또는 모임들이 의견을 수렴할 수 있는 자율적인 공간으로 이곳에서는 새로운 주제와 운동의 레퍼토리의 결합이 이루어진다. 이 공간의 또 다른 특징은 대의제를 철저하게 거부한다는 것이다. 그 결과 정치력 축적의 논리를 통해 다음 단계로 발전할 수 있는 가능성은 줄어들 수 있다.

요컨대, 아래로부터의 정치 복원은 일어나지 않았고 단지 사회운동의 구조만 변화했다. 이 변화는 계급주의자적인 운동과 아우토노미아주의자/자율주의자들의 투쟁 에토스에서도 나타나는데 강력한 지역 중심주의와 민주주의에 대한 열망을 그 특징으로 한다. 또한 2001년 세대와 같은 새로운 운동 세대의 출현은 실업자 조직, 중산층 조직 그리고 새로운 노동운동 조직에서 다국적 광산에 대한 반대운동까지 포괄하는 다양한 운동조직의 출현으로 이어졌다.

3. 일상으로의 복귀와 민족주의적 민주주의 담론의 출현

키르치네르주의의 민족주의적 민중주의로의 전환은 천천히 이루어졌다. 2003년 초, 실업자 조직들의 분열에서 볼 수 있듯이 새로운 운동조직들의 쇠퇴가 시작되었고 질서와 일상을 되찾기 위한 '아래로부터'의 정치 복원 가능성은 점점 낮아졌다. 이런 상황 속에서 키르치네르가 정권을 잡았고 캠페인부터 주장하던 사회적 메시지를 반복했다. "책임감 있는 국가, 정상적인 국가."

이 시기 초기의 특징 중 하나는 '위로부터의' 진보적인 담론들이 나타났다는 것이다. 국가의 역할에 대한 재평가를 통해 아직 미미하기는 하지만 민족주의적 민중주의의 복원이 암시되었고, 지방에서부터 시작해 진보적인 공간들이 출현하면서 이러한 담론들은 활성화될 수 있었다. 키르치네르 정부의 첫 번째 사업은 제도권으로부터 출발해 정치의 장을 복원하는 일이었음을 기억할 필요가 있다. 대법원의 긍정적인 변혁, 국가정책의 일환으로 격상된 인권정책, 경제로부터 일정 정도의 자율성을 확보한 정치 영역, 그리고 지불 중지의 맥락에서 취해진 비정통적인 경제정책들은 키르치네르 대통령이 처음으로 취한 정책들이었다. 이러한 행보는 다양한 사회단체들에 던져진 도전이었다. 특히 라울 리카르도 알폰신(Raúl Ricardo Alfonsín)과 카를로스 사울 메넴 아킬(Carlos Saúl Menem Akil)로 이어지는 소위 민주화 정부의 사면 관련 법안들로 인해 심한 타격을 입었던 인권 관련 단체들과 전통적으로 민족주의적 민중주의에 뿌리를 두고 있으나 그때까지 정의당과 단절되어 있었던 다양한 실업자 조직들은 키르치네르 정부의 초기 행보로부터 신선한 충격을 받았다.

2004년 말까지 키르치네르 정부는 빠르게 공고화되었고, 정치 시나리오는 이미 상당한 수정을 거쳤다. 통합을 통해서든지 쇠퇴 혹은 조직의 세련화를 통해서든지 좌익 계급주의 성향의 실업자 조직들, 특히 독립적인 좌파들이나 아우토노미아 성향의 좌파들은 저항 전략에서 갖고 있던 주도적 역할을 포기하기 시작했다.

이미 2003년 중반부터 가시화된 태환제의 포기와 아르헨티나 국내 통화의 평가절하로 국내경제 상황은 상당한 변화를 경험했다. 태환제 체제 이후 아르헨티나는 경제와 산업의 재활성화로 특징지어지기 시작했다.[8] 그 결과 새로운 사회 갈등의 대척점들이 생겨나기 시작했다. 소득의 재분배는 이루어지지 않는 가운데 고용의 불안정성은 유지된 상태로 일어나는 경제성장은 노동문제와 관련한 갈등을 증폭시켰고, 아르헨티나 노동총연맹(CGT)는 10년간의 정체와 기업가 타입의 노동운동으로 변질되었던 역사를 딛고 노동갈등의 중심에 서게 되었다.

태환제 체제 이후 산업이 눈에 띄게 활성화되었다지만 비교해보면

8) 취업률 통계와 관련해서, 21세기 들어 실업률이 상당히 감소했다는 것을 알 수 있다(매년 3/4분기의 통계를 비교해보면). 2003년 3/4분기에는 실업률이 16.3%, 2004년 같은 기간에는 13.2%, 2005년에는 11.1%, 2006년에는 10.2%, 2007년에는 8.1%, 2009년에는 9.1% 그리고 2010년에는 7.5%이다(TEL, 2011).

이러한 변화는 다소 제한적인 것이었다. 분명 산업 부문의 성장, 특히 일자리 창출과 관련된 개선은 긍정적인 것이다. 2007년 아르헨티나의 산업은 전체 노동자의 36%에 일자리를 제공했고, 이는 2002년보다 무려 7%나 증가한 수치이다. 하지만 이러한 재산업화의 과정은 '경쟁력 있는 고환율'이라는 거시경제정책 덕분이었고, 이는 중앙은행의 개입으로 가능한 일이었다. 게다가 적극적인 산업정책은 부재해서 좀 더 통합적이고 지속 가능한 산업화전략은 세워지지 못했다. 따라서 2003년부터 시작된 경제와 제조업의 재활성화는 신자유주의 시기에 일어난 탈산업화의 효과를 되돌리지는 못했다(Azpiazu y Schorr, 2010). 한편, 최근 몇 년 동안의 임금 변동은 2001년 노동자들이 잃어버렸던 임금 수준을 되찾는 수준에 머물렀고 그 이상으로 상승하지 못했다. 이는 실업률이 낮은 데도 취업인구의 상당수가 빈곤선 이하의 삶을 살고 있는 이유이다.[9)]

마지막으로 소위 '산업화의 길'은 재평가되어야 한다. 이 시기 경제성장은 원자재 수출(주로 콩과 관련 품목)에 기인했는데, 이는 국제시장에서의 가격이 높았기 때문이다. 다른 라틴아메리카 국가들과 마찬가지로 최근 10년 동안 아르헨티나도 워싱턴 컨센서스에서 '원자재 컨센서스'로 전환했다. 세계노동분업 시스템에서 이러한 변화는 라틴아메리카 국가들을 다시 신개발주의자들로 변화시켰고, 각국의 정치적·이념적 차이에도 모두 하나같이 재생 불가능한 천연자원들을 무책임하게 개발하고 소진하는 일회성 정책에 몰두하게 만들었다. 이러한 상황 속에서

9) 현재 아르헨티나에서 빈곤층은 전체 가구의 25%로 "최근에 발표된 믿을만한 통계에 따르면 아르헨티나의 지니계수는 0.48로 이는 1997년 수준이다"라고 말했다(Kessler, 2001)

공허한 산업주의적 구호 저편에는 새로운 '원자재 컨센서스'와 '비교우위' 담론으로의 회귀가 있었으며, 서로 다른 라틴아메리카 국가들은 역사적으로 라틴아메리카를 자원의 수출국 위치에 묶어두었던 세계 지정학적 질서를 마치 '운명'처럼 받아들이면서도 이러한 정책이 경제에 끼칠 파괴적 효과(경제의 원자재 의존 강화와 새로운 형태의 종속 심화)나 국민과 영토에 끼칠 악영향(약탈의 논리하에 일어나는 새로운 형태의 지배)에 대해서는 심각하게 고민하지 않았다.

다시 아르헨티나의 정치적 상황으로 돌아가서, 네스토르 키르치네르 정부하에서 진보적인 정체성을 추구하는 전술적인 운동들은 다음의 두 가지 어젠다를 중심에 두고 있었다. 국가정책으로서의 인권의 회복 그리고 라틴아메리카주의. 그럼에도 통합적인 진보주의 운동을 건설하려는 노력 또한 있었다. 그러한 노력의 일환으로 민족주의적 민중주의를 통해 피케테로 조직들의 사상적 기반을 마련하고자 한 것은 대단한 실수였고 즉각 거부되었다. 그리고 이들 단체들은 '사회운동단체들'이라는 정치적으로 올바른 이름하에 정부로 통합되었다. 이렇게 통합된 단체들은 바리오스 데 피에(Barrios de Pie), 에비타 운동(Movimiento Evita) 그리고 토지, 주거 및 환경 연맹(Federación de Tierra, Vivienda y Hábitat)이 그것이다. 그럼에도, 투쟁세력의 측면에서 보면, 이들 조직들은 계급주의와 아우토노미아 에토스로 무장한 2001세대를 대체할 만한 대안을 만들 수 있는 세력을 갖지 못했다. 분명 피케테로 조직에 종사했던 사람들은 정부에서 특히 사회부문에서 별로 중요하지 않은 직책들을 맡기도 했다. 하지만 크리스티안 보야노프스키(Christian Boyanovsky)의 정확한 분석을 통해 알 수 있듯이, 네스토르 키르치네르 대통령이 이들과 형성한 관계는 이들 조직의 역할을 완벽히 인정하지 않는, 일관성 없는 야비한 것이었다(Boyanovsky, 2010). 2003~2004년 한창 피케테로 조직들이 투쟁하는 동안 주요 언론과 중산층 그리고 바로 키르치네르 정부 자신이 이들 조직, 특히 반정부적인 조직을 거부했고, 이들에게 오명을 안겨주었다. 하지만 분명한 사실은 1990년부터 시작된 반신자유주의 투쟁이나 1970년대 에토스의 부활도 사회 대부분의 구성원들이 '위험한 계급', '룸펜프롤레타리아트 떨거지' 혹은 새 정부에 의해 비호를 받는 또 다른 후견주의(clientelism)의 사례라고 생각하는 이 새로운 사회주체에 정당성을 부여해주지는 못했다는 것이다.

사실, 이미 그 초기부터 키르치네르주의는 전통적인 노조세력을 지원세력으로 선택했다. 2004년, 아르헨티나 노동조합(CGT)은 트럭노조의 노조위원장인 우고 모야노(Hugo Mollano)의 지휘하에 다시 단결했다. 그는 1990년대 동안 아르헨티나 노동자 운동(MTA)을 이끈 인물로, 이 조직은 페론주의 조합주의 조직으로 전통적인 민족주의적 민중주의와 경영자 마인드를 갖춘 노조운동을 결합했다. 강력한 서비스업의 성장과 민영화와 철도역의 잇따른 폐쇄로 운송수단으로서 거의 붕괴된 철도부문, 정부의 보조금, 그리고 콩과 곡물들의 수출항으로의 운송을 통해 운수노조는 전체 노조권력에서 상층부를 점령할 수 있었다.[10)]

우리가 예상했던 대로, 노조의 하부조직들에서 나타나는 이러한 현상의 또 다른 면은 내부 위원회에서 나타나는 다양한 투쟁의 증가였다. 이들은 주로 노조의 관료화된 부문과 2001년 봉기를 경험한 좌파 조직

---

10) 마르틴 아르멜리노(Martín Armelino)가 지적했듯이 "20세기 농업수출시대 혹은 금속업이 발달했던 수입대체산업화 시기에 철도 부문이 차지했던 아르헨티나 산업 내에서의 전략적인 위치를 무역과 원자재 중심의 산업화 시기인 오늘날에는 운수부문이 차지하고 있다". 아르멜리노는 다음과 같이 말했다. "그들이 거부했던 그는, 결국 그들이 다시 부르자 돌아왔다. …… 키르치네르 정권하에서의 노조들과 정치"(Armelino, 2011 미출간).

및 정당에 소속된 새로운 노조 지도자들 사이에서 일어났다. 노동 조건의 심한 불안정성을 경험해야 했던 서비스 및 운송부문에서 이러한 갈등과 투쟁은 더욱 심화되었다. 특히 콜센터 노조, 부에노스아이레스 지하철 노조, 부에노스아이레스 카지노 노조들에서 이러한 투쟁을 쉽게 볼 수 있다.

4. 양분법적인 담론과 민족주의적 민중주의의 격화

크리스티나 페르난데스 대통령의 취임 초기인 2008년에 일어난 농업생산자들과의 마찰은 민족주의적 민중주의의 전통을 세우는 시금석이 되었다. 이 갈등의 원인은 농산물 수출세를 35%에서 44%로 인상하려는 정부의 정책에서 비롯되었다. 이러한 갈등 속에서 전례가 없었던 일이 일어났는데, 이는 바로 전통적인 아르헨티나 농업사회(Sociedad Rural Argentina)와 같은 대규모 농업생산자 및 지주들과 아르헨티나 농업연맹(Federación Agraria Argentina)과 같은 중소농민들이 함께 전선을 형성했다는 것이다. 특히, 이들 중소농민들은 농민파업을 주도하며 고속도로를 점거한 장본인들이었고, 그 결과 100일 동안 아르헨티나를 농산물 부족의 위험에 처하게 했다.

이 갈등을 통해 우리는 최근 수십 년 동안 일어난 아르헨티나 농업의 변화, 특히 현 아르헨티나 경제구조 속에서 대두산업이 차지하는 위상을 알 수 있었다. 이를 통해 새로운 농업모델에서 출현한 다양한 주체들이 정치에 뛰어들게 되었고, 대두 단일경작이라는 특수한 상황에서 도출된 이들의 특징과 경향을 살펴볼 수 있었다. 도로 점거를 주도한 소규모 농업생산자들의 위상은 충분히 가시화된 반면 아르헨티나 농업

모델에서 소외된 영세농민들과 원주민들의 목소리는 들리지 않았는데, 이들은 특히 아르헨티나 북부를 중심으로 생겨난 유전자 조작 농산물 생산 대규모 농장들 덕분에 땅을 잃고 뿔뿔이 흩어졌다.

이 경제 갈등이 포함하고 있는 치명적인 동력은 다양한 정치적 부문들의 반작용을 불러일으켰다. 이들을 '부유한 피케테로'라고 명명하고 타협을 거부했던 정부 입장뿐 아니라 농업 파업을 지지하고 동시에 정부의 권위주의적 의사결정을 반대하며 거리로 나온 부에노스아이레스 중산층들은 모두 아르헨티나의 역사를 관통해오던 '문명인가 야만인가, 페론주의냐 반페론주의이냐, 민중이냐 반민중인가'라는 양분법의 담론 및 민족주의적 민중주의의 복원을 가져왔다. 정부가 사회의 다양한 분야들과 유연하게 협상하지 못하는 경직성을 보여주었다거나, 그 결과 야당 세력들의 획일적인 반발을 부추겼다거나, 혹은 중산층들이 페론주의를 지지하는 민중들에 대해 매우 인종적이고 계급차별적인 공격을 감행했다는 점 등은 더 이상 중요한 사항이 아니다. 이 사건을 통해 정부는 진보주의 학자들과 지식인들의 광범위한 결합을 이루어냈고, 이들은 '공개서한'을 통해 제도의 중요성을 강조했으며, 농민조직들의 봉기를 '파괴적인 갈등'이라고 몰아붙였다.

몇 달 후, 정부는 다시 한 번 주도적으로 양분법적인 담론을 불러일으켰는데, 이번에 계기가 된 사건은 「방송법」과 관련한 갈등이었다. 이번에 정부는 직접적으로 아르헨티나 최대의 미디어 그룹인 ≪클라린≫과 대립했는데, 이 그룹은 농민조직들과 페르난데스 정부가 대립하기 이전까지는 정부에 우호적인 경향을 보여주었다. 2009년 새로운 「방송법」과 관련한 논쟁을 통해 다시 한 번 그동안 키르치네르주의에 대해 소극적인 지지만을 보내왔던 신문기자, 예술인 그리고 교육계가 정부에 대한 강력한 지지그룹으로 부상했다. 그 결과 아르헨티나는 다른 라틴아메리카 국가들 특히 베네수엘라와 같은 나라에서 볼 수 있는 정치적·사회적 갈등이 상존하게 되었다.

마지막으로, 갑작스런 네스토르 키르치네르 대통령의 죽음은 전통적인 국가주의적 민족주의 민중주의의 완벽한 부활을 가져왔다. 최근 아르헨티나의 현대사를 규정하는 정치 지도자의 죽음이 가져온 애도의 물결은 또 다른 변곡점이 되었다.[11] 이 현상은 두 가지 중대한 결과를 가져왔다. 우선 이분법적인 담론은 강화되어, 키르치네르주의의 위대한 스토리 대 이를 반대하는 몇몇 민중 세력과 권력층(독점재벌, 기업들, '고릴라들',[12] 그리고 반페론주의자들)의 구도가 완성되었다. 아르헨티나의 역사에서 흔히 일어났듯이, 이런 이분법적인 구도는 복잡한 사회문제를 단순화해, 정치 현실을 이해 가능한 수준으로 만들었다. 그뿐만 아니라 정부에 대한 지지 세력을 규합했는데, 특히 강력한 젊은이들의 참여가 눈에 띈다. 특히 키르치네르 부부의 자녀인 막시모 키르치네르(Máximo Kirchner)가 설립한 '라 캄포라(La Cámpora)'는 급격히 성장했으며, 다른 다양한 조직들도 전국 각지에서 활발하게 조직되어 정부의 주요 기구뿐 아니라 기층에서도 두각을 나타냈다. 이들은 또한 블로그, 트위터 등 다른 SNS 공간도 장악했다.

이러한 현상은 비교해서 보면 더욱 눈에 띄며, 2001년 세대의 전투적 에토스와는 확연한 차이를 보인다. 두 세대가 모두 1970년대 세대의 전통을 물려받았다는 공통점이 있지만, 키르치네르 운동원들의 경우 국가의 역할을 재조명하고자 하며, 정치적 실용주의와 전통적인 민족

---

11) 대규모 독립 200주년 기념행사는 다시 한 번 정부에 대한 긍정적인 이미지를 심어주었고, 동시에 정부에 대한 소극적인 지지를 적극적인 지지로 바꾸는 역할을 했다. 이에 대한 비판적인 분석은 Giarracca(2011)를 참조.

12) 아르헨티나에서 반페론주의자들을 비하해서 부르는 말 — 옮긴이.

주의적 민중주의의 장점을 적절히 혼합하고자 한다. 민족주의적 민중주의의 장점 중에는 정치 프로젝트의 한 표현이자 결정체로서의 지도자에 대한 지지를 포함하고 있다. 한편 2001년 세대는 기층주의 및 지역주의와 더욱 밀접하게 연관되어 있고, 아우토노미아 운동의 담론들의 경우 국가를 중심으로 한 정치 형성에 대해 여전히 반발하는 입장을 유지했다. 물론 우리는 최근 나타나고 있는 정치화된 젊은이들이 '새로운 정치세대'를 이루었다고 단언하기 어렵다. 왜냐하면, 이들은 그 탄생 초기부터 국가로부터 자극을 받아 생겨났기 때문이다. 대통령이 이들에게 '세대교체'[13]라는 이름하에 담론상의 개념을 부여했을 뿐 아니라, 현실에서도 조합주의 및 사회조직들을 대체하는 주요 입법부 요직에 등용하는 등 상당한 지위를 보장해주었다는 점은 이들의 중요성을 계속 부각시킨다. 이들이 스스로를 키르치네르 정치 프로젝트를 꾸준히 추진하기 위해 필요한 크리스티나의 '병사들'임과 동시에 정부의 '전문가 그룹'이라고 생각하는 것은 우연이 아니다.[14]

---

13) 베르헬(Bergel)은 이는 '뒤바뀐 세대교체'라고 주장한다. 즉, "내용은 매우 단순하다. 1970년대 세대들은 페론이 망명 당시부터 자신의 정치적 도박의 승률을 높이기 위해 사용했던 문제제기들을 도용했다면, 키르치네르주의의 젊은 운동원들은 각각의 직위를 매우 겸허하게 받아들이며, 무엇보다도 그들의 정치적 부모들에 비해 창의적이지는 못하다. 만약 1970년대에는 젊은이들이 운동의 핵심적이고 활발한 축이었다면, 현재 젊은이들은 그들의 부모·선배들이 만든 유산을 수동적으로 계승하고 있다. 여기서 역할의 전환이 일어났다고 할 수 있다. 한편, 1970년대의 '호타페(JotaPé: 페론당인 정의당의 약자로 정의당 지지자들을 일컫는 말)'의 경우 페론주의와 사회주의를 결합할 새로운 운동 안에서의 '세대교체'의 수사를 신봉했다. 따라서 이들 젊은 지도자들은 단순히 현재의 '모델'을 계승하는 것 이상의 의미를 지니는 더욱 현실적인 주체들이었다"(Bergel, 2011, 미출간).

14) 키르치네르 조직들과 운동원들과의 인터뷰를 제공해 준 바스케스(M. Vásquez)에게 감사한다. 특히 이들 중 '라 캄포라'에 대한 정보를 통해 위에 언급된 특징들을

5. 사회 갈등 전선의 확장

크리스티나 페르난데스 대통령은 2008년 7월 의회에서 벌어진 농업 부문과의 한판 승부에서 패하고 말았고, 2009년 총선 패배를 통해 가시화된 절망의 시간을 보내야 했다. 하지만 국가 스스로 수행한 일련의 정책들 덕분에 정치적 재정비는 매우 빠르게 진행되었고, 이러한 정책들에는 새 「방송법」, 「평등결혼법」(동성애자들의 결혼을 인정), 연금제도의 국유화, 그리고 특히 자녀지원제(Asignación Universal de Hijos)[15]가 있다. 특히 자녀지원제의 경우 수년 동안 야당의 진보적인 단체 및 정당들이 추진하려 했던 정책으로 페르난데스 대통령이 대통령령으로 통과시켰다.

둘째, 계급주의적인 기층의 새로운 조합주의의 활동은 급격한 변곡점에 이르게 된다. 2010년 10월, 조합 내 갈등으로 인해 사망자가 발행했다. 그의 이름은 마리아노 페레이라(Mariano Ferreyra)로 트로츠키당(Partido Obrero, 노동당)에 속한 조직원으로 철도서비스업 부문의 권리를 온전히 인정해달라는 주장을 건 시위에 참여하던 도중 살해당했다. 이 사건의 결과 아르헨티나 노동조합(CGT)에서 가장 강력한 노동조합 중 하나인 철도노조의 사무총장은 구속, 수감되었는데 이 사건을 통해 고용불안정, 경영자 논리, 마피아적 노조, 그리고 정부의 지원 속에 숨겨져 있는 어두운 갈등들이 수면 위로 드러났으며 정부가 추진하고 있는 노동관계 모델의 질과 지속 가능성에 대한 강력한 의문이 생겨났다. 이로써 아르헨티나 노동조합(CGT)은 단절을 경험하게 되었고, 중앙

확인할 수 있었다.

15) 실업자 혹은 저소득층 가구에 자녀보육비를 지원하는 제도 — 옮긴이.

조직이 견지하던 이념적 다원주의는 노조 내 정부 지지 세력과 반정부 세력 간의 증폭되는 갈등으로 인해 돌이킬 수 없는 암초에 맞닥뜨리게 되었다.

한편, 시위와 관련한 많은 통계들은 1990년대와는 달리 키르치네르 정권 8년 동안 경제정책에 대한 반감은 줄어들었으며, 노동조합들의 전통적인 요구인 임금 인상이나 노동 조건의 개선과 같은 사안들에 대한 시위가 늘어났다고 주장하고 있으나 이는 매우 단편적인 해석이다. 이러한 해석은 토지와 주거공간을 지키기 위한 많은 투쟁이 폭발적으로 성장했다는 점을 간과하고 있다. 이들 투쟁은 주거공간에 대한 축적된 요구가 분출된 결과물이다. 이러한 요구는 농촌, 도시, 원주민 그리고 영세농민들이 삶의 터전을 잃게 된 최근의 현실을 반영한다. 이는 대규모 농업 비즈니스, 대규모 관광지구 개발, 노천광산 개발 등 대규모 토지를 필요로 하는 사업들이 무분별하게 추진된 결과물이다. 만약 우리가 원주민 공동체와 조직들에서 일어난 일들을 살펴본다면, 이러한 문제들은 더욱 심각하다는 점을 깨달을 수 있다. 한 예로 포르모사 주의 콤 공동체가 있다. 원주민들은 최근 몇 년 동안 강제이주에 저항했고, 그 결과 다양한 형태의 차별과 폭압을 견뎌야 했고 급기야 살해당하기도 했다. 또한 우리는 이미 다국적 거대 광산회사에 저항해 자율적으로 결성된 주민회의의 출현에 대해서 언급했다. 페루, 과테말라, 에콰도르와 같은 다른 라틴아메리카의 국가에서처럼, 이런 종류의 사회적·환경적 운동은 산맥지역 혹은 산맥 주변의 중소지역에서 주로 나타난다. 심각한 권력의 불균형에도 불구하고, 2003~2008년 이들 운동은 아르헨티나의 7개 주에서 (오염을 양산하는) 노천광산을 금지하는 법률이 통과되도록 하는 쾌거를 이루었다(Svampa y Antonelli, 2009). 특히, 2008년 대통령이 거부권을 행사했던 「빙하보호법」이 2010년 통과된 것은 가장 큰 진전이라고 할 수 있다. 2008년 당시 대통령은 거대 광업 이익집단들〔캐나다 회사인 바릭 골드(Barrick Gold)가 이들 중 가장 강력한 그룹으로, 빙산보호법에 의해서 가장 큰 영향을 받을 것으로 예측되었다〕에 영향을 받고 있다는 것을 이 법안의 거부로 명백히 보여주었다.[16)]

6. 헤게모니로서의 페론주의

21세기 초 아르헨티나에서 일어날 정치적 변화에 대해서는 다양한 예상 시나리오들이 존재했다. 혹자는 2001년부터 생겨난 다양한 정치 형태들이 그 끊임없는 격동의 상황을 극복하지 못하고, 아래로부터의 정치적 재구성에 실패할 것이라고 내다보았다. 이미 우리가 지적한 바처럼, 그 실패는 부분적으로는 계급주의적 좌파들이 헤게모니를 장악하고자 하는 경향 때문이었고, 또 다른 이유는 아우토노미아 운동가들의 에토스가 보여준 새로운 국가 제도 건설에 대한 낮은 의시 때문이기도 했다.

---

16) 이 법으로 아르헨티나의 국토 1%에 해당하는 영토(빙하지역과 빙하 주변지역)에 대한 어떠한 채광 행위도 금지되었다. 이 법률의 통과는 환경단체, 시민단체, 중도좌파정치인들, 환경문제에 관심을 보였던 지식인들의 끊임없는 노력을 통해 광산업계의 강력한 로비를 뚫고 이루어낸 결과물이다. 그럼에도 이 법률은 곧 정부에 의해 소송의 대상이 되었으며, 이는 중앙정부가 이 법률을 지킬 의지가 없다는 점을 보여주었을 뿐 아니라 서로 다른 국가 기관들 역시 이 법률을 적용할 의지가 없다는 뜻을 보여준다. 법률소송의 결과 광산개발사업은 계속 추진할 수 있게 되었다. 또한, 크리스티나 페르난데스 대통령의 재선(2011년 10월) 및 지방선거에서 주지사들이 재선한 이후, 현재 「노천광산법」에 의해 개발이 제한된 많은 주에서 다시 노천광 개발사업들이 시작될 것으로 예상된다.

하지만, 위기 속에서 소수지만 몇몇은 위로부터의 빠른 정치적 재구성이 일어날 것이라고 주장했다. 정당정치의 시스템이 완벽히 붕괴되지는 않았지만, 대의정치의 심각한 위기 속에서 정치 엘리트들의 변화가 점쳐지기도 했다. 하지만 정치 엘리트들의 변화는 결국 일어나지 않았고, 2001년 여당 연합(전통적인 UCR과 진보주의 진형의 결합)은 붕괴되고 이후 계속된 정당정치의 실패로 수많은 사회적 갈등에 봉착한 아르헨티나를 통치할 수 있는 유일한 정당은 페론주의 정당이라는 가설을 강화시켰다. 그럼에도, 2000년 초 몇 년 동안 페론당 또한 상당한 위기를 경험했으며, 신자유주의는 아르헨티나의 투쟁 역사에 지울 수 없는 상처를 남겼다. 좀 더 간단히 말해서, 1990년대 페론당이 추진한 신자유주의로의 회귀로 인해 페론당의 정치적 투쟁력은 상당한 타격을 입었으며, 페론당의 정치문화에 대한 크나큰 도전과 시련이 일어난 마당에, 페론당이 국가의 역할을 재조명하고, 지도자 중심성을 인정하며 나아가 노동, 정치, 사회, 문화에서 투쟁조직을 재정비하는 것을 골자로 하는 민족주의적 민중주의를 다시 부활시킬 것이라고 상상하기는 쉽지 않았다.

에두아르도 두알데의 '지불정지+폭압'의 정치공식과는 달리, 예상치 못한 대통령이었던 네스토르 키르치네르는 우호적인 경제조건 속에서 최근 인기를 끌고 있는 라틴아메리카적 진보주의와 전통적인 정치의 요소들(정치적 실용주의, 권력 집중, 사회주체를 통제하는 리더십 등등)을 절묘하게 결합해 실현 가능하면서도 매력적인 정치공식을 만들어냈다. 민주주의가 복원된 이후 페론당은 20세기의 28년간 아르헨티나를 통치했으며, 1990년대 카를로스 메넴의 두 번 임기 동안 신자유주의를, 2003년 네스토르 키르치네르 대통령 임기 동안은 진보주의와 약간의 민족주의적 민중주의를 추구했고, 이어 2008년 취임한 크리스티나 페르난데스 아래에서는 강력한 민족주의적 민중주의를 채택하고 있다. 후안 카를로스 토레(Juan Carlos Torre)가 지적한 바와 같이 실제로 페론주의는 스스로 정부와 야당을 아우르는 정치시스템이다(Torre, 1999). 일례로, 2011년 8월에 실시된 총선에서 페론당 내의 정파들은 약 70%의 득표율을 보였다. 이 중 약 50.4%는 현 대통령의 재임을 기대하며 현 대통령에게 투표했다. 이러한 현상의 반대편에는 야당 세력의 분열로, 페론당 내의 야권 세력들 특히 보수세력과 우파세력 내의 분열이 가중되었고, 중도좌파 세력 또한 그 대안정책과 관련해 이견을 나타냈다. 2011년 야당 세력의 유일한 승리라고 확언할 수 있는 결과는 부에노스아이레스 자치시의 시장인 마우리시오 마크리(Mauricio Macri)가 재선했다는 정도이다. 그는 2015년 대선에서 우파를 대표할 후보로 여겨진다.

아르헨티나 역사상 최초로, (키르치네르 버전의) 페론당이 12년 동안 연속으로 아르헨티나를 통치할 것이다. 이는 1946년부터 1955년까지 통치하다가 군사쿠데타에 의해 권력을 빼앗겼던 페론 자신도 이루어내지 못했던 일이다. 이러한 연속성은 1970년내에도 상상하기 어려운 일이었다. 그 당시 제도의 불안과 정치 폭력은 일상적인 일이었다.

다시 한 번 다른 라틴아메리카의 포퓰리즘보다 아르헨티나의 페론주의는 상당히 다양한 정치 및 이념적 정파들을 포괄할 수 있는 더욱 강력한 능력이 있음을 증명했고, 이는 다시 한 번 페론주의가 갖는 강력한 정치적 생산성을 보여준다. 따라서 페론주의의 정치논리와 이념적 유연성에 기인한 전술적 적응 능력 덕분에 한동안 강력한 신자유주의자였던 사람이 이후 강력한 민족주의적 민중주의자가 되는 것이 하나도 이상하지 않은 정치현실이 만들어진다. 최근 몇 년 동안 정부의 경제적 성공과 민족주의적 민중주의 연합의 확장(단순히 전통적인 노동조합만을 포괄하는 것이 아니라 문화와 교육 그리고 새로운 젊은 운동원들을 포괄하는) 그리고 뒤이은 정치공간의 축소 또는 단순화로 인해 페론당을 지지하는 도시 중산층은 늘어났고, 정부의 정책들에 대한 전반적인 지지 또한 확대되었다. 또한 역사상 처음으로 권력으로부터 페론주의는 민중과 문화, 대중과 지식인들 간의 반목을 극복한 듯하다. 이러한 반목은 이전 정부들의 민족주의적 민중주의 정책을 가로막는 저주로 작용했다.

'진정 실존하는 민중주의'와 관련해, 명료한 이분법적인 구조를 조성하고 동시에 반목을 심화시킴으로써 이루어낸 현재의 민족주의적 민중주의는 다원주의적인 시각에서보다는 전형적인 헤게모니의 시각에서 이해하는 것이 옳다. 그럼에도 현재의 민족주의적 민중주의의 매트릭스가 헤게모니를 쥐고 있다는 점을 받아들인다고 하더라도 이 민족주의적 민중주의가 모든 형태의 갈등과 민중의 의사 표현을 통제하거나 포함하지는 못한다는 점 또한 분명하다.[17] 강제적인 도시화와 토지소유의 집중이 용인되는 토지의 사유화 정책과 농업 거대 자본 및 다국적 광업자본의 성장으로 인해 사회적 갈등은 증폭되었으며, 이러한 갈등들은 단순히 정부의 약점 이상을 보여준다. 즉 이러한 정책들은 이미 지배시스템의 한 부분을 차지하고 있음을 보여주고 있으며 국가기관에 의해서 유지되고 추진되고 있다는 점을 통해 우리는 1990년대에 일어난 정책들이 여전히 유지되고 있을 뿐 아니라 심화되고 있다는

---

17) 사회운동 조직들에 아우토노미아주의자와 계급주의자들까지도 존재하고 있다는 사실, 그리고 이들이 좌파정당과 연계되어 있다는 현실은 단순히 조직의 형태 혹은 군소 정당의 모습을 반영하는 것 이상이다. 이들은 민중의 조직된 틀 안에 분명히 존재하는 하나의 흐름이며, 여권의 담론에서 지워버리고 싶은 혹은 부정하고 싶은 '모델들' 혹은 갈등들과 관련해 이들이 항상 출현하는 것은 우연이 아니다.

것을 알 수 있다.

헤게모니 건설을 강화시키는 특징 중 하나는 투쟁의 장에 다양한 발전 모델의 공존(산업 중심/서비스업 중심; 농업비즈니스 중심/광업 중심)이 실은 상당히 단절된 형태로 유지되고 있다는 것이다. 즉, 현재의 노동투쟁과 토지를 둘러싼 투쟁 간의 연결고리가 거의 존재하지 않는다. 특히 이러한 투쟁의 단절을 가져오는 중요한 요인 중 하나는 바로 발전주의에 기반을 둔 민족주의적 민중주의의 수사이다. 이를 통해 노동세력의 조합주의적 성향은 강화되었고, 동시에 광산업 중심 혹은 농업 비즈니스 중심의 발전모델에 의문을 제기하는 세력들은 모두 이해할 수 없는 세력으로 치부되었다. 이러한 분위기 속에서 키르치네르를 지지하는 지식인들과 새로운 젊은 당원들이 위의 문제들에 관해 무감각한 것은 우연이 아니다. 또한 이들은 국가의 정책이 갖는 경제정책의 강탈적인 측면에 대한 책임에 대해서는 관대한 반면, 사회정책들의 비중과 단체협약과 같은 정치 기구들의 개편에 대해서는 지대한 관심을 보인다.

이 모든 것은 앞으로 몇 년 동안 민족주의적 민중주의와 강탈적인 경제정책의 공존이 더욱 공고해지리라는 것을 의미한다. 그 결과 아르헨티나는 더욱 취약하고 위험한 상황에 놓이게 될 것이다. 작년(2010년) 아르헨티나에서 15명이 탄압에 의해 목숨을 잃었다는 점을 강조해둘 필요가 있다. 이러한 죽음은 대부분 토지와 주거지에 대한 투쟁의 현장에서 발생했다. 이러한 맥락에서, 만약 키르치네르 정권이 '국가 정책'으로 탄압을 활용하지 않는다면, 이러한 죽음은 연방제의 결과물이라는 것은 더욱 자명해진다. 즉, 주정부들—특히 중앙정부를 지지하는 주정부들—이 주경찰, 노조 마피아, 민병대 조직 등을 동원해 토지 몰수 및 국가적으로 시행되는 대규모 농업 중심의 농업 정책에 대항하는 이들에게 탄압을 가하고 있다. 따라서 중앙정부는 이러한 상황, 특히 갈수록 탄압의 정도가 심해지는 현실에 대해 분명히 책임을 져야 한다.

앞으로 우리는 약탈의 논리로 무장한 경제정책의 심화에 대해 젊은 페론당 당원들이 어떻게 반응할 것인지 지켜봐야 할 것이다. 또한 2011년 이후 다시 재선될 수 없는, 마지막 임기를 다하게 될 페르난데스 대통령의 정부가 각종 사회적·정치적·경제적 갈등을 어떻게 봉합하고 해결해나갈 것인가 역시 주의를 기울여야 할 부분이다. 이러한 갈등들을 해소하는 시나리오와 페론당 내에서의 후계 구도는 아르헨티나의 민족주의적 민중주의의 미래에 대해 다양한 의문점을 갖게 한다.

참고문헌

Armelino, V. M., 2011. *Problèmes d' Amérique Latine*. en prensa.

Azpiazu, Daniel y Martín Schorr. 2010. "Hecho en Argentina. Industría y economía, 1976~2007," *Siglo* XXI Editores, Buenos Aires.

Bergel, M., 2007. "En torno al 'autonomismo argentina'." en *Diario Vive*, portal latinoamericano de crítica social y pensamiento plebeyo. <www.dariovive.org/notas/berguel.htm>

_____. 2011. *Generación e invención de la política*. mimeo.

Boyanovsky, Christian. 2010. *El aluvión. Del piquete al gobierno. Los movimientos sociales y el kirchnerismo*. Buenos Aires: Sudamericana.

Giarracca, Norma. "El Bicentenario. Míradas desde la Argentina." en N. Ciarraca(ed.). *Bicentenarios*(otros). transiciones y resistencias. Buenos Aires: Una Ventana.

Gramsci, A. 1971. *La política y el Estado moderno*. Buenos Aires: Planeta-Agostini.

de Ípola, Emilio y Juan Carlos Portantiero. 1994. "Lo nacional-popular y los nacionalismos realmente existentes." en Carlos Vilas(ed.). *La democratización fundamental. El populismo en América Latina*. México DF: Conaculta.

Kessler, Gabriel. 2011. "Claroscuros de la estructura social. Tendencias contrapuestas en la Argentina del siglo XXI." en *Problèmes d' Amérique Latine*, 10-12, en prensa.

Portantiero, J. C. 1991 "Gramsci en clave latinoamericana." en *Nueva Sociedad* No.115, 9~10. <www.nuso.org/upload/articulos/2041_1.pdf>

Svampa. M. 2006. "La Argentina: movimientos so\-ciales e izquierdas." *Entre voces*, No.5(1).

_____. 2007. "Les Frontières du gouvernement de Kirchner." *Revue du Tiers Monde*, 6-7.

_____. 2009. "Mouvements sociaux, matrices socio-politiques et nouveaux contextes en Amérique Latine." en *Problèmes d'Amérique Latine*, No.74(8).

Svampa M. y Mirta Antonelli. 2009. *Minería transnacional, narrativas del desarrollo y resistencias sociales*. Buenos Aires: Biblios.

Taller de Estudios Laborales(TEL). 2011. *Informe tremestral de estadísticas laborales y económicas*. Buenos Aires, 12/2006, 1/2011. <www.tel.org.ar>

Torre, J. C. 1999. "Los desafíos de la oposición en un gobierno peronista." en J. C. Torres et. al, *Entre el abismo y la ilusión. Peronismo, democracia y mercado*. Buenos Aires: Grupo Editorial Norma.

Vásquez, Melina. 2010. "Socialización política y activismo. Carreras de militancia política de jóvenes referentes de un movimiento de trabajadores desocupados." tesis de doctorado en Ciencias Sociales, Universidad de Buenos Aires(uba).

제 7 장

페론당과 키르치네르 정부

리카르도 시디카로

페론주의와 페론주의의 현재 정권 형태인 키르치네르주의(kirchinerismo)는 매우 양분화된 시각을 불러일으킨다. 아르헨티나의 외부에서 보기에도 수권정당의 이념으로 페론주의가 이렇듯 오랜 기간 유지될 수 있었다는 점은 수수께끼이다. 나는 이 논문에서 2010년 네스토르 키르치네르의 죽음 이후 형성된 독특한 정치 시기를 구성하고 있는 소위 '키르치네르적 페론주의'를 분석했다. 이를 위해서 정치의 위기와 1940년대 후안 페론에 의해 만들어진 정당의 특별한 형태 그리고 최근 정치 상황들의 상관성을 고찰해 보았다.

리카르도 시디카로 Ricardo Sidicaro 사회학자. 아르헨티나 국립과학기술위원회(el Consejo Nacional de Investigaciones Científicas y Técnicas-Conicet)와 지노 제르마니 연구소(el Instituto Gino Germani)의 연구원이며 부에노스아이레스대학교(Universidad de Buenos Aires)의 사회과학대 교수이다.

* 이 글은 ≪Nueva Sociedad≫ 234호(2011년 7~8월호)에 실린 글을 옮긴 것이다.

페론당과 키르치네르 정권의 연관성을 설명하는 것은 너무나 복잡하기 때문에 현대 아르헨티나의 사회 연구자들은 상당한 혼란에 빠져 있다. 이 짧은 분석을 통해 우리는 사회학적인 관점에서 사회주체 간의 관계를 분석하고자 한다. 이 과정에서 우리는 당사자로서 스스로가 관여된 과정을 분석하면서 느끼는 분노 혹은 감정들이 가져올 위험성을 부정하지는 않는다. 페론당(혹은 정의당)은 그 우발적인 역사와 조직의 형태로 인해 항상 사회과학자들의 분석의 대상이 되어왔으며, 관련 연구는 늘 진행 중이다. 반면 최근 2번 연속으로 정권을 잡은 키르치네르 정부에 대한 분석은 난관에 부딪혀 있는데, 이는 시기적으로 너무 가까운 정권이기 때문이라기보다는 무엇보다도 이 정부를 둘러싼 의견들이 매우 다양하며 동시에 격렬하기 때문이다.

관련된 각 사회주체들에 대한 고려와는 별개로 이 논문을 통해서 파악하고자 하는 바는 각 사회주체들이 형성하는 관계, 그 관계들의 변화 및 고착화이며 이를 통해서 사회주체들의 행위가 갖는 의미를 이해할 수 있을 것으로 기대한다. 이른바 정치공간(el campu político)의 해체라는 이론적·실증적 현상은 각 사회주체를 개념화하는 동시에 그들의 관계를 이해함으로써만 가능한 작업이기 때문이다.

1. 정치공간의 해체

2001년 경제위기가 발발했을 때, 1983년 민주화 이후 가장 강력한 두 정치세력을 형성했던 페론당과 급진당(la Unión Cívica Radical: UCR 이하 급진당)은 그들이 가장 두각을 나타낼 수도 있었던 그 중대한 시기에 모두 창백하게 얼어붙어 버렸다. 두 당은 모두 신자유주의 재정

감축이라는 정책을 주도했으며, 곧 이 정책을 스스로 포기했던 경험을 갖고 있다. 페론당뿐 아니라 급진당도 2003년 선거에서 당의 분열을 경험했다. 당시 대통령이던 에두아르도 두알데는 권력을 이용해 페론당 내 세 당파가 중앙정부를 장악하기 위해서 경쟁을 할 수 있는 공간을 여는 규칙을 만들었다.[1] 후안 페론에 의해 1940년대 중반 창당된 정당-국가는 1960년대 다양한 자발적 목표와 세력들이 공존하는 강력한 사회정치운동으로 진화했다. 이후 1990년대에는 페론당은 전국적 조직이지만 이념적 지향점 없이 주(州) 단위의 페론당들이 모인 연합체가 되었다.

급진당의 경우 더욱 강력한 요구를 개진하는 유권자들과 결부되었기에 더욱 큰 어려움에 봉착했고 이후 1983~1989년 당시 대통령이었던 라울 알폰신의 국정 철학인 알폰신주의(alfonsinismo)가 절정에 도달하기는 했으나, 이후 군사정권(1976~1983)하에서 누적되었던 제도적·사회적·경제적 요구에 부응하지 못하면서 약화되기 시작했다. 당의 구조와 조직을 근대화하지 못한 급진당 역시 지방 정당 조직의 성장을 경험하게 된다. 사실 페론당과 급진당은 모두 사회적 대표성을 담보해주는 연결고리들을 잃어버렸고, 스스로 정치를 해야 할 상황과 배경에 대한 아이디어나 논쟁의 생산을 중단하게 된다. 그 결과 몇몇 극단적인 주장에 의하면 국가를 경영함에 소위 싱크탱크에 의해서 결정된, 각 당의 이념적 전통에서 벗어난 경제정책이 추진되었다. 따라서 2001년에 일어난 일련의 사건들은 그동안 누적되었던 위기의 표출이며, 이러한 위기 중 정치시스템의 위기가 가장 강력하다고 하겠다. 그 결과 국가경제는

---

1) 이러한 노력은 당시 산타크루즈의 주지사였던 네스토르 키르치네르, 전 대통령이었던 카를로스 메넴, 그리고 산루이스의 주지사이자 2001년 경제위기 기간 중 며칠 동안 대통령직을 수행했던 아돌포 로드리게스 사아 파에스 몬테로(Adolfo Rodríguez Saá Páez Montero)에 의해 주도되었다.

1년 만에 회복되었고, 임금과 실업률은 3년 만에 경제위기 이전의 수준으로 회복되었다고는 하나, 사회의 붕괴를 만회하기 위해 취해진 조치들은 가장 파괴적인 결과를 가져왔다.

이처럼 2001년 경제위기와 함께 시작된 아르헨티나의 2000년대는 피에르 부르디외(Pierre Bourdieu)가 말했던 정치공간에서 전국 단위의 정당조직이 해체되는 경향이 더욱 심화되는 경험을 했다. 또한 아르헨티나 사회는 정치 대표자들에 대한 상당한 불신을 표출하기 시작했다. 만약 현 민주주의 체제에서 사회를 구성하고 있는 다양한 부문들이 형성하는 정치공간에서 각각의 사회주체들이 일정한 수준의 자율성을 갖는 것이 일반적인 현상이라면, 반대로 스스로의 이익에만 몰두하는 정치계급에 대한 반작용으로 생겨난, 2001~2002년 아르헨티나에서 나타난 것과 같은 강력한 사회운동은 흔한 일은 아니다.

부침이 많았던 대의제도의 역사를 통해서도 1983년 시작된 민주주의의 재건이 쉽지 않으리라는 것을 예견할 수 있었다. 정치 지도자뿐 아니라 시민들마저 최소한의 민주적인 경험이 부족한 상황이었다. 갓 생성된 정치공간에 주체들은 마치 마술처럼 이전의 세월 동안 생성된 아비투스(habitus) 혹은 고착화된 시스템을 지워버릴 수는 없었고, 사회적 주체들은 각자의 작은 모임에서 진정으로 사회를 대변하지 못했다. 매우 적은 수의 정치 지도자들만이 민주적인 공존을 사회화할 수 있는 엘리트 코스를 경험했고, 단 한 개의 정당이 모든 사회를 대표할 수 있으리라는 생각은 사라지지 않았다. 반면 사회에는 독재의 반대 개념으로 민주주의를 이해하는 경향이 지배적이었던 반면, 정치적 참여에 대한 요구는 결여되어 있었다. 아마도 새로운 군사쿠데타에 대한 거부가 정치계급의 중심부와 좀 더 폭넓은 사회[2)]가 공유하는 유일한 목표였다.

국가역량(정치적, 관료주의적, 기술적 그리고 경제적)의 약화는 국가가 직면한 다양한 문제들을 해결할 수 있는 조건을 악화시켰으며, 이러한 국가의 약화는 신자유주의 정책의 추진으로 더욱 심화되었다. 그 결과 역설적이게도 시민사회의 요구가 강화되었고, 동시에 경제 및 교육에서 근대화를 이룬 지역과 그렇지 못한 지역 간의 격차가 늘어났다. 또한, 세계화와 함께 사회의 원자화도 가속화되었으며, 복지가 개선되리라는 기대는 좌절되었고, 국내 기업이 다국적 기업으로 대체되는 결과를 모두 한꺼번에 경험하게 되었다. 이처럼 민주주의의 재건을 시작한 지 20년이 채 되지 않은 상황에서 공권력의 정당성은 갈수록 도전받게 되었고, 그 결과 '모두 꺼져라'라는 구호를 외치는 분노한 개인들이 정치계급 전반을 부정하는 진정한 의미의 반란이 일어났다. 그전에는 민중의 이름으로 개인의 불만을 공동의 저항으로 표출하는 시민운동으로부터 정치계급 전반이 '타자화'된 적은 없었다. 그러한 시민운동이 일어난 지 10년이 지난 오늘날도 여전히 최소한의 정상적인 기능을 하는 정치의 장이 형성되지 못했다는 것은 아마도 이때 형성된 타자화 및 해체가 얼마나 심각한 수준이었는지를 보여주는 증거이다.

민주주의 회복기와 2001~2001년 사이에 시민사회가 정당과 국가기관에 대해 갖고 있었던 불신의 수준은 이 시기에 행해진 여론조사에 의해 여러 차례 보고되었다. 1984년 여론조사 응답자의 73%가 의회를 신임한다고 응답한 반면, 2002년에는 오직 7%만이 의회를 신임한다고 답변했다. 정당들에 대한 평가는 1987년에 시작되었는데 약 38%의 응답자들이 정당을 신뢰한다고 답변했던 반면, 2002년에 같은 대답을 한 응답자는 겨우 4%에 불과했다(Gallup, 2007). 아르헨티나의 정당과 공공기관의 정당성에 대한 다른 연구들에서도 정당 정치인들과 정부

2) 이와 관련해서는 Bourdieu(2000a)을 참조.

관료들이 일반적으로 부정부패를 저지르고 이에 대해 처벌을 받지 않는다고 생각하는 여론을 소개하고 있다. 1990년대 초부터 미디어에 소개되는 부정부패의 사례는 급증했으며 이는 특히 반페론주의자들에 의해 제기되었다. 이런 부정부패 고발이 모두 사실은 아닐지라도 이러한 잦은 고발 뒤에는 정부의 지위를 이용한 치부라는 현상보다 더욱 중요한 문제가 존재한다. 즉, 민주 체제하에서 부정부패가 처벌받지 않는다는 것이다. 이는 법이 정한 의무를 다하지 않는 행위가 존재한다는 것을 뜻하며, 시민들 간에 평등이 존재하지 않는다는 의미이다. 군사정권하에서 저질러진 범죄에 대한 처벌의 부재로 정당 지도자들의 정당성이 타격을 입었다면,[3] 이후 일어난 부정부패 사건들로 그 정치지도자들의 정당성은 더욱 심하게 무너졌다. 개인 혹은 집단에 의해서 법이 무시될 수 있다는 생각은 공권력의 기반을 무너뜨렸으며, 새로운 부정부패에 대한 고발이 더욱 많아지고 동시에 그런 고발들이 모두 그럴싸하게 보이는 결과를 가져왔다.[4]

아르헨티나 가톨릭대학의 아르헨티나의 사회부채옵저버(el Observatorio de la Deuda Social Argentina)의 연구에 따르면, 키르치네르 정부와 크리스티나 페르난데스 정부 초기 2년 동안 정당을 신뢰한다는 인구는 2004년 2.1%에서 2009년 6.7%로 약간 증가했으나 여전히 낮은 수치는 정치인들에 대한 불신이 상당하다는 것을 보여주고 있다. 하지만 정당에 대한 완벽한 거부가 줄어들고 — 정당에 대해 어떠한 신뢰도 없다는 응답자는 2004

3) 특히 급진당 라울 리카르도 알폰신 정부하에서 제정된 「명령복종법(Ley de Obediencia Debida)」 및 「최종판결법(Ley de Punto Final)」과 페론주의자였던 카를로스 메넴 정부가 단행한 사면들이 그 예이다.

4) 아르헨티나의 부정부패에 대한 인식과 관련해서는 해당 기간 동안에 발간된 라틴바로미터(Informes Latinobarómetro)를 참고했다.

년 75%에서 2009년 54%로 줄어들었다 — 정당에 대한 약간 혹은 다소의 신뢰를 표시한 응답자들의 수가 늘어났다는 점이 눈에 띈다(2004년 23%, 2009년 40%). 발표된 자료를 통해서는 각각의 응답자들이 지지하는 정당의 분포를 알 수는 없다. 하지만 여당과 야당 지지자들의 정당에 대한 신뢰가 모두 개선되었다고 볼 수 있다(el Observatorio de la Deuda Social Argentina, 2010: 228~230).[5)]

2. 페론당

페론당은 다양한 각도에서 연구되어왔으나, 특히 논란의 대상이 되는 것은 페론당의 이념과 정당조직이다. 페론당이 아르헨티나 학계와 해외 연구자들에게 던져준 다양한 학문적 논쟁을 모두 다룰 수는 없지만, 페론당이 좌-중도-우로 연결되는 이념의 매트릭스에서 어느 곳에 위치하느냐가 아마도 가장 격렬한 논쟁의 대상이라고 말할 수 있을 것이다. 주관의 개입이 논쟁의 객관성을 확보하는 데 도움을 주지는 못하지만, 페론당의 정체성과 역사에 대한 다양한 대안적 해석을 제공하는 수많은 페론당 대변인들이 이 사안에 대해 영향력을 행사하지 않은 적은 없다.

---

5) 자료는 다목적의 종단연구 인식조사에 기반을 둔 것으로 부에노스아이레스 및 그 인근 지역과 그란 코르도바(Gran Cordoba), 그란 로사리오(Gran Rosario), 그란 살타(Gran Salta), 그란 레시스텐시아(Gran Resistencia), 그란 멘도사(Gran Mendoza), 파라나(Paraná), 바이아 블랑카(Bahía Blanca)와 네우켄(Neuquén) 지역의 18세 이상 주민 2,500명을 대상으로 했다. 이 인식조사의 표본은 무작위로 추출되었다.

페론당이 국내 정치에 나타났을 시기에 사회과학계에서는 시민사회의 주체들에 대한 분석이 유행하고 있었다. 페론당의 기원, 원인들에 대한 집착은 노동자들이 산업화와 함께 역사의 발전 단계에서 일어날 것이라 예견되었던 것처럼 좌파세력을 지지하기보다는 군부 출신의 지도자/카우디요(지역 토호)를 추종했던 원인들에 대한 의문을 반영한다. 동시에 산업자본가들이 정치에도 주인공으로 등장할 것이라는 예측 또한 강력했다.

동시에 페론당을 주창하던 이들이 나타났던 시기의 세계정세는 최초의 페론주의 연구자들로 하여금 이미 구세계에서는 사라지기 시작한 파시즘의 경험이 뒤늦게 페론당에 영향을 끼쳤다고 주장할 수 있는 근거를 주었다. 물론 페론당의 초창기에 당의 지지자들이 유럽의 전체주의에 동조하는 인물들을 지지하기도 했다. 하지만 동시에 사회민주주의의 이념과 정당에 관심을 표하기도 했다. 자유민주주의의 다원주의하에서의 사회민주주의를 지지하는 이들은 페론당 내에서 주류를 형성하지는 못했다. 하지만 교회의 사회적 책무에 대해 주창하는 이들도 여기에 포함되었는데, 이들은 현실에서 상당한 중요성을 갖는 집단이었다.

거대 이념에 덜 기댄 분석으로는 주로 페론당의 반대세력들에 의한 분석이 있다. 이들은 페론주의를 한 명의 지도자 혹은 선동가에 의해 만들어진 전형적인 라틴아메리카의 독재 형태라고 규정한다. 민주주의, 권위주의, 전체주의 중에서는 세이무어 마틴 립셋(Seymour Martin Lipset)이 페론주의를 좌파 전체주의라고 다소 자기모순적인 규정을 내렸는데, 이는 페론당이 노동자들의 지지에 기반을 두고 있기 때문이다. 이후 포퓰리즘이라는 개념이 페론당을 정의하기 위해 동원되었다. 하지만 페론당이 권력을 잃은 이후에도 그 세력이 유지되었다는 점 때문에 페론당에 포퓰리즘이라는 개념을 적용하는 것도 쉽지는 않았다.[6] 페론당을 규정하는 분류법은 1970년 카스트로주의를 표방하는 페론당 지지자들이 게릴라 그룹을 조직하면서 더욱 넓어질 수밖에 없었는데, 이들은 전체주의에 대한 지지를 숨기지 않았다. 1973년 페론당이 정권을 되찾자, 아르헨티나는 소위 비동맹 그룹으로부터 탈퇴하고 쿠바에 대한 경제봉쇄를 중단했으며, 공산주의 국가들과의 경제관계를 강화했다. 한편, 내부적으로는 거대 다국적기업에 불리한 정책들을 추진했고, 이러한 정책들로 인해 페론당은 당시의 제3세계운동 범주 안에 포함될 수도 있다. 하지만 이듬해 페론이 죽자, 진정한 권력 계승전이 시작되었고, 페론의 부인인 마리아 에스텔라 마르티네스에 의해 주도된 나약한 정부는 1976년 군사쿠데타를 맞이해 무너지고 말았다. 군부는 페론당을 억압하겠다는 의도를 전혀 숨기지 않았고, 페론당을 지지하는 정치 및 노동 부문에서도 군부에 협조하려는 세력과 군사독재를 비판해서 결국에는 실종당한 이들이 공존했다.

이 모든 과정에는 대가가 있었다. 1983년 민주주의로 복귀하면서 치러진 대통령 선거에서 페론당은 패배했다. 페론이 없는 상황에서 페론당을 상징하던 정치적 이질성은 공식적으로 페론당의 한 부분이 되었다. 야당으로서의 상황은 당의 분열을 더욱 가속화했고, 특히 한때 강력했던 페론주의 노동운동도 탈산업화와 군부로부터 물려받은 경제위기 덕분에 약화되었다. 각 주 및 시의 이해를 대변하는 지역지도자들은 페론당의 지역 분당인 듯 행동했으나, 이들 간의 어떠한 연결 고리도

6) 1955년 권력을 잃은 이후에도 페론당은 노조들의 지지를 유지했을 뿐 아니라, 이전에 페론당에 적대적이었던 중산층 및 기업가들의 지지까지 획득했다. 1970년 초에 이르러서는 페론당 안에 때로는 적대적인 다양한 사회의 세력들의 어렵사리 공존하기 시작한다.

없었다. 한편, 중앙정치의 무대에서는 귀족 엘리트들이 소위 '개혁적인 페론주의'를 만들어내는 데 어느 정도 성공했다. 이들의 목표는 1983년 페론당을 지지하지 않았던 유권자들이 신뢰할 만하며 민주주의적인 정당을 건설하는 것이다.

페론당 개혁의 지도자들 중 한 명이 카를로스 메넴이다. 그는 1989년 대통령 후보로 나서며 산업주의 및 소득 재분배 프로그램으로 복귀할 것을 약속했으나, 선거에 승리한 이후 큰 이념적 변화를 일으키며 워싱턴 컨센서스의 신봉자로 변신했다. 이러한 완벽한 프로그램의 변경에도 불구하고 거의 모든 페론당의 지도부는 강력한 반론을 제기하지 않았고, 페론이 설립한 정치세력은 거의 10여 년 동안 세계 금융자본의 하수인으로서의 역할을 충실히 이행했다. 페론당의 정치 지도자들이 신자유주의를 그들의 이념으로 받아들였다는 증거는 없다. 그러나 그들의 메넴식 개혁에 대한 지지는 아르헨티나 정치공간이 해체되었다는 또 하나의 증거일 뿐이며, 그 결과 참여자들의 신뢰를 상실했다는 것을 뜻한다.

미셸 오페를레(Michel Offerlé)가 주장했듯이, "정당들이 보여주는 일치단결의 이면에는 항상 '정당이라는 추상적인 실체를 상당히 독특한 방법으로 사용하는 개인들 간의 엄청난 상호작용이 숨어 있다"(Offerlé, 2004: 138). 따라서 페론당의 정치 지도자들이 선택할 수 있었던 다양한 기회와 그들의 전폭적이고 일관된 지지의 원인을 분리해서 사고할 필요가 있다. 페론당에 소속된 정치 지도자들의 동기 및 목적들이 어떻게 수정되어갔는가에 대해서는 두알데가 매우 적절하게 설명했다.

> 나는 1974년에 (정치에 몸담기) 시작했다. 나는 그때 정치에 입문한 사람들의 30% 정도는 스스로를 구제하려고 입문했다고 생각한다. 그리고 나머

지 70%는 이 세계를 구원하려고 정치에 입문했다. 하지만 시간이 지나면서 비율이 변하기 시작했다. 특히 이타적인 이유로 정치에 입문한 사람들의 비율인 70%가 변하기 시작했다. 독재가 끝날 무렵, 아르헨티나 민중의 전반적인 도덕성은 상당히 추락했다. 무엇보다도 나는 정치 지도자들 사이에서 보이는 그러한 경향을 강력히 경고했다. 왜냐하면 그 당시 정치 지도자들의 유일한 고민은 어떻게 하면 초봉을 높여서 월급을 더 받을까 하는 것이었기 때문이다.[7]

이런 이유에서 두알데에게 그의 정부에서 그리고 이후에는 네스토르 키르치네르의 정부에서 모든 주요 요직을 맡았던 정치가들이 메넴을 지지했으며 신자유주의에 대한 적극적인 반론을 개진하지 않았다는 사실은 놀랄 일이 아니었다. 페론당의 지지자들을 이해하기 위해서는, 2000년 구술역사가인 다니엘 제임스(Daniel James)가 부에노스아이레스 근교에 있는 베리소 시에서 일어난 일에 대해 설명한 것을 들어볼 필요가 있다. 그 지역에서는 페론당에 대한 노동자들의 지지가 매우 높았으며, 1990년대 신자유주의의 결과물인 높은 실업률로 인해 지역 주민은 매우 고통을 받고 있었다. 그럼에도 불구하고,

1989년과 1995년 카를로스 메넴은 대선에서 이 지역의 압도적인 지지를 얻었다. …… 약 1만 5,000명에 달하는 베리소 시민들은 페론당에 소속되어 있었다. 최근 당내 선거에서 약 1만여 명이 투표했다. …… 지역 노동조합은 이미 예전에 문을 닫았다. 실업률은 거의 30%에 달한다. 많은 베리소 시민들

7) 에두아르도 두알데가 호르헤 폰테베치아(Jorge Fontevecchia)와 한 인터뷰 중에서 (Duhalde, 2010: 366).

은 오늘날 비정규직에 종사하고 있다. 사실상 지역 페론당 자체가 이러한 변화를 보여준다. 페론당의 결정들이 이제 상당 부분 지역 유지들에 의해서 결정된다. 이들은 의사, 변호사, 기술자, 중소상인이거나 혹은 육류산업에 종사하는 노동자들의 자손들이다. 1983년부터, 도시의 주요 지도자들은 모두 페론당의 일반 구성원들이 아니었다(James, 2004: 33).

정치 지도자들이 처한 상황과 일반 유권자들이 처한 상황은 분명히 다르다. 하지만 과거에 관해서는 이 둘을 서로 상이하게 만드는 정치적인 담론이 매우 효과적이어서 이미 서서히 탈정치화되어 가는 정치공간에서 복지정책을 지지하는 유권자들의 단결을 유지할 수 있었다.

거의 모든 국면에서 소위 '페론당'이라고 불리는 정당의 변화를 목격할 수 있다. 이 정당은 단 한 번도 자유민주주의 정당의 모델을 따른 적이 없었다. 창립 초기에는 선거용 도구일 뿐이었으며, 1955~1973년에는 정치 지형에서 추방된 정당이었다. 군사독재 시기에는 얼어붙은 사회운동이었으며, 이후 민주화와 함께 노동부문에 의해 주도되는 정당이었다. 하지만, 노동부문의 투쟁은 오로지 부분적으로만 성공을 거두었으며, 주 혹은 시 단위의 정당들과 함께 메넴주의와 신자유주의하에서 역사의 기억 속에서 하나로 통합되었을 뿐이다. 이때부터 페론당이 조직되는 방법은 베버가 주창한 '사회'의 형성 방식과 일치했다. 막스 베버(Max Weber)는 경제와 사회에서 사회라는 개념을 다음과 같이 정의했다. "사회란, 합리적인 목적을 가지고 각자의 이해 실현을 추구하거나 혹은 같은 목표와 동일한 이해관계를 추구하는 사회 행위들이 실현되는 상호작용이다"(Weber, 1999: 33).[8] 베버에게 시장이란 특정한

8) 베버는 사회에서 일어나는 상호작용과 전통사회(comunidad)에서 일어나는 상호

사회적 행동 양식이며, 시장에 참여하는 주체들은 다른 주체들과 서로 겨루며 개인의 이익을 극대화하기 위해 상품 교환에 참여한다.

3. 키르치네르주의

키르치네르주의이란 2003년부터 2011년까지의 아르헨티나에서 나타난 통치 형태를 이르는 말이기도 하지만, 동시에 네스토르 키르치네르와 그의 후계자인 크리스티나 페르난데스를 지지하는 정치부문과 다양한 사상들의 이질적인 결합체를 의미하기도 한다. 아르헨티나에서 누군가의 성을 가지고 만드는 이러한 신조어들은 분명한 실용주의적 원칙 없이 한 개인 혹은 그 개인이 상징하는 바를 지지하는 집단 혹은 정파를 지칭하기 위해 사용되어왔다.

아르헨티나의 경우, 정치공간이 겪는 해체 및 파편화로 규정되는 오늘날의 현실 속에서 페론주의가 제공하는 바가 일반화되는 것은 놀라운 일이 아니다. 다른 시기에 정치 지도자는 정치 프로그램(혹은 정책)을 통해 스스로를 부각시켰으나, 오늘날처럼 파편화된 정치 현실에서 지도자 자체가 곧 프로그램의 역할을 하고 있다. 키르치네르는 2003년 총선에서 페론당 내 3개 정파가 결합된 작은 그룹에서 배출한 대통령 후보였다. 그리고 그는 항상 페론주의를 극복하겠다는 그의 의사를 숨기지 않았다. 산타크루스의 작은 지역 페론당의 위원장이었던 키르

작용은 서로 다르다고 주장했다. 즉, 전통사회에서 일어나는 상호작용은 사랑이나 전통과 같은 주관적인 감정에 의해 결정되며 이러한 관계에 참여하는 당사자들은 상호 간의 상당한 양보와 협조에 기반을 둔 단체에 소속되어 있다.

치네르는 페론당 중앙당에서는 물론 페론당의 분자화된 조직구조 안에서도 중요한 역할을 담당하지 못했다. 페론당에 대한 그의 비판은 오해의 여지가 없다. 2003년에 사회학자인 토르쿠아토 디 텔라(Torcuato Di Tella)와의 대담을 책으로 엮어 발간했는데, 이 책에서 그는 페론 정당을 "아이디어도 없이 내용이 고갈되어버린 정당"(Kirchner y Tella, 2003: 131)이라고 표현했다.

> 지역정당들의 거대한 결합체가 매우 협소한 지역적인 지도부와 결합되어 있다. …… 당 내부 소통의 부재는 데라루아 정권이 무너지고 정의당(페론당)이 정권을 책임져야 했을 때 더욱 두드러졌다. 정의당 내에 유일하게 존재하던 것은 정의당(페론당)이라는 공통점뿐이었다. 왜냐하면, 당 내부에 공공연히 반대되거나 혹은 서로 배타적인 정파들이 존재했기 때문이라고 말할 수 있다(Kirchner y Tella, 2003: 126).

부르디외의 사회학적인 개념에 따르면, 키르치네르는 '이단자'의 담론을 사용하고 있다고 말할 수 있다. 이단자는 스스로를 정치공간의 외부에 존재하는 것으로 설정함으로써 주류 세력의 과오로부터 자유로울 수 있으며 동시에 이러한 담론을 통해 정치공간을 접수할 수 있는 아이디어 및 아이디어 세력들을 만들 수 있다(Bourdieu, 2000a: 68). 부르디외가 설명한 바처럼, 이단자 혹은 비정통적인 접근은 일반적으로 위기가 도래했을 때 단결하며, "주류세력을 더 이상 침묵하지 못하게 하고, 정통적인 생각을 갖고 있는 사람들이 수세적인 담론에 빠져들게 만드는데, 이러한 담론들은 우파 혹은 보수적인 성향을 띠게 된다. 그 이유는 주류세력들은 이전의 '침묵'으로 회귀하고 싶어 하기 때문이다"(Bourdieu, 2000b: 114). 키르치네르주의의 핵심 추종자들에 의해 사용된 이단아 전략이 갖는 독특하고 흥미로운 특징은, 초기 정통파 혹은 주류세력의 대응 혹은 조직의 수직적 구조를 존중하라는 경고를 전혀 듣지 않았다는 것이다. 그뿐만 아니라 페론당 주류들의 키르치네르주의에 대한 비판도 없었다. 이러한 침묵은 당시 페론당이 처해 있던 위기의 강도를 반증하는 것이다. 키르치네르의 2002년 아르헨티나 정치의 장에 대한 규정은 매우 분명하다.

> 이미 우리가 알고 있던 양당제는 무너졌다. 급진당은 더 이상 집권당이 아니며 다시 집권을 하기 위해서는, 만약 그렇게 할 수 있다 하더라도, 매우 많은 시간이 필요할 것이다. 최근 10년 동안 정의당은 당내 자유주의적 신보수주의와 결탁해왔다. …… 나는 당내에 매우 큰 조직과 많은 돈거래가 있었다는 것을 알고 있으며, 이를 '후견주의(clientelism)'이라고 볼 수 있다. 이들에게는 더 이상 정책이나 정책 프로그램들이 중요하지 않다. 오늘날 페론당은 그동안 대변하던 세력을 더 이상 대변하지 않는다. 그저 그들을 이용할 뿐이다. 당내에 마피아가 존재하며, 이들은 나의 활동을 방해할 목적으로 부에노스아이레스 주의 정당조직을 압박한다. 더 이상 페론당 내에는 풀뿌리 정당원들이 존재하지 않는다. 오로지 관리인과 고객만 존재할 뿐이다.[9]

정당들의 전국적인 장악력의 약화는 주 단위 혹은 시 단위의 조직들이 자율성을 갖고 지역의 이해를 수호하고 나섰다는 것으로 더욱 분명해진다. 그 결과 지역의 지도자들 혹은 지방 관료들의 주도권 및 이들의 정치-행정에서의 역할도 강화되었다. 이러한 분위기 속에서, 지방정부 혹은 시 정부에 대한 지지는 그들이 얼마나 중앙정부로부터 지역의

9) 네스토르 키르치네르와의 인터뷰, *Página 12*, 23/6/2002, pp.12~13.

요구를 현실화시킬 수 있는 예산을 확보해내느냐와 직결된다. 2000~2001년 급진당이 주도한 거대 정치 연합이 정국을 장악하고 있던 시점에 지방의 페론당 지도부들은 국가 예산을 요구하기 어려웠다. 하지만 2001년 말, 사회, 정치, 경제 및 제도의 붕괴를 경험하면서 상황은 변했다. 데라루아 대통령의 사임으로 제도의 정상화를 진두지휘할 새로운 지도자의 배출하기 위한, 그리고 이후 2003년 대선후보의 선정을 위한 페론당 내의 당파 간 경쟁이 본격화되었다.

그 당시 페론당에서 가장 강력한 정치 지도자는 두알데였고 그 결과 두알데가 이행기를 책임지게 되었으며, 이후 그의 지지도는 1차 경선에서 불과 22%의 지지를 얻은 키르치네르의 그것보다 강력했다. 결선에서 그의 강력한 라이벌이었던 메넴은 승리할 가능성이 전혀 없다는 판단하에 사퇴했다. 이렇듯 정당성이 결여된 상태에서 키르치네르 정부가 들어섰으며, 이후 8년 동안 주요 정치적 결정에 대한 주도권을 장악했다. 아르헨티나 각 정치제도의 현실에 대해서 키르치네르는 대통령 취임연설에서 다음과 같이 주장했다.

> 한 사회로서 (아르헨티나는) 너무나 오랫동안 제대로 된 상벌제도를 갖추지 못하고 있었다. 사법제도, 조세제도, 경제제도, 정치제도 심지어는 언론제도 내에도 아르헨티나는 잘못을 벌하지 않는 소위 사면권이 존재한다. 우리나라에서 법을 지키는 것은 더 이상 가치 있는 행위도 사회적 존경을 받는 행위도 아니다(「대통령 취임 연설」, 2003.5.25).

이러한 사회제도의 정당성 결여는 키르치네르 정부에게 상당한 권력을 부여하는 자산으로 작용했다. 즉, 각종 사회제도의 위기는 대통령의 통치 행위의 범위를 넓힐 기회를 제공했으며, 특히 대통령이 동맹을 맺고자 하는 세력들에 지지의 대가로 제시할 수 있는 정책의 수립 또한 쉽게 만들었다. 이를 통해, 키르치네르 정부는 지방의 페론 정당들과의 연대를 강화했을 뿐 아니라, 급진당의 당적을 가지고 주지사 혹은 시장으로 당선된 이들과의 관계 또한 개선할 수 있었다. 제도적 규범이 약화되고 정치공간이 분절화된 상황에서 키르치네르의 리더십은 정치의 핵심이 되었다. 만연한 사회의 원자화가 카리스마적 지도자의 출현을 가져오는 뜨거운 사회적 열망의 직접적 원인이라고까지 볼 수는 없겠지만, 최소한 키르치네르는 이러한 상황 속에서 매우 빨리 높은 지지율을 기록할 수 있었으며, 정당에 구애받지 않는 지도자로서 스스로를 각인시키면서 페론당에 적대적인 개인 및 집단들과의 연대를 강화시킬 수 있었다.

4. 키르치네르 정부와 이질적인 지지세력

최근 일어난 사회, 경제 그리고 사회제도의 붕괴는 서로 다른 요구를 가진 다양한 집단들에 의해 구성된 새로운 정부를 선호하는 여론을 형성했다. 이러한 조건 속에서 지지세력 간의 소위 '콜로이드 서스펜션'이라는 것이 이루어졌다. 즉, 콜로이드 서스펜션이란 화학적인 용어로 액체물질 안에 고체 분자들이 서로 유기적으로 결합하지 않고 떠다니는 상태를 의미한다. 키르치네르 정부의 경우 '콜로이드 서스펜션'은 다음과 같은 그룹들로 이루어졌다.

- **인권운동 조직들**: 이들은 군사독재하에 일어난 범죄들에 대한 군부의 책임을 물어, 이들을 처벌할 것을 요구했다.

- 사회저항 조직들: 사회적 배제(social exclusion)와 실업의 타파를 주장했다.
- 노동조직들: 이들은 고용구조의 보장과 임금 인상을 요구했다.
- 기업조직들: 기존의 경제정책의 유지를 선호했다.
- 위기에 처한 정당의 지도자들
- 지역 페론당들: 정부 여당에 대한 반대 입장을 견지하던 아돌포 로드리게스 사아가 주지사로 있던 산루이스 주를 제외한 나머지 주들

이들 각각의 세력들은 키르치네르 정부의 사회적 정당성 확보에 다양한 방법으로 기여했다. 인권운동 조직들의 경우 키르치네르의 즉각적인 정책에 대한 지지를 보여주었다. 사회저항조직들은 대규모 군중집회를 통해 키르치네르 정부를 지지했다. 기업가들은 민중세력의 주장에 대해 우호적인 여론을 형성했다. 위기를 겪고 있는 다양한 정당들은 다원주의를 지지하는 목소리를 냈고, 지역의 페론당들은 국회에서 그리고 선거에서 키르치네르에게 지지를 보냈다(Sidicaro, 2008~2009; Sidicaro, 2010: 249~272 참조). 일단 지역 페론당 연합의 지지가 확보되자, 정부는 이러한 지지가 두알데와의 관계를 끊을 수 있을 만큼 공고한 것이라고 결론지었다.

그 집권 초기부터, 키르치네르는 내부적으로는 분열되어 있고, 조직도 형성되어 있지 않으며 잘 알려진 지도자조차 존재하지 않는 진보주의 연합 혹은 중도좌파 연합의 지지를 이끌어냈다. 구체적인 합의들을 이끌어내지는 못했지만, 이들 조직의 강화는 몇몇 정부의 주요 요직에 이들을 등용함으로써 이루어졌다. 일반적으로 키르치네르 정부의 고위 각료들은 진보동맹을 조직해낼 수 있는 다원적인 정당 혹은 전선을 구성하는 데 관심을 보였다. 하지만 이러한 관심은 키르치네르 정부하에서 구체화

되지 못했다. 조직의 구성에 대한 어떠한 구체적인 토론도 이루어지지 않았으며, 그 결과 키르치네리즘의 초당적 결합체의 실체는 서로 소통하지 않는 개인들의 총합으로, 그들의 유일한 공통점은 현 정부에 대한 지지와 전통적인 페론당에 대한 비판이었다. 이들이 보여준 현안에 대한 공통된 의견은 해외금융자본에 대한 불만, 국제금융기구의 아르헨티나에 대한 감시와 통제에 대한 비판, 그리고 베네수엘라, 볼리비아, 에콰도르, 칠레 그리고 브라질에서 현재 일어나고 있는 변화에 대한 동경 정도이다. 미주자유무역지대의 형성이라는 거대한 프로젝트하에서 추진되는 미국과의 자유무역 및 경제통합에 대한 거부 역시 진보진영들에게 환영받았던 정책이다. 정치적 자립의 증거였던 쿠바와 베네수엘라 방문은 상당한 상징적 효과를 가져왔다. 민영화된 몇몇 공공서비스를 회복하려는 정부의 노력과 해외금융회사들에 대한 원금 및 이자 동결은 신자유주의와는 동떨어진 새로운 정책을 추진하고자 하는 정부에 대한 긴장과 갈등을 조성했다.

2006년부터 소위 다자합의(Concertación Plural)이라고 불리는 시도가 정부를 지지하는 다양한 정당인들에게 일정 정도의 단결력을 제공하는 조직의 형성이 시작되었다는 신호로 받아들여졌으나, 이 조직은 참여 및 정치적 토의의 장으로서 형성된 것은 결코 아니었다. 2006년 중반, 키르치네르 대통령은 진보세력의 지지를 모아 정당을 구성하는 것이 얼마나 어려운 일인지에 대해 다음과 같이 밝혔다.

> 횡단적 정당이라는 개념은 언론에서 만든 개념이다. 이러한 개념은 이미 제대로 기능하고 있는 정당들이 있는 경우 활용될 수 있는 것이다. 하지만 아르헨티나에서는, 모두가 알고 있듯이, 정당들의 회복 자체에 오랜 기간이 필요하다.[10]

그리고 계속해서 키르치네르는 키르치네르 정부의 정책에 급진당이나 평등당(Afirmación para una República Igualitaria: ARI), 거대전선(el Frente Grande), 혹은 사회주의 및 그 주변 정당들이 참여하는 방식은 이들이 정부의 요직 혹은 프로그램에 참여하는 것이라고 설명한다. 여기서 주목할 점은 이념적인 의미와는 별개로 유권자의 지지를 담보해낼 수 있는 타 정당의 지도자들과의 연대를 확보하는 것이 정부의 일반적인 목표였다는 것이다.

민간인을 학살한 지난 독재세력에 대한 키르치네르 정부의 비판과 이와 관련한 정책들은 스스로를 진보주의자로 여기는 많은 이들의 지지를 얻었다.

키르치네르가 이러한 조치를 취했을 때 정부에 대한 여론의 신임도는 60%에 달했다. 이 여론조사에서 응답자들은 서로 다른 주제에 대해 다양한 의견을 나타냈으나, 정부의 시책에 대해서는 대체로 긍정적인 반응을 보였다. 민간인을 학살한 독재세력에 대한 키르치네르 정부의 비판과 이와 관련한 정책들은 스스로를 진보주의자로 여기는 많은 이들의 지지를 얻었다. 하지만 지방의 페론당 지지자들 및 노동조합 조직원들은 키르치네르의 군부에 대한 입장에 동의하지 않더라도 정부의 다른 정책들에 대해 만족했다.

정부 지지세력 내에서의 가치관의 차이 혹은 심지어는 가치관의 대립은 크리스티나 페르난데스 대통령하에서 승인된 동성애자 결혼 관련 법률과 관련한 논란 속에서 확연히 드러났다. 전통적인 가톨릭의 가치를 중시하는 몇몇 지역 문화 매체들은 가족을 형성할 권리에 관한 이러한 개혁에 대해 불만을 표시했고, 이러한 불만은 몇몇 페론당 주지사들

---

10) 마리오 와인필드(Mario Wainfeld) 등과의 인터뷰, *Página 12*, 21/5/2006.

과 이들이 관련된 의회 내에서 지지를 얻었다. 가장 악명 높은 경우는 산후안 주의 주지사인 호세 루이스 히오하(Jose Luis Gioja)이다. 그는 키르치네르주의를 지지함에도 불구하고, 이 개혁 법안에 대한 불만을 공식적으로 표명했을 뿐 아니라, 이 법에 반대하는 종교단체의 시위 조직에 가담했다.

5. 크리스티나 페르난데스 데 키르치네르의 시기

2007년 10월 28일 대선에서 크리스티나 페르난데스와 훌리오 코보스(Julio Cobos) 팀은 45%의 득표율을 기록하며 1차 선거에서 당선되었다(AAVV, 2007 참조). 이 결과는 중앙정부와 전국의 정치세력 간의, 실질적 내용은 없었던 명목상 합의의 다면성 덕분에 가능한 것이었다. 승리를 이끈 연합을 지지하는 표를 응집시키기 위해 기여했던 서로 다른 요인들을 규정해내는 것은 불가능한 일일 것이다. 정부 시책에 대한 우호적인 여론은 분명 매우 중요한 요인이다. 지방 페론당 정치 지도자들의 지지 역시 상당한 표로 연결되었다. 시민들이 갖고 있는 다양한 유권자들의 요구를 어떻게 담아냈는가를 이해하기 위해서는 산루이스 주의 사례를 살펴보는 것이 흥미롭다. 이 주는 앞에서 언급했다시피 페론당 주지사가 공공연히 키르치네르주의에 대해 비판적이며, 스스로 대통령 후보로 출마하기도 했는데, 이 지역에서 크리스티나 페르난데스 데 키르치네르는 12% 정도의 득표율에 그치고 말았다. 이 수치는 지역 페론당 정치 지도자들이 중앙정치에 끼치는 막대한 영향을 잘 보여주고 있다. 멘도사, 리오네그로, 그리고 카타마르카 주의 급진당 주지사들 역시 크리스티나 페르난데스의 대선 승리에 기여했는데, 이 지역의 주지사들은 부통령으로 출마한 코보스와 함께 소위 'K 급진주의자들(radicales K)'로 불리는 정파에 소속된 사람들이었다. 또한 여권 후보들이 아르헨티나의 가장 근대화된 지역에서 패배했다는 점도 눈에 띈다. 부에노스아이레스 시, 로사리오, 코르도바, 마르데라플라타, 라플라타 그리고 바이아블랑카와 같은 지역에서 여권 후보들은 패배한 반면, 상당한 표가 페론당의 주지사를 둔 지방에서 나왔다. 2007년 대선의 결과는 기존의 페론당 기반이 아닌 다른 지역에서의 지지를 이끌어내는 것이 매우 어렵다는 것을 보여주었다.

크리스티나 페르난데스 대통령의 임기 초에 불거진 농업부문의 시위는 전통적 페론주의 부문과 키르치네르 정부의 관계에 상당한 변화를 포함한 새로운 정치관계의 출현을 의미했다. 농산물 수출에 대한 세율 인상에 대한 반대에 동조한 것은 비단 농업부문만이 아니라 다양한 사회주체들이었고, 그 결과 이들의 시위는 농촌과는 멀리 떨어져 있으나 정부 시책에 불만을 갖고 있던 도심의 지지도 결집해낼 수 있었다. 국제시장에서 농산물 가격이 높게 형성되자 농업 생산자들은 더 큰 이윤을 낼 수 있게 되었고, 이에 대해 정부는 그 이윤의 한 부분을 공공예산으로 전환시킬 수 있으리라고 여겼다.

물론 크리스티나 페르난데스의 정부는 전 정부에 비해 더욱 강력한 정당성을 갖고 있다. 하지만 이 정부 역시 키르치네르 정권 초기에 호감을 표시하던 세력들을 냉소적으로 만든 객관적인 요인들에 대해 무지했다. 경제위기 및 침체로부터의 회복은 모든 경제주체들의 환심을 사기에 충분한 요소였다. 하지만 농산물에 대한 과세율 증가는 정부 여당이 지지를 확보하기 위해 국가 예산을 증액하려는 매우 편향적인 조치로 여겨지며 광범위한 반대여론이 형성되었고, 이 문제는 결국 상당히 정치화되어버렸다. 한편 키르치네르주의의 대변인들은 농업 세력의 저항을 무너뜨리는 것은 마치 페론주의자들과 중도좌파가 연합해 '지주계급'을 굴복시키는 정책인 양 행동했다. 그럼에도 중소농업인들의 조직화된 이미지가 언론을 통해 전파되었고, 이들은 건전한 노동관에 대해 설파함으로써 국민적 지지를 만들어내기 시작했다. 동시에 이들은 정부가 오히려 거대한 농업수출업자들과 담합하고 있다고 폭로했다(Adrían Murano, 2008; Barsky y Dávila, 2008 참조).

시위 초기부터 몇몇 지역의 페론주의 정치 지도자들은 다소 공공연히 (특히 콩에 집중된) 농산물 수출세의 인상에 반대했다. 한편 몇몇 페론주의 정파들과 좌파들은 아르헨티나 농업연맹(Federación Agraria Argentina)의 요구에 지지를 표시했는데, 이 조직은 역사적으로 소규모 농민들의 이해를 대변해왔다. 정부는 반면 '민중 대 지방토호'라는 오래된 이분법을 활용했다.

2008년 5월 키르치네르는 지방의 주지사들과 시장들의 현 정권에 대한 불안을 잠재우기 위해서, 특히 농업종사자들과의 갈등을 무마하기 위해 페론당 대표직을 수락했다. 정당회의에 주요 정당 지도자들 특히 농업 갈등의 핵심 지역인 코르도바 산타페, 부에노스아이레스와 엔트레 리오스 지역 지도자들이 불참하는 사태는 지역 페론당과 중앙정부의 관계가 악화되었음을 여실히 보여주었다. 이러한 사태는 페론당의 중앙조직 집행부를 거의 대부분 지방의 페론당 주지사들이 차지하고 있다는 점을 고려한다면 더욱 심각한 것이었다. 하지만 정부가 국회에 문제가 된 세금 인상안을 보냈을 때, 대부분의 야당 국회의원들과 몇몇 페론당 국회의원들은 이 법안에 반대했으며, 심지어는 부통령인 훌리오 코보스마저 반대의사를 분명히 했다. 이 사건으로 키르치네르주의에 대한 지지 기반의 붕괴는 더욱 분명해졌다.

크리스티나 페르난데스 정부하에서 처음으로 치러진 2009년 9월 총선은 키르치네르주의에 대한 심각한 정치적 타격을 의미했다. 정부·여당은 5개의 주요 선거구인 수도권 및 부에노스아이레스 시, 콜도바, 산타페 그리고 멘도사에서 모두 패배했다. 전국적으로는 시민사회협약(Acuerdo Cívico y Social)이라는 이름으로 출범한 야권연합이 정부여당보다 근소한 차이지만 우세를 기록했는데, 이들 야당연합의 주요 주장은 정부에 의해 자행되는 민주적인 제도에의 도전에 대한 비판이었다. 하지만 농촌과의 갈등으로 잃어버린 지지층뿐 아니라 선거에서 여당을 더욱 괴롭혔던 사건은 정부 여당 안에서 공공연하게 드러난 갈등과 이견들이었고, 정부 여당이 선거인구의 거의 1/3이 거주하는 부에노스아이레스 주에서 간신히 승리하는 결과를 낳았다. 게다가 더욱더 상징적인 것은 키르치네르가 국회의원 리스트에서 처음으로 패배한 후보가 된 사건이었다.

2009년 총선의 결과 키르치네르주의는 의회에서 과반 의석 확보에 실패했고, 야당들에 의해 주도되는 새로운 정치 지형이 형성되었다는 주장은 과장처럼 들리지 않았다. 그럼에도 처음에는 키르치네르주의에 우호적인 조건으로 작용했다가 이후 불리한 조건이 되어버린 정치의 장의 파편화는 스스로 정치적 대안 세력으로 성장하고자 하는 야당 정치인들에게 불리하게 작용했다. 야당 조직들이 안고 있는 낮은 조직화 수준, 그리고 그 결과 나타난 야당 정치가들의 개인주의적인 성향은 야당으로서의 단결된 즉각적 행동을 조직하는 데 장애가 되었다.

6. 결론을 대신하여: 키르치네르당이 출현할 것인가?

정당이 없는 정치 지도자의 정부는 2003년부터 2007년까지는 매우 효율적이었다. 하지만 키르치네르의 개인적 역량에 너무나 강력히 의존하고 있었기 때문에 그 후임자에게 권력이 안정적으로 이양되기는 어려운 정치 형태를 띨 수밖에 없었다. 물론 유일한 원인은 아니었겠으나, 전임 대통령이 여전히 국정을 좌지우지하고 있다는 생각은 크리스티나 페르난데스의 권위를 상당히 위축시켰다. 크리스티나 페르난데스의 인기 하락은 2011년 재선에 도전하지 않기로 하는 결정을 내리게 만들었으며, 2011년 대선 후보는 다시 네스토르 키르치네르가 될 것이라고 점쳐졌다. 하지만 네스토르 키르치네르 대통령의 죽음은 여당의 계획에 중대한 수정을 요구하는 사안이었을 뿐 아니라 그동안 지지하지 않았던 세력들마저 전임 대통령의 부인이자 현 대통령인 크리스티나 페르난데스를 지지하게 만들었다. 최근 발표한 논문(Sidiaro, 2010: 271)에서 주장했듯이, 그 인기에도 불구하고 키르치네르주의는 베버가 일찍이 주장했던 영웅적인 스토리를 만들어내거나 정부의 기원과 행동을 정당화시키는 투쟁을 상정할 만한 '권력의 전설'을 형성하지는 못했다. 메넴의 선거 사퇴는 키르치네르주의가 반신자유주의 민중의 대표가 될 수 있는 기회를 박탈했다. 외채의 삭감으로 인해 격파해야 할 강력한 적은 대중의 시야에서 사라졌다. 군사독재의 책임자들에 대한 재판은 1985년의 대단했던 광경을 다시 연출하지 못했고, 군부의 반항도 유도해내지 못했다. 이윤이 줄어드는 것을 목격한 해외기업들은 반제국주의의 승리라는 아이디어를 불러일으킬 만한 어떠한 행동도 하지 않았다. 결국 2008년에는 어떠한 '토호세력'도 무찌를 수 없었다. 특이할 만한 영웅적인 사건 없이 붕괴되어가던 키르치네르주의 키르치네르 전 대통령의 죽음으로 반전을 꾀하고 있는 듯하다. 국민 여론은 그의 죽음을 정치적 이상을 실현하기 위해 개인의 치른 엄청난 희생으로 받아들이고 있다. 크리스티나 페르난데스의 인기는 이러한 여론의 영향으로 높아졌으며, 분명 정책 결정을 내리는 이가 누구인가에 대한 의구심을 날려버렸다.

이 논문의 주제와 관련해서도 상당한 변화가 나타났다. 키르치네르 전 대통령이 담당하던 역할들은 키르치네르당의 부재를 만회하기 위한 것이었다. 또한 권위를 개인적으로 행사하던 그의 정치 스타일은 많은 지방의 페론당 젊은 지지자들에게 영향을 끼쳤고, 이는 대부분의 경우 이들을 감동시켜 지지를 유지하려는 계산된 행보로 여겨졌다. 키르치네르의 퇴임 이후, 그의 정책에 매료되었으며, 이념적 목표에 기반을 둔 그의 정치에 동의하는 많은 이들이 앞에서 언급했던 '클로이드 서스펜션'의 대중 지도자들이 되었다. 그들은 인권조직에서 가장 정치화된 구성원이 되었고, 저항하는 시민운동가 혹은 중도좌파의 운동가들이 되었으며, 문화계의 인사들이 되어 지방 페론당의 지도부가 중앙정치에 더욱 적극적으로 개입할 수 있는 순간이 멀지 않았다고 믿고 있다. 메넴주의의 종결을 통해 우리는 정의당 지도부 인사들의 유연성을 확인했다. 하지만 아무도 키르치네르 정권에서 그 유명한 실용주의가 변화하고 있다는 것을 감지하지 못했다. 위기의 정부가 갖고 있는 몇몇 권력과 유연한 자원들에 기반을 둔 키르치네르당의 출현은 그러한 단체의 출현을 예견하고 준비한 많은 이들에게 매우 적절한 기회를 제공한다.[11] 지방의 페론당 정치인들과 노조 지도자들이 키르치네르 이후의 국면을 준비하기 위한 노력을 경주할 것이 거의 확실시된다고 해도 지금 당장 눈에 띄는 변화는 대부분의 정치적 노력들이 크리스티나 페르난데스 대통령의 권력을 강화하기 위해 경주될 것이라는 점이다.

---

11) 이 시기의 국가기관에 대한 더 많은 정보를 얻기 위해서는 Hugo Quiroga(2010)을 참조.

정치의 장에서 실종되거나 파편화된 게임의 법칙, 이전에 공동으로 정치에 참여했던 주체들의 실종, 그리고 새로운 정치 지망생들을 좌절시키는 다양한 장애물들은 이 사회가 정당과 혹은 정당이 남겨놓은 것들과의 거리를 좁히지 못하는 데서 오는 어려움과 무관하지 않다. 그런 의미에서 개인의 카리스마에 기반을 둔 정치는 조직된 정당을 대체하기에는 매우 불안정하고 좋지 않은 대안이며, 그 결과는 이러한 개인주의적 정치를 추구했던 이들도 예측하지 못한 효과를 불러올 수 있다.[12] 이 모든 것은 아르헨티나에서 앞으로 펼쳐질 정치적 파노라마와 2011년 대선을 앞둔 정치주체들의 행동을 예측하기 어렵게 만든다. 사회 각 분야의 이해를 대변하는 정치로의 발전이 퇴보하고, 오로지 유권자들을 정치의 대상으로 공략하는 정치가 이를 대신한다면 분명 2011년의 정치 상황은 그동안 분석해온 아르헨티나의 정치 지형과 크게 다르지 않을 것이다. 아마도 우리가 차이를 기대할 수 있는 것은 이전에는 민주적 정치문화의 공고화를 경험하지 못한 세대들에 의해 정치가 이루어졌다면, 이제는 지방을 중심으로 대표성을 발현하는 장으로서의 정치를 주도적으로 경험해본 세대들이 정치 전반에 나설 것이라는 점이다. 아르헨티나의 극적인 과거가 오늘날 가져올 다양한 결과물들이 이러한 전망에 상당한 영향을 끼칠 것이다.

---

12) 칠레의 사례를 들어 마누엘 안토니오 가레통은 개인의 이해에 기반을 둔 정치행위의 문제점들을 지적한다. 또한 이러한 행위들은 어떠한 금전적인 대가를 바라지 않고 권력을 획득하기 위한, 그리고 정치적 특권을 얻기 위한 노력만을 기울이는 시점에서부터 이미 부패라고 규정한다. 이와 관련해서는 Garreton(2000: 58~64), 를 참조. 또한 Jaime Osorio(2006: 15~16)을 참조. <www.nuso.org/upload/articulos/3348_1.pdf.>

참고문헌

AAVV. 2007. "Elecciones 2007. Lecturas, escenarios y futuro." *Cuadernos de Argentina REciente*, No.5, Buenos Aires, 12.

Barsky, Osvaldo y Mabel Dávila. 2008. *La rebelión del campo. Historia del conflicto agrario argentino*. Buenos Aires: Sudamericana.

P. Bourdieu. 2000a. "Conférence: Le champ politique." *Propos sur le champ politique*, Lyon: Presses Universitaires de Lyon.

_______. 2000b. "Algunas propiedades de los campos." *Cuestiones de sociología*. Madrid: Istmo.

Duhalde, Eduardo en Jorge Fontevecchia. "Entrevista." *Reportajes 2*. Buenos Aires: Sudamericana.

Gallup. 2007. Estudio acerca del trabajo voluntario y la responsabilidad social empresaria, Argentina.

Garreton, M. A. 2000. *La sociedad en al que vivi(re)mos. Introducción sociológica al cambio de siglo*. Santiago e Chile: Lom.

James, D. 2004. *Doña María, Historia de vida, memoria e identidad política*. Buenos Aires: Manantial.

Murano, Adrían. 2008. *El agitador. Afredo de Angeli y la historia secreta de al rebelión chancarera*. Buenos Aires: Planeta.

Kirchner, Néstor y Torcuato Di Tella. 2003. *Después de; derrumbe. Teoría y práctica política en la Argentina que viene. Conversaciones Néstor Kirchner-Torcuato Di Tella*. Buenos Aires: Galerna.

Offerlé, Michel. 2004. *Los Partidos Políticos*. Santiago de Chile: Lom.

el Observatorio de la Deuda Social Argentina. 2010. *Barómetro de la Deuda Social Argentina*, No.6, Universidad Católica Argentina.

Osorio, Jaime. 2006. "La descomposición de la clase política latinoamericana: ¿el fin de un periodo?" *Nueva Sociedad*, No.203, 5-6.

Hugo Quiroga. 2010. *La República desolada. Los cambios políticos en la Argentina*

(2001~2009). Buenos Aires: Edhasa.

Sidicaro, R. 2008~2009. "Désarticulation du systéme politique argentin et kirchnerisme." en *Problèmes d' Amèrique Latine*, No.71.

_______. 2010. "Epílogo: después de Los tres peronismos. Estado y poder económico, nueva edición ampliada." *Siglo*, XXI, Buenos Aires.

제8장

민주주의 속의 후견주의

아르헨티나 사례로부터의 교훈

마리엘라 L. 츠와크버그

이 논문은 신흥 민주주의에서 일어나는 정치적 후견주의의 공고화 과정을 분석한다. 여기서 후견주의란 사회프로그램의 혜택이나 공공부문의 일자리와 같은 특별한 재화와 정치적 지지의 맞교환을 뜻한다. 민주화에 대한 초기 연구들의 결론과는 반대로, 후견주의는 사라지지 않았다. 오히려 공고화되었다. 아르헨티나 주정부들에 대한 집중적인 현지조사로 얻어낸 결과물은 유권자들을 동원하기 위한 후견주의적 전략을 사용하는 후보들이 정치적 우위를 점할 수 있는 그릇된 동기의 논리가 여전히 존재한다는 것을 보여준다.

* 이 논문은 미국의 사회과학연구협의회(Social Science Research Council)와 멜론재단(Mellon Foundation)의 지원을 받았음.

마리엘라 L. 츠와크버그 Mariela L. Szwarcberg 시카고대학교 정치학 박사. 비교정치학과 라틴아메리카의 후견주의 전문가. 예일대학교 풀브라이트 프로그램에서 수학했으며, 현재 미국 노트르담대학교 캘로그 국제학연구소에 방문교수로 체류 중이다.

* 이 글은 ≪Nueva Sociedad≫ 225호(2010년 1~2월호)에 실린 글을 옮긴 것이다.

1. 서론

그란 부에노스아이레스 시[1])에서 있을 정치집회 일주일 전 마리오는 라우라를 방문했다. 마리오는 라우라와 같은 동네에서 거주하면서 일하는 지역 정치 대표자이며, 라우라는 2명의 어린이와 1명의 아기를 키우는 싱글맘이다. 동네와 주민들이 겪고 있는 어려움에 대해 장시간 대화를 나눈 뒤 마리오는 라우라에게 다음 주에 있을 정치집회에 대해 알려주었다. "잘 기억해둬. 당신이 받고 있는 사회보장프로그램을 받고 싶어 하는 사람들이 많이 있다고"라고 마리오는 라우라에게 말했다. 메시지는 매우 분명했다. 만약 라우라가 계속 혜택을 받고 싶다면, 그녀는 그 집회에 참석해야만 한다.

라우라는 이웃에 사는 한 청소년에게 집회에 참석하는 동안 아이들을 돌봐준다면 그녀에게 집회에 참석한 대가로 받는 식료품을 주기로 약속했다. 그날, 동네의 다른 이웃들과 함께 라우라는 시장을 지지하는 정치집회에 참석했다. 집에 돌아와 그녀는 식료품 봉투를 이웃집 청소년에게 주었다. 아기에게 무슨 일이 생겼다는 것을 깨달은 것은 아이들을 재우려 할 때 즈음이었다. 아기는 울지도 않았고, 어떤 자극에도

1) 그란 부에노스아이레스는 아르헨티나의 수도를 둘러싸고 있는 부에노스아이레스 주 안의 다양한 시들을 지칭하는 이름이다. 이 지역에 아르헨티나 전체 인구의 1/4(868만 4,437명)이 거주하며 전체 영토의 1.2%를 차지하고 있다. 몇몇 시에는 지방주의 전체 인구보다 많은 인구가 살고 있다. 예를 들어 라마탄사 시에는 티에라 델 후에고, 산타크루스, 라 리오하, 카타마르카, 산 루이스 그리고 라팜파 주들의 인구를 모두 합친 인구보다 많은 수의 주민이 살고 있다. 이 논문에서 언급되고 있는 호세 C. 파스 시의 경우 포르모사 주 인구의 두 배가 넘는 인구가 살고 있다.

반응하지 않았다. 겁에 질린 라우라는 세 아이를 데리고 마리오의 집으로 달려갔다.

마을에는 치안상의 이유로 응급차도 택시도 들어오지 않기 때문에, 마리오는 직접 라우라와 아이들을 시립병원에 데리고 갔고, 그녀와 아이들과 함께 진단 결과를 기다렸다. 새벽이 되어 의사들은 라우라에게 그녀의 아기가 심한 충격을 경험했으며, 다시 원상태로 회복되지는 못하리라고 알려주었다. 몇 년이 흐른 후, 아이들이 노는 동안 아기가 침대에서 떨어졌고, 너무나 놀라고 경험이 없었던 이웃 소녀는 아기를 다시 요람에 눕혔다는 것을 알게 되었다. 그 결과 곧바로 조치했더라면 치료할 수 있었으나 응급처치가 늦어져 아기는 영구적인 장애를 얻게 되었다. 현재 라우라의 아들인 후안시토는 마리오의 도움으로 장애아들을 수용하는 국가기관에서 살고 있다.

라우라의 이야기는 우리에게 정치 대표자들과 유권자들 사이에 존재하는 매우 복잡한 관계를 보여준다. 만약 마리오가 라우라에게 집회에 참석할 것을 강요하지 않았다면 그녀는 아이들을 스스로 돌볼 수 있었을 것이다. 하지만 다른 한편으로는 만약 마리오가 병원에 같이 가주고 장애아 전문 국가기관 서비스를 주선해주지 않았다면 그녀의 상황은 더욱 열악했을 것이다.

이 논문은 유권자와 정치 대표자의 관계라는 관점에서 출발해 후견주의의 공고화와 이러한 현상이 민주주의의 질에 끼친 효과를 설명해주는 메커니즘을 분석한다. 후견주의적 전술을 사용한다는 것은 사회프로그램이나 공공근로의 기회와 같은 특정 재원과 정치적인 지지를 맞바꾸는 것을 의미한다.[2] 지역 정치 대표자들의 역할 분석을 통해 이

---

2) 이 논문은 특정 지역, 마을 혹은 시 단위, 혹은 특정 유권자 집단에 표를 얻기

연구는 라우라와 같은 가난한 유권자들을 동원하고 그들의 표를 얻기 위해 시의회 의원들이 유권자들에게 특혜를 베풀도록 하는 '그릇된 동기유발의 논리(Lógica de incentivos perversos)'가 존재한다는 것을 보여주었다.

시의회 의원들은 지역 유권자들의 정치적 선호 및 요구들을 잘 알고 있는 시의 정치 대표자들이며, 이들이 유권자들의 정치집회 혹은 선거 참여를 통제하기 때문에 어렴풋이나마 유권자들의 표심 또한 조정할 수 있다고 미루어 짐작할 수 있다. 시의회 의원들은 정치 및 사회 구조에서 핵심적인 위치를 차지하고 있고, 이들이 바로 유권자들의 요구를 대변하는 세력이다. 이 연구에서는 시장과 시의회 의원들, 그리고 시의회 의원들과 유권자들의 관계를 연구함으로써 후견주의적 전략들이 사용되고 그 사용이 용이해지는 메커니즘을 설명했다. 비록 시의회 의원들이 유권자들의 문제를 해결하기 위해 필요한 자원과 혜택을 얻기 위해 시장에게 의존하고 있지만, 시의회 의원들 역시 어떻게 자원을 분배할 것인가에 대한 결정을 내리는 과정에서 상당한 자율성을 확보하고 있다. 이 논문을 통해 고찰하고자 하는 연구 주제는 다음과 같다: 왜 몇몇 시의회 의원들은 후견주의적인 전략을 사용하는가? 왜 몇몇 의원들은 성공하고 다른 의원들은 실패하는가?

이 연구는 아르헨티나의 다양한 시에서 일어난 지역 정치에 관한 비교연구이다.[3] 아르헨티나는 소위 '신흥 민주주의'의 성격을 띤다. 취약한 제도 즉 제도정당 시스템의 정치적 불안정성(Levitsky and Murillo, 2005)이 신흥 민주주의의 대표적인 특징이다. 이러한 신흥 민주주의의

위해 정당이나 후보들이 제공하는 혜택은 분석하지 않았다.

3) 좀 더 심화된 연구 내용을 위해서는 Szwarcberg(2009)을 참조.

적 특징들은 유권자들을 동원하기 위한 후견주의적 전략의 활용을 유도하는 그릇된 인센티브의 논리를 고찰할 수 있는 기회를 제공한다. 1983년부터 아르헨티나는 각종 정치 기제들이 뿌리를 내리고 있는 시 및 주 정부에서 상당히 경쟁적이고 제도화된 정당 시스템(Mainwaring and Scully, 1995)과 주기적인 정권교체를 골자로 하는 경쟁적인 민주주의를 시도해왔다. 이 논문은 저자가 2005년과 2009년 10월 총선 기간, 그리고 2006년 부에노스아이레스, 코르도바 및 산 루이스 주에서 있었던 지방선거 기간 수집한 자료의 정보를 분석하고 있다.

2. 선행연구 분석 및 방법론

후견주의와 관련 정치기제들은 최근 다시 각광받는 연구 주제가 되었다. 30여 년 전 정치학자, 인류학자, 역사학자 그리고 사회학자들은 경제발전과 민주주의의 조합이 사회관계 및 구조에 끼칠 영향에 대해 논쟁했다(Schmidt, Guasti, Landé and Scott, 1977). 그리고 경제 및 정치적 변화를 통해 후견주의적 사회관계는 사라질 것이라는 데 동의했다. 하지만 신흥 민주주의 사회에서 후견주의는 사라지지 않고 유지되었을 뿐 아니라 심지어는 공고화되었다. 이러한 현상을 반영하듯이 라틴아메리카, 아시아 그리고 아프리카에서 후견주의를 이해하고자 하는 최신 연구들이 속속 발표되고 있다(Kitschelt and Wilkinson, 2007; Schaffer, 2007 참조).

기존 연구는 이 분야에 상당히 중요한 기여를 했다. 하지만 기존의 연구들은 정치 지도자들이 유권자들의 표를 동원하기 위해 사용하는 그릇된 인센티브의 원리를 다루고 있지 않다. 즉, 기존의 정치학 연구들은 시의원들이 지방정치에서 일어나는 정치가와 유권자 사이의 관계를 이해하는 데 핵심적인 요소임에도 시의원들에 대한, 특히 그들의 정치적 역할에 대한 연구를 소홀히 했다.[4] 반면, 사회학이나 인류학의 경우 시의원들의 중요함을 강조하기는 했으나 오로지 시의원들과 유권자들의 관계에만 몰입한 나머지 시의원들과 시장 혹은 시의원들 간의 관계의 중요성을 파악하지는 못했다.[5] 이 논문은 시의원들과 시장 혹은 시의원들 간의 관계를 연구함으로써 어떻게 도지사들이 시의원들이 후견주의적인 전술을 사용하게 하는 인센티브 시스템을 구축하는지를 보여준다.

이 연구는 시의원이 유권자를 동원하기 위한 후견주의적 전술의 사용을 거부하는 경우, 시장들이 사용하는 정치적 후원 제공의 기제가 어떻게 재선을 원하는 시의원들에게 특혜와 표를 맞바꾸도록 독려하는지를 살펴보았다. 시의원들은 정해진 명부(Sábana, 사바나)에 기재된 순서대로 비례대표 시스템으로 선발된다. 그런데 이 명부의 기재 순서를 정하는 것이 바로 시장이다. 즉, 시장은 각 시의원의 당락을 결정할 수 있을 뿐 아니라 이들이 장차 주의원 혹은 국회의원으로 선발될 가능성에 대한 절대적인 영향력을 행사할 수 있다. 재선되기 위해 기존의 시의원들은 시장에게 그들이 유권자를 동원할 수 있는 능력이 있음을 보여줘야 한다. 필자는 오로지 동원할 수 있는 유권자 수의 순서로 명부의 순서를 결정함으로써 시장들은 시의원들로 하여금 후원주의를 활용하도록 하는 결과를 가져온다고 주장한다.

기존의 연구들은 정당들이 부족한 재원을 활용해 유권자들을 동원하는

---

4) 물론 다음과 같은 탐사 보도서들은 매우 훌륭한 예외적인 사례들이다. O'Donnell(2006), Oterno(1997), Narvaja(2001).

5) 이 분야에 예외적인 훌륭한 연구로는 다음과 같은 저서들이 있다. Auyero(1997), Auyero(2000).

후견주의적 전술을 사용한다고 전제했다. 하지만 시의원들은 특혜와 표를 맞바꾸지 않을 수 있다. 다시 말해, 각 시의원들이 후견주의적 전통을 따르는지의 여부는 당연시될 사안이 아니라 연구되고 설명되어야 할 주제이다. 이 연구는 특히 같은 정당, 같은 지역에 소속되어 있지만 시의원들이 어떻게 유권자들을 동원하는 일에 대해 서로 다른 결정을 내리는지를 비교분석했다.

이 논문은 다음 세 가지 요소들에 의해 시의원이 재원과 표를 맞바꾸는 후견주의적 방법을 선택하는지가 결정된다고 주장한다. ① 재원에 대한 접근성, ② 유권자들에게 이러한 재원을 분배할 수 있는 능력 그리고 ③ 재원을 동원해 표를 얻으려는 의지. 즉, 오로지 사회서비스 혜택에 접근할 수 있고, 이러한 혜택을 유권자들에게 분배할 수 있는 운동원 네트워크를 가지고 있고, 유권자들의 참여를 통제할 수 있는 시의원들만이 후견주의적 방법을 활용한다.

3. 그릇된 인센티브들: 후견주의와 부패

정치 경력의 초기부터, 시의원들은 유권자를 동원하기 위한 후견주의적 방법을 사용해서 얻을 수 있는 이익들에 대해 배운다. 시의원들은 시장이 추천하거나, 지역에서 인기가 높거나, 동네 혹은 지역의 어려움을 해결하기 위해 다른 시의원에 의해 추천을 받아 시의원이 된다. 지역에서 정당을 대표하는 지역 지도자 혹은 정치 운동원들은 지역의 조직책(referentes políticos)이 된다. 이들은 일상적으로 유권자들의 문제를 해결하기 위해 노력한다. 만약 이러한 일들이 거의 직업화되면, 그들은 전업으로 조직책의 일을 수행하기 위해 시정부에서 일자리를 얻기도 한다.

지역에서 일하지만 동시에 시정부에서 직책을 갖고 있는 지역 조직책의 대부분을 '뇨키(ñoquis)'라고 부른다. 뇨키라는 이름은 매달 29일마다 뇨키를 먹는 아르헨티나의 전통에서 기인했다. 즉, 평소에는 눈에 띄지 않다가 매달 말 월급을 받으러 나타나는 공무원들을 이르는 말이다. 지역의 조직책을 시정부에서 고용하는 것은 일종의 비리이다. 왜냐하면 시정부의 예산을 정당활동에 사용하는 것은 불법이기 때문이다. 이러한 조직책들이 정치활동을 하면서 국가에서 제공하는 임금을 받는다는 것은 국가가 민주적으로 선출되지 않은 정치가들을 재정적으로 지원한다는 뜻이기 때문이다. 유권자들은 이들을 통제할 수 있는 방법이 없으며, 이들은 예컨대 공공주택 입주권 같은 중요한 사안들을 결정한다.

조직책들이 유권자들의 문제를 해결해줄 수 있기 때문에 유권자들은 조직책이 소속된 정당에 대한 지지 여부를 떠나서 정치행사에 참여한다. 국가 재원의 분배 시스템이 투명하게 작동하지 않기 때문에 이들 조직책들은 유권자들의 정치활동에 따라 각종 혜택을 배분한다.

각종 정치집회 및 선거에 유권자들을 동원할 수 있는 능력을 보여주는 조직책들은 시의 심의위원회(el Consejo Delibrante)에 임명된다. 그 결과, 시의원들 중 상당한 수는 경험도 자격 요건도 나아가 입법 행위에 대한 관심도 없는 사람들이다. 시의원 후보를 결정하는 과정에서 훌륭한 입법 활동을 하기 위한 자격이나 경력보다는 이들이 동원할 수 있는 유권자의 수가 주요한 요소로 작용하기 때문에, 시의원들은 대부분 "아마추어 입법가지만 정치 프로"[6]인 사람들로 채워지게 된다.

---

6) 이 말은 Mark Jones, Sebastián Saiegh, Pablo Spiller and Mariano Tommasi의

일단 선출되면, 시의원들은 재선을 위해 다시 유권자들을 동원해야만 한다. 이들 중 소수만이 주의회 하원의원이나 상원의원으로 선출되고 시의원이 주의회 혹은 국회의 의원으로 선출되는 것은 매우 드문 일이다. 시의원이 주의회 혹은 국회에 진출하는 것은 오로지 정치집회 혹은 선거에서의 유권자 동원능력에 의해 결정된다.[7] 시장들은 이러한 능력을 검증하고 각 후보가 동원할 수 있는 유권자의 수에 따라 후보를 결정한다. 후보자들은 오로지 정당에 기여할 수 있는 표의 수에 따라 상을 받거나 벌을 받는다. 그리고 이 과정에서 후견주의적인 방법을 사용했는지의 여부는 중요하지 않다.

따라서 필자는 후견주의적인 방법을 사용하는 이들에게 혹은 지도부에 대한 처벌이 부재하다는 점이 그릇된 인센티브의 논리를 유지하게 만드는 중요한 요인이라는 점을 강조하고 싶다. 시의원들은 경험을 통해 후견주의적 방법을 사용하는 의원들이 그렇지 않은 의원들보다 훨씬 성공적인 경력을 쌓아갈 수 있다는 것을 알고 있다. 후견주의적인 방식이 효율적이라는 교훈과 후견주의적 방식에 대한 지도부의 처벌 부재는 정치가들이 더욱더 후견주의적 방식을 고수하게 만드는 원인이다. 그뿐만 아니라 후견주의적 방식을 사용하는 후보들 사이에서도 유권자를 두고 경쟁이 일어난다. 따라서 후견주의에 기대지 않는 것은 정치적 자살로 여겨진다.

연구에서 따온 말이다. 이 연구는 아르헨티나와 같은 연방제 시스템하의 선거 규정이 가져오는 결과에 대한 것이다. 자세한 내용은 Jones, Saiegh, Spiller and Tommasi(2002: 656~669)를 참조.

7) 운동선수나 배우, 혹은 다른 종류의 연예인들은 유권자 동원능력의 검증 없이도 후보가 될 수 있다. 여성할당제 때문에 후보가 되거나 선출되는 경우도 유권자 동원능력과는 관련이 없다.

그 결과, 거의 모든 시의원들은 정치적 지지를 대가로 주민들의 문제를 해결해준다. 나의 이론은 정치적 후견주의를 사용할 수 있으나 사용하지 않는 정치인들과 자원이 부족한 정당에 소속되어 있거나 혹은 운동원이 부족해 후견주의적인 방식을 사용할 수 없는 정치인들의 구분을 가능케 한다. 기존의 연구들은 후견주의를 활용할 수 있는 모든 정당 혹은 정치인들은 무조건 후견주의적 방법을 사용할 것이라고 전제했으며, 이 과정에서 각 후보들의 개인적인 결정 과정은 무시되었다. 하지만 각 후보들의 선택은 후견주의의 유지 혹은 소멸을 이해하기 위한 매우 중요한 요소이다. 이를 통해 어떻게 유권자들을 동원할 것인가라는 중요한 선택의 기로에 선 후보들이 직면한 다양한 인센티브들을 비판적으로 고찰할 수 있다.

4. 방법론: 사례와 자료들

이 논문은 저자가 2005, 2006, 2009년에 걸쳐 부에노스아이레스 주의 호세 C. 파스(José C. Paz), 산미구엘(San Miguel) 그리고 바히아블랑카(Bahía Blanca) 및 코르도바 주의 리오쿠아트로(Río Cuarto), 빌라마리아(Villa María), 콜로니아카로야(Colonia Caroya) 그리고 카피탈(Capital), 그리고 산루이스 주의 빌라메르세데즈(Villa Mercedes), 카피탈(Capital)에서 수집한 자료 분석을 토대로 작성되었다. 이들 도시가 무작위 추출의 방식으로 선택되지는 않았으나, 이들 도시들은 그 인구 규모, 극빈층의 수, 사회프로그램의 수혜 대상 인구 및 정치적 경쟁 구도 등의 측면에서 아르헨티나 도시의 대다수를 대표하는 대표성을 띠고 있다.

이 논문에서 사용한 자료는 시의원 및 시장과 진행한 40개의 생애사

(Life History) 및 80개 이상의 심층면접으로 수집되었으며, 생애사와 면접을 통해 시의원과 시장들은 자신들의 정치 경력과 어떻게 유권자를 동원하는가를 밝혔다. 또한 2005년 총선은 부에노스아이레스에서 2009년 총선은 부에노스아이레스와 산루이스에서 각각 참여관찰을 실시했고, 2006년 코르도바에서 실시한 급진당(La Unión Cívica Radical)의 당내 경선에도 참여해 참여관찰을 실시했다. 동시에, 지방의회의 심의 및 페론당의 지역 기구, 급진당의 다양한 위원회들 및 급식위원회 등의 각종 단체를 참관했다.

5. 변수들

각 후보의 '성공'은 그들이 정치 경력을 성장시키는 능력을 기준으로 가늠했다. 정치인으로서 더 큰 무대로 진출할 수 있는 가능성이 거의 전적으로 그들이 정당에 기여할 수 있는 표의 수로 결정되기 때문에 스스로의 정치구조를 확보하고 유지할 수 있는 정치가의 경우 지지기반을 다지지 못한 정치가에 비해 성공할 확률이 높다. 시의원들은 끊임없이 정당에 기여한 득표수에 따라 규정된다.

> 그건 그렇게 쉬운 일이 아니다. 당신은 당신이 갖고 있는 사람들의 수에 따라 그 가치가 결정된다. - 호세 C. 파스 시 시의원

> 당신을 항상 평가하고 있다. 기준이 뭐냐고? 당신이 정치집회에 몇 명을 데려오고 선거에서 몇 명의 표를 얻느냐는 것이다.
>
> - 산루이스 시의 시의원

어려운 말로 이렇게 말한다. '폰초(망토 모양의 옷, 판초 — 옮긴이)가 어느 정도 되는가?' 얼마나 능숙하게 숨겨서 말하는지……

- 빌라마리아 시 시의원

우리 그룹에는 약 300에서 400여 명의 사람들이 속해 있다. 각 동네마다 조직책들이 있고, 우리들은 모든 동네를 다 담당하려고 노력한다. 왜냐하면 우리는 우리 그룹만을 위해 일하는 것이 아니라 매일 매일 우리들의 시장을 위해서도 일하기 때문이다. 다가오는 선거에서 우리는 이 지역 주민들 모두의 지지를 얻을 수 있도록 노력할 것이다. 우리는 이미 모든 동네 사람들의 지지를 얻어냈고, 또한 지역 주민에게 나누어줄 수 있는 물품들을 지원하기도 하며, 식당도 운영하면서 그들을 돕고자 한다. 우리는 노동조합, 주택조합, 수자원 조합 등을 운영하며, 지지 기반을 확고하게 다져가고 있다.

- 호세 C. 파스 시의 시의원

각 후보가 정당에 기여할 수 있는 유권자의 수가 크면 클수록 그 후보가 성장할 가능성도 높다. 지역 정치 운동원들과 지역 리더들의 경우 성장이란 지역 조직책 이상으로 성장하는 것을 의미한다. 즉 지역 조직책들에게는 시의원 후보가 되는 것이며, 시의원들에게는 재선하는 것을 의미할 것이다. 재선에 성공한 시의원은 공직을 포기해야 하는 의원들보다 성공한 것이고, 시의원에서 성장해 시장이 되면 재선만을 달성한 의원보다 성공한 것이 된다.

이미 지적한 바와 같이, 필자는 후보들의 성공은 유권자들의 문제를 해결해주는 능력, 그리고 문제 해결의 대가로 유권자들의 정치집회 참여 및 선거에서 표를 얻어낼 수 있는 능력에 달려 있다. 각 후보들이 문제를 해결할 수 있는 능력은 휠체어, 일자리, 침대, 건축자재, 사회보장프로그램, 시정부에서의 일자리 등에 접근 가능한 정도에 따라 결정된다.

물질적인 재원 외에도 정치가들은 문제를 해결할 수 있는 인맥을 갖추고 있다. 예컨대 공공병원에 근무하거나 계약직 일자리를 얻을 수 있는 능력 등이 그것이다. 산미구엘 시의 시의원은 정보와 재원을 얻을 수 있다는 점에서 큰 장점이 있다고 이야기했다. “만약 다른 구에서 일할 사람들이 필요하다면 당신은 직책을 이용해서 누구보다도 정보를 빨리 얻을 수 있을 것이다. 그리고 이 정보를 친구에게 말해줄 것이다. ‘이봐, 계약직 직원을 구하고 있다고’ 만약 병원에서 근무할 사람이 필요하다면, 안됐지만 내가 누구보다 먼저 알 수 있다.”

만약 모든 시의원들이 모든 감사 및 비서관들의 임용 계획에 대해 알고 있다면, 야당의원과 여당의원 사이 정보에 대한 접근가능성의 차이로 인해 유권자의 문제를 해결하거나 동원할 수 있는 능력 역시 차이가 날 수밖에 없다.

> 예컨대, 나는 정치적 채용에 대한 어떠한 정보도 없다. 나는 의회에서 내 비서를 채용하는 것에 대한 정보를 갖고 있을 뿐이다. 이를 제외하고 나는 어떠한 정치적 채용도 하지 못한다. 나는 10명에서 15명 정도 정치적으로 채용할 수 있는 시의원들과는 분명 다른 위치에 있다. 이게 제대로 된 일인가? 그들의 운동원들은 정치적으로 대가를 받는다. 나는 그렇지 못하다.
>
> \- 빌라마리아 시의 시의원

주의회나 국회에 의원을 배출하지 못한 야당의 후보인 경우 유권자들의 문제를 해결해줄 수 있는 자원이 부족했다. 따라서 후견주의적 방법들을 사용할 수 있는 능력은 작을 수밖에 없다.

나 역시 아무도 없다. 난 사람들을 많이 안다. 그것은 내가 직접 걷고, 이야기하고, 방문하면서 만난 사람들이 많기 때문이다. 하지만 결국 나에게는 충분한 사람이 없다. 그건 내가 그들을 움직일 수 있는 소위 수단(caja)을 갖고 있지 않기 때문이다. 사람들은 당신의 말을 들어주고, 당신에게 흥미를 보이지만 정치를 매개로 동원할 수는 없다. 불행히도 정치에 관심이 있는 사람들, 그래서 지지를 표시하는 사람들은 돈으로 움직인다. 즉, 당신이 돈이 없다면, 당신을 지지하지 않는다는 뜻이다. 그들은 돈이 있는 후보와 함께한다. 그게 누구든 간에…… - 산미구엘 시의 시의원

이 시의원의 실망은 그 역시 후견주의적인 방법을 사용할 수 없다는 점에 대한 분노를 보여준다. 문제는 몇몇 시의원들이 이러한 방법을 사용하지 않는 것은 모든 시의원들이 같은 크기의 자원을 갖고 있지 않기 때문이라는 것이다. 하지만 후견주의적 방법을 사용할 수 있지만 하지 않는 시의원들도 있다. 이들은 새로운 형태의 정치운동이 가능할지도 모른다는 희망을 준다.

유권자들 개개인의 문제를 해결해줄 수 있는 능력뿐 아니라, 정치인들은 유권자들의 문제를 파악하고 그들의 정치집회 및 선거 참여를 통제할 수 있는 네트워크도 보유하고 있어야 한다. 사회의 촘촘한 구조물에 침투하지 못하는 정당에 속한 시의원은 재원을 갖고 있다고 하더라도 후견주의적 방법을 사용하지 못한다. 이념적인 이유로 후견주의적인 방식을 사용하지 않기로 결정한 후보와 단순히 후견주의적인 방식을 활용할 수 있는 구조가 부족해서 사용하지 못하는 후보는 구별되어야 한다.

아르헨티나에서는 급진당과 정의당 두 당이 이른바 지역구조와 '충성스러운 투표층'(Panebianco, 1988: 267)을 확보하고 있는 정당들이다.

이 두 정당은 운동원들을 활용해 유권자들에게 혜택을 나누어줄 수 있다. 한 훌륭한 강연에서 후안 카를로스 토레는 공통의 역사에서 형성된 정당 충성도는 벨호퍼(Wellhofer)가 말한 운명공동체(Wellhofer, 1979: 171)와 같으며, 이 운명공동체와 공동체 소속 유권자들에게 제공되는 사회보장 혜택들은 정의당이 지역에서의 우위를 유지하도록 하는 기반이 되었다고 주장했다(Torre, 2005: 178). 코르도바 주에서 급진당이 갖고 있는 선거 및 정치에서의 우위는 급진당 전국 조직이 수도의 교차로마다 갖고 있는 지회를 통해서 알 수 있는데, 이 조직을 통해서 급진당은 혜택을 분배하고 유권자들을 정치 행사 및 선거에 참여하도록 독려하면서 지역 지배 구도를 유지했다(Paula Alonso, 2000; Bischoff, 1996; Cabezas, 1997; Capellupo, 2003; Frávega, 2006).

유권자들의 문제를 해결하고 그들에게 자원을 배분할 수 있는 능력과 더불어 후보들은 문제의 해결과 표를 맞교환하고자 해야 한다. 즉, 몇몇 여당 후보들은 비록 소수에 불과하지만, 그것이 정치 경력의 종말을 의미한다고 하더라도 후견주의적인 방식을 채택하지 않을 것이라고 했다. 그란 부에노스아이레스 지역의 한 시의원은 지역구의 밖에서 만나 자유롭게 이야기하자고 했다. 이 인터뷰에서 그 시의원은 시장 후보를 지지하라고 하면서 유권자를 협박하는 것에 대해 매우 부정적이었으며 이를 설명하며 놀랄 만큼 감정적이 되었다. "나에게 바보라고 할지도 모르겠으나, 나도 내 나름이 신념이 있습니다." 코르도바 주의 한 시의원은 유권자의 정치적인 지지를 사는 것은 '상대적으로 쉬운 일'이었다고 고백했으나 이러한 행위의 결과가 민주주의를 위해 최상의 선택은 아니라고 생각한다고 말했다. "나는 하루 종일 약이나 술에 취해 있는 청년과 같은 이들을 투표하도록 만든다. 나는 이제 더 이상 그런 행동에 찬성하지 않는다. 왜냐하면 그런 방법으로는 어떤 멍청이

도 선거에서 당선될 수 있기 때문이다."

이 연구는 후견주의적 방식을 이용하는 후보들에게 상을 주고 오히려 이를 거부하는 후보들에게 해를 끼치는 정치 시스템이 가져올 부정적일 결과들을 보여준다.

6. 연구 결과

정치집회는 시의원들이 시장에게 자신들의 동원능력을 보여줄 수 있는 이상적인 무대이다. 투표가 의무이자 비밀리에 진행되는 선거와는 달리 정치집회는 시장들이 각각의 시의원들이 몇 명의 유권자들을 동원했는지 분명하게 알 수 있는 행사이다. 동시에 시의원들은 다른 시의원의 동원능력과 자신의 동원능력을 비교해볼 수 있고, 자신들의 추종자들을 통제할 수 있다.

비록 모든 참가자들이 시의원에 의해 동원된 사람들은 아니라고 할지라도, 이념적인 이유로 스스로 행사에 참석한 사람들과 무언가 대가를 받고 참가한 사람들은 쉽게 구별해낼 수 있다. 이러한 정치집회는 각각의 시의원들의 동원능력을 보여주는 목적을 갖고 있기 때문에 시의원들은 자신들이 동원한 이들에게 모자, 티셔츠, 플래카드 등을 나눠주고 추종자임을 보여주게 한다. 유권자들이 자신들을 동원하기 위해 정치인들이 사용하는 메커니즘을 설명하는 것을 들어보면 후견주의적인 방식이 분명히 드러날 뿐 아니라 시장들과 주지사들의 공범 사실도 확인할 수 있게 된다.

승합차를 동원해서 우리를 찾아옵니다. 첫 번째 정류장은 산후스토(San

Justo)예요. 그곳 지역 그룹에 당신을 내려주고, 거기서 당신을 체크합니다. 그리고 리스트를 돌리지요. 담배 한 보루, 샌드위치 그리고 포도주 한 상자를 줍니다. 행사에서 돌아올 때 다시 몇 가지 물건들을 나눠줍니다. 정부도 이 사실을 알고 있어요, 두알데는 이런 사실을 모른 척했죠. 자기에게 이로우니까요. 피에리(당시 마탄사 시 시장)도 이런 일이 일어나고 있다는 것을 알고 있었어요. 마탄사 시에서 파리 하나 움직이는 것도 피에리가 다 알고 있어요(Oterno, 1997: 36 재인용).

13년 전에 묘사된 이 논리는 필자가 현장조사 중 참석한 정치집회에서도 여전히 유지되고 있었다. 시의원들은 특혜를 통해 유권자들의 참여만을 사들인 것이 아니라 이미 특혜를 입은 사람들에게 정치집회에 참여하거나 선거에 참여하지 않으면 특혜를 빼앗기게 될 것이라고 협박했다. 시의원들은 또한 장래에 대한 약속을 통해 실질적인 특혜를 베풀지 않고도 유권자들은 동원할 수 있었다. 사실 이 연구는 많은 유권자들이 6달 이상 어떠한 혜택도 받지 못하고 계속 정치집회에 동원되었다는 것을 보여준다.

정치 대표자들은 또한 노동조합, 피케테로, 혹은 바라스 브라바스(barras bravas)[8]와 계약을 맺고 그들을 정치집회에 동원하기도 했다. 이 경우 이들 단체의 대표들에게 현찰을 대신 지불했다. 이러한 행동의 결과는 정치집회에 참석한 사람들의 조합에 영향을 끼친다.

대부분은 15, 16, 17 혹은 18살의 매우 어린 청년들이었다. 운동원으로 보이지 않았다. 사실을 말하자면 이들은 못된 마피아처럼 보였다. (집회의)

8) 폭력을 일삼는 극렬 축구팬을 지칭함.

분위기는 매우 이상했다. 미친 것 같았다. 나는 사람들이 몇 개월 안 된 아이들과 함께 잔디밭에서 동네의 단체들에 둘러싸여 있는 것을 보았다. 이 단체 사람들은 검은 티셔츠를 입고, 바지는 제대로 입지도 않았는데 문신을 많이 하고 있었다. 총을 갖고 있는 사람들도 보였다. 술에 엄청 취해 있었고, 마약 때문에 통제 불가능으로 보였다. 바로 그 사람들 옆에 한 가족이 있었는데, 이들은 순전히 식료품 상자를 받고 싶어서 집회에 참석한 것처럼 보였다(Oterno, 1997: 57 재인용).[9]

후견주의는 매일 그 효과를 경험하는 유권자들의 민주주의에 대한 인식에 영향을 끼친다. 필자가 부에노스아이레스 주에서 한 경험들 중 하나는 이보다 후견주의적 전술의 메커니즘과 효과를 잘 설명할 수 있는 것은 없을 것이다. 2005년 국회의원 선거 직전 나는 성적인 행위를 사회프로그램 혜택과 맞바꾸는, 많은 후보들이 무시하고 싶을 것이 뻔한 현장을 목격했다. 내가 그러한 폭력의 현장에 있었다는 사실은 조직책들과 시장이 공범임을 보여준다. 시장은 그 상황을 묵인했는데 이는 문제가 된 시의원이 매우 많은 유권자를 동원할 수 있는 사람이었기 때문이다.[10]

정당 지도부와 후견주의를 사용하는 후보들 간의 공조는 당시 내무부 장관이었던 아니발 페르난데스(Aníbal Fernández)의 라디오 미트레(Radio

9) 1996년 부에노스아이레스 주에서 있었던 정치집회에 참석한 사람이 그 집회를 묘사한 것으로 내가 10년 후 참석한 집회도 여기 묘사된 집회와 크게 다르지 않았다.

10) 그 시의원의 행동들에 대한 대화 도중, 같은 당 소속의 다른 시의원이 나에게 말했다. "정치를 하기 위해서는 다른 곳을 쳐다봐야 한다는 것을 알고 있다. 이런 경우, 비위가 좋아야 한다."

Mitre)와의 분명하고 긴 인터뷰에서 공식적으로 천명되었다. 대통령이 참석하는 정치집회에 참석하라고 어떤 방식으로 협박을 당했는가를 설명하는 유권자들의 증언을 듣고 나서 기자는 내무부 장관에게 새로운 정치를 열어가자는 정부 각료와 바로 그 옆에 후견주의를 활용하는 후보들이 함께했다는 사실이 역설적이지 않냐고 물었다. 이에 대해 장관의 대답은 매우 직설적이었다. "정치는 정치하는 사람들과 함께 하는 것입니다. 정치는 내가 생각하기에 정치를 했으면 하는 사람들과 하는 것이 아니지요."

이 인터뷰를 통해 페르난데스는 이 논문을 통해 분석하고자 한 부정적 인센티브의 논리가 갖는 효과를 잘 보여주고 있다. 장관은 스스로 후견주의를 사용하지 않는 후보들과 '정치를 하는 것'을 선호할 것이라고 말했다. 하지만 그러한 정치인들은 '정치를 하는' 사람들이 아니라고 덧붙였다. 필자의 이론과 증거들을 통해 우리는 그러한 후견주의를 사용하지 않는 정치인들이 결코 재선될 수 없는 기존의 인센티브 구조를 확인할 수 있었다. 그 결과 권력을 공고화한 후보들은 후견주의를 활용하는 후보들이다.

7. 결론

그릇된 인센티브의 논리는 정치인들이 후견주의를 활용하도록 하며 결과적으로 민주주의와 질과 안정성에 치명적인 영향을 준다. 우선 이러한 원리는 유권자들의 다양한 소득 수준을 서로 다른 민주적 대의제 형태로 전환시킨다. 유권자들이 지지하지도 않는 후보를 지지하는 행사에 참여하고 표를 준다면, 대의제는 유권자들의 선호, 수요, 및 요구를

알 수 있는 정보로부터 차단된다.[11]

계속해서 오랜 기간 후견주의를 사용하는 후보들이 당선되고 재선된다면, 정치 시스템은 어떤 의미에서는 안정될 것이다. 하지만 야당 세력은, (여당이) 독점을 행사하며 재원뿐 아니라 인맥과 법에 대한 접근성마저 야당 세력보다 우위에 있는 지방 정부에 도전하기 어려울 것이고, 그 결과 행정 및 입법부에서 다수를 차지하는 여당의 정치적 기제들은 견고해질 것이다.

몇몇 전문가들이 지적한 바처럼, 후견주의는 다른 방법으로는 문제해결에 접근할 수 없는 유권자들에게 해결책을 제공한다는 장점이 있고(Gay, 2001; Kitschelt, 2000) 또한 후견주의를 통해 정당의 붕괴와 사회의 불안을 줄일 수 있다 하더라도(Mainwaring and Scully, 1995; Levitsky, 2003), 이 연구는 그러한 후견주의적 기제들과 가난한 유권자들에게 적용하는 비정상적인 규범들을 사용한 대가가 매우 비싸다는 점을 보여준다. 이 논문의 서두에 소개된 라우라의 사연은 민주주의하에서 후견주의가 공고화될 때 생기는 장·단점을 잘 보여주고 있다. 마리오의 도움 없이 라우라는 아들을 위한 연금이라는 위급 상황에 대한 장기적인 해결책을 찾지 못했을 것이다. 하지만 마리오가 라우라에게 압력을 행사하지 않았다면 라우라는 집회에 참석하지 않았을 것이고 비극은 시작되지도 않았을 것이다. 그런 의미에서 후견주의가 도대체 어느 선까지 공공정책의 시행에 적용되는 보편적 원칙의 부재에서 오는 문제들을 해결할 수 있는지 자문해야 한다.

후견주의는 빈곤, 권력 그리고 지배의 순환구조를 강화하는 데 기여한다. 그리고 그 순환구조 속에서 유권자들의 정치집회 혹은 선거에의

11) 이 내용에 관한 토론은 Susan Stokes(2007)을 참조.

참여는 이러한 전술을 사용하는 후보들의 권력을 강화시켜 이들이 정치적으로 성공하도록 만든다. 박탈 속에서 살아가며 오로지 정치 참여를 통해서만 당면한 문제의 해결책을 얻을 수 있는 유권자들은 표를 파는 것 외에 다른 방법이 없다. 유권자들에게 다른 대안이 있을 때, 그래서 그들이 보복을 두려워하지 않고 한 표를 행사할 수 있을 때, 후견주의는 사라질 수 있다. 그럼에도 이 연구는 왜 이 두 가지 조건이 충족되기 어려운지를 보여주고 있다.

우선, 유권자들이 보복에 대한 두려움 없이 자신들이 원하는 후보에 투표하고 원하는 정치집회에만 참석할 수 있는 자유를 누릴 수 있다는 사고는 실현 가능성이 있는 대안 세력이 존재할 때 가능한 일이다. 당선 가능한 야당의 출현은 총선에나 주 선거에서는 자주 가능한 일처럼 여겨지지만, 지방정치에서는 흔히 일어나는 일이라기보다는 예외적인 사건이다.[12] 둘째로, 유권자들이 실현 가능한 대안세력을 갖고 있다고 하더라도, 그들은 집합행위(Collective Action)의 제약[13]들을 극복해야 한다. 민주주의는 가난한 유권자들에게 피로스의 승리(Pyrrhic Victory)를 안겨줄 뿐이다. 그들을 동원하기 위해 후견주의를 사용하는 후보들을 지지할 경우, 그들을 탄압하는 정치인들이 민주적으로 선출되는 데 기여하기 때문이다.

---

12) 이런 경우는 코르도바의 새로운 정당(Partido Nuevo)과 모론 주의 새로운 모론(Nuevo Morón)이 예가 될 수 있다.

13) 후견주의하에서 일어나는 집합행위의 제약에 관한 수준 높은 논의는 Medina (2007)에 수록되어 있다.

참고문헌

Alonso, Paula. 2000. *Entre la revolución y las urnas: los orígenes de la Unión Cívica Radial y la política argentina en los años noventa*. Universidad de San Andrés: Suamericana.

Auyero, Javier(eds.). 1997. *¿Favores por votos? Estudios sobre clientelismo político contemporáneo*. Buenos Aires: Losada.

_______. 2000. *Poor People's Politics*. Durham: Duke University Press.

Bischoff, Efraín U. 1996. *Historia de Córdoba*. Buenos Aires: Troquel.

Cabezas, Horacia. 1997. *Villa María y su radicalismo*. edición del autor.

Capellupo, Rafael M. 2003. *Mestre, su vida, su causa*. Córdoba: Fundación Ramón Bautista Mestre.

Frávega, Oscar E. 2006. *Historia de la Unión Cívica Radical de Córdoba, 1890~2000*. Córdoba: Brujas.

Gay, Robert. 2001. "The Even More Difficult Transition from Clientelism to Citizenship: Lessons from Brazil." *Center for Migration and Development*. New Jersey: Princeton University.

Jones, Mark, Sebastián Saiegh, Pablo Spiller and Mariano Tommasi. 2002. "Amateurs Lesiglators — Professional Politicians: The Consequences of Party-Centered Electoral Rules in Federal System." *American Journal of Political Science*, Vol.46, No.3, July.

Kitschelt, Herbert. 2000. "Linkages between Citizens and Politicians in Democratic Polities." *Comparative Political Studies*, Vol.33, No.6-7.

Kitschelt, Herbert and Steven Wilkinson. 2007. *Patrons, Clients, and Politics: Patterns of Democratic Accountability and Political Competition*, New York: Cambridge University Press.

Levitsky, Steven. 2003. *Transforming Labor-Based Parties in Latin America: Argentina Peronism in Comparative Perspective*. New York: Cambridge University Press.

Levitsky, Steven and María Victoria Murillo. 2005. *Argentina Democracy: The Politics of Institutional Weakness.* University Park: Pennsylvania State University.

Mainwaring, Scott and Timothy R. Scully(eds.). 1995. *Building Democratic Institutions: Party Systems in Latin America*, Stanford: Stanford University Press.

Medina, Luis Fernando. 2007. *A Unified Theory of Collective Action and Social Change*. Ann Arbor: University of Michigan Press.

Narvaja, Hernán Vaca. 2001. *El candidato. Biografía no autorizada de José Manuel de la Sota*. Buenos Aires: Sudamericana.

O'Donnell, María. 2006. *El Aparato. Los intendentes del conurbano y las cajas negras de la política*. Buenos Aires: Aguilar.

Otero, Daniel. 1997. *El entorno: La trama íntima del aparato duhaldista y sus punteros*. Buenos Aires: Nuevo Hacer.

Panebianco, Angelo. 1988. *Political Parties: Organization and Power*. Cambridge: Cambridge University Press.

Schaffer, Frederic Chalres(ed). 2007. *Elections for Sale: The Causes and Consequences of Vote Buying*. Boulder: Lynne Rienner.

Schmidt, Steffan W., Laura Guasti, Karl H. Landé and James C. Scott(eds.). 1977. *Friends, Followers and Factions: A Reader in Political Clientelism.* Berkeley. University of California Press.

Stokes, Susan. 2007. "Is Vote Buying Undemocratic?" en Frederic Chalres Schaffer(ed). *Elections for Sale: The Causes and Consequences of Vote Buying*. Boulder: Lynne Rienner.

Szwarcberg, M. 2009. "Making Local Democracy: Machine Politics, Clientelism, and Social Networks in Argentina." a doctoral dissertation. Department of Political Science. University of Chicago.

Torre, J. C. 2005. "Citizens versus Political Class: The Crisis of Partisan Representations." in Steven Levitsky, Steven and María Victoria Murillo. 2005. *Argentina Democracy: The Politics of Institutional Weakness.* University

Park: Pennsylvania State University.

Wellhofer, E. Spenser. 1979. "Strategies for Party Organization and Voter Mobilization: Britain, Norway, and Argentina." *Comparative Political Studies*, Vol. 12, No.2.

제 3 부 칠레

제9장

스스로와 맞닥뜨린 칠레

시장근본주의의 한계와 학생 시위

알베르토 코슈츠

최근 칠레에서 일어나고 있는 학생들의 시위가 중심이 된 일련의 시위들은 칠레가 독재시기 이후 꾸준히 추진해온 경제 모델에 대한 논쟁에 불을 지폈다. 칠레의 모델은 다양한 분야에서 의심할 여지 없는 발전을 가져왔으나 동시에 사회의 심각한 상품화를 가속화시켰다. 교육, 원주민의 권리, 환경 혹은 여성의 각 부문이 제기하는 요구를 넘어서는, 2011년부터 시작된 대규모 시위들은 현 대통령이 친시장적인 구호를 강화하며 마치 칠레를 '칠레 주식회사'처럼, 시민들을 이 회사의 단순한 사용자 혹은 소비자로 여기며, 통치하는 현 시점에서 칠레에 스스로를 돌아볼 계기를 제공한다.

알베르토 코슈츠 Alberto Koschützke 독일 정치학자. 전 Nueva Sociedad 소장(1982~1993).

* 이 글은 ≪Nueva Sociedad≫ 237호(2012년 1~2월호)에 실린 글을 옮긴 것이다.

세계 언론은 매우 놀라워하고 있다. 칠레 학생운동의 지도자인 카밀라 바예호는 독일의 수상인 안젤라 메르켈을 큰 표 차이로 따돌리며 영국의 ≪가디언≫이 선정한 올해의 인물로 뽑혔다. 2011년 칠레에서는 약 6,000번의 시위가 일어났다. 라틴아메리카, 그리고 세계는 숨죽이며 이를 지켜보고 있다. 놀랍게도 칠레는 역동적인 사회적 실험의 장으로 변화했다. 수년 동안 자타공인 민주화, 정치 안정, 빈곤의 감소, 현대적인 시장주의 정책의 상징으로 여겨져 오던 칠레에 이러한 사건이 일어났다는 점에서 이는 더욱 놀라운 일이었다.

칠레가 갖고 있는 '모델'로서의 입지는 2010년 2월 치러진 자유선거에서 50년 만에 처음으로 우파 대통령이 당선되면서 더욱 확고해졌다. 사회민주주의적 성향의 정당들[1)]과 기민당의 연합으로 구성된 중도좌파 연합인 콘세르타시온은 지난 20여 년 동안 민주화와 4번의 임기 동안 주도적인 역할을 해왔다. 오늘날 국민혁신당(Renovación Nacional: RN)과 아직도 아우구스토 피노체트 추종자들의 영향하에 있는 독립민주당(Unión Demócata Independiente: UDI)이 연합한 우파 연합정부가 출범한 지 2년이 지난 오늘날 2010년의 선거 결과는 역사적 화합의 순간이었다. ≪포브스≫가 칠레 최고의 부자로 선정한 세바스티안 피녜라(Sebastián Piñera)와 같은 거부(巨富)를 대통령으로 선출함으로써 칠레의 민주주의로의 이양기는 종지부를 찍었다. 그뿐만 아니라 전체 선거 결과와 콘세르타시온의 패배를 분석해보면, 민주주의 재건 국면이 갖고 있는 취약점 및 칠레 역사가 새로운 국면에서 직면할 도전을 파악할 수 있다.

1) 사회당(el Partido Socialist), 민주당(el Partido por la Democracia), 그리고 급진사회민주당(el Partido Radical Socialdemócrata)이 이들 정당이다.

1. 콘세르타시온이 얻은 결과 분석: 성공과 예상치 못했던 실패

칠레 민주주의의 성공과 안정성은 군부 독재로부터 물려받은 두 가지 축 위에 이루어졌다. 1980년 헌법이 보장하는 정치 모델과 국가의 경제 개입을 최소화하고 민영화를 독려하는 자유주의적 경제모델이 그것이다. 이 새로운 민주화의 국면에서, 이 두 축은 다시 평가되어야 하며 어떤 의미에서는 최근 일어난 일련의 시위를 통해 알 수 있듯이 이미 재평가는 확실히 시작되었다. 앞에서 언급한 모델들이 새로운 시대의 요구와 필요 및 기대를 충족시키기에 필요한 요인들인지, 그리고 오히려 그 반대로 지난 21년간의 민주주의 시기 동안 너무나 많은 문제를 '미제'로 남겨놓은 것은 아닌지 분석할 필요가 있다.

현재의 위기를 이해하기 위해서 우리는 2010년부터 칠레가 현존하는 모든 제도적 메커니즘과 주요 정치 주체들이 이러한 새로운 도전에 대응하지 못하거나 혹은 대응할 수 있는 능력이 없는 상황에 놓여 있었다는 사실을 인정해야 한다. 이제는 야당이 된 콘세르타시온의 업적은 상당하다. 피노체트의 잔인한 군부독재하에 17년을 보낸 이후 민주화를 이루는 데 콘세르타시온이 기여한 바는 아무리 강조해도 지나치지 않다. 그럼에도 우리는 또한 콘세르타시온이 민주주의를 제도의 시스템이나 과정으로서 발전시키고 정착시켰으나 사회 조직의 기본 틀로서 민주주의를 도입하지는 못했다는 점을 인정해야 한다. 신자유주의적 원칙에 동조한 나머지 그들은 사회를 시민들이 아닌 사용자 혹은 소비자의 총합으로 이해했으며, 그 결과 최근 몇 달 동안 일어난 사회운동들이 시장근본주의 및 그 대표자들로부터 소외된, 바로 시민들의 주장을 전달하고 있는 것은 우연이 아니다.

지난 20년의 콘세르타시온 집권기는 국민들로 하여금 실망과 배신감을 느끼게 했고, 그 결과 2010년 초부터 정권 교체에 대한 갈망이 생겨나게 되었다. 이는 정치적·민주적 변화라는 측면에서 바람직한 것으로 여겨지기도 했다. 갈등은 특히 재정정책, 경제정책 그리고 사회정책 간의 상호작용 속에서 두드러졌다. 좌파정부는 우파정부보다 사회 정의를 달성하려는 노력을 통해서 평가받는다. 그리고 좌파정부가 이를 실행에 옮기지 않을 때 상당한 실망이 생겨나고 정당성까지 위협받게 된다. 시민사회와 정당 및 정치의 장 사이에 존재하는 괴리와 비록 경제적인 성공을 거두었다 할지라도 스스로 근본적인 구조개혁을 이루지 못하는 시스템에 동의하지 않는 사회는 칠레가 현재 경험하고 있는 불만족의 상황을 설명할 수 있는 요소들이다. 정치 엘리트들의 상당수는 자신들의 현재 상황을 유지시켜줄 수 있는 권력 구조를 받아들였으며, 규제를 최소화하는 시장경제에 적응했을 뿐 아니라 이를 강력하게 수호하기에 이른다. 민주화 투쟁을 위한 연대의 힘이 사그라지자, 가능한 것의 정치, 작은 개선의 정치 그리고 주어진 조건들에 적응하는 정치들은 더 이상 콘세르타시온의 권력을 유지시켜줄 수 있는 정치형태가 되지 못했다. 하지만 우파 역시 원했던 지지를 얻어내지는 못했다.

2011년 칠레 학생들의 궐기는 학생운동의 범위를 넘어서는 것으로 칠레에서 일어나는, 칠레 사회과학자상을 수상한 마누엘 안토니오 가레톤(Manuel Antonio Garreton)에 의하면 정치, 경제 그리고 사회적으로 칠레 사회를 재탄생시키는 과정을 추동하는 핵심이 되었다.

2. 교육에 관한 논의들

교육문제에 관한 논쟁은 2011년 초에 거의 예상치 못한 방식으로 시작되었으며, 이 논쟁은 주로 높은 교육비용과 공립 및 사립 대학에서 이루어지는 낮은 교육 수준에 대한 학생들의 시위로 이어졌다. 8개월 동안 일어난 210번의 시위 이후, 교육정책은 단순히 언론에서, 정치판에서, 사회에서, 카페에서 그리고 가정집 및 토크쇼와 여론조사에서 다루는 제일 중요한 정책이 되었을 뿐 아니라 예산에 대한 논쟁의 핵심 사안이 되었고, 정부의 통치력, 현 정부가 제공하는 민주주의의 질 및 정치, 경제 및 사회적 발전 모델에 관한 전반적인 논의의 주제가 되었다. 이러한 논의는 또한 일상생활에서 적용되는 근본적인 원칙에 대한 논의로 이어졌다. 국가와 시장의 관계, 공공부문이 담당하는 교육 대 사교육, 상품처럼 다루어지는 교육서비스, 그리고 교육 부문에서 창출되는 이윤들. 이러한 논의들을 통해 교육에서의 재정과 비용, 이윤과 혜택 그리고 교육의 질과 평등한 교육 서비스로의 접근성 등이 다루어졌다. 이 과정에서 다양하고 중요한 질문들이 던져졌다. 교육은 칠레의 학생들이 주장하는 바처럼 그리고 유네스코와 만난 자리에서 그들이 강조했던 것처럼, 시민으로서의 권리이자 사회적 이슈이며 국가의 책임이고 동시에 공공재인가? 아니면 사적인 이슈로 기업의 영역에서 자유로운 시장원리에 의해 생산되는 소비재인가?

피녜라 대통령은 텔레비전에 출연해 이윤창출의 원리[2)]를 옹호했고, 대학 또한 이러한 원리에서 바라보아야 한다고 주장했다. 그는 또한 다음과 같이 주장했다.

---

2) 칠레는 법적으로 고등교육에서의 이익 창출을 금하고 있다. 대학들은 비영리 단체이다. 그럼에도 대학들은 부동산을 소유, 부동산 회사를 경영하고 이를 임대할 수 있으며 이익을 창출할 뿐 아니라 상당한 세제 혜택도 볼 수 있다.

만약 한 기관이, 그게 어떤 종류의 기관이든지, 양질의 교육을 제공하고 법을 지키고 의무를 다하면서 동시에 공공재를 활용해 국가가 규정한 의무를 다하고 난 다음에도 일정한 이윤이 창출된다면 이는 공정한 보상이다. 나는 우리가 꼭 손해를 보는 기관들만을 믿어야 할 필요는 없다고 생각한다 (Wilson, 2011).

콘세르타시온 정부는 몇몇 기록을 갱신한 현 대학 시스템 형성에 상당히 기여했다. 칠레 대학의 등록금은 일인당 국내총생산(PIB)의 41%에 달하는데, 이는 국제적인 수준에서도 매우 높은 것으로, 캐나다의 경우 대학 등록금은 1인당 국내총생산의 10% 정도에 불과하다. 최근 12년 동안 대학 등록금은 물가인상률보다 60% 정도 더 많이 인상되었다. 반면, 칠레는 국내총생산의 0.5%만을 대학교육에 투자하며 이는 세계에서 가장 낮은 수준이다. 만약 하위 60%에 속하는 가정이 자녀를 대학에 보내고 싶다면, 그들은 수입의 40% 이상을 대학 교육에 투자해야 한다(Palma, 2011). 동시에, 대학생들이 대학교육 비용을 충당하기 위해 공공 혹은 민간 금융기관으로부터 정부의 보증으로 받는 대출은 어린 학생들의 미래에 크나큰 짐이 된다. 예컨대, 칠레 산티아고 가톨릭대에서 신문학을 전공하는 학생의 경우 만약 언론사에 직장을 얻게 된다면 빚을 모두 갚기 위해 20년 동안 수입의 28%를 지불해야 한다. 장학금이나 대출 제도는 이 사회의 가장 빈곤한 계층에 속한 학생들이 겪는 불이익을 보상해주지 못한다. 국가가 제공하는 12만 2,000개의 장학금 중 30% 정도가 소득 수준 30% 이상 가정의 자녀들에게 지급되며, 이는 이러한 장학금이 이미 칠레의 명문(사립)대에 다닐 수 있는 학생들에게 주어진다는 뜻이다.[3] 다시 말해, 소득 최상위 계층(월 소득이 2,000달러 이상인 가정)의 자녀들은 가장 가난한 가정(월 소득 60달러)의 자녀들보다 2배의 장학금을 받는다.

교육재정에 대한 논쟁의 세부 사항은 상당히 복잡하다. 1981년 군사 정권하에서 실행된 교육개혁은 교육시스템 또한 극단적인 자유시장주의적 경제구조 안에서 발전하도록 설계되었으며, 사립대학의 난립을 가져왔다. 그 결과 대학(그리고 시간이 흐르면서 고등학교들조차)의 경우 사립기관들이 공립기관을 추월해 대다수를 차지하게 되었다. 군사 독재 시절 이전에 설립된 이른바 '전통적인' 대학들은 — 이들의 대다수는 가톨릭대 등을 제외하면 국립대학이다 — 학부모의 소득 수준에 따라 대학 등록금이 정해지는데, 이들은 오늘날 대학총장회의(el Consejo de Rectores)에 속한 대학들이다. 이들 대학의 학생들이 바로 칠레학생연맹(La Confederación de Estudiantes de Chile: Confech)을 조직하고 대표하는 학생들이며 이들이 바로 학생운동의 주체이다. 사립대학의 학생들은 학생운동의 주변부에 불과하다.

청년 공산주의자 동맹(Juventudes Comunistas)의 회원이자 2011년 칠레 학생연맹의 회장이었던 카밀라 바예호(Camila Vallejo)가 회장직을 유지할 수 있을 만큼의 표를 확보하지 못했다고는 하지만, 그녀는 스타와 주인공에 목말라하던 대중매체 덕분에 세계적으로 칠레 학생운동의 얼굴이 되었다. 국내외 언론들은 그녀의 이미지를 시장에 제공했고, 그녀에 아름다움에 대한 성차별적인 코멘트를 덧붙이는 데 주저하지 않았다. 학생들의 주장은 분명했고 신념에 차 있었다. 그들은 교육의 사업화에 반대했으며, 모든 이에게 무상교육 및 공평한 기회를 제공할 것을 요구했다. 또한 그들은 수준 높은 교육의 질을 요구했고, 공교육 시스템을 우위에 둘 것을 주장했다. 학생들이 제시한 이러한 목표는

---

3) "대통령 비서실의 연구 결과" 2011년 10월 22일 자 *la Tercera*에 실림.

칠레 국민 70% 이상의 지지를 받았고, 학생 운동이 8개월 이상 계속되어 장기화되었음에도 불구하고 유지되었다. 산티아고와 다른 지방의 대학 도시들에서 10만 명 이상이 참가한 집회가 수십 번 열렸으며, 이들 집회에서는 어머니, 아버지, 할아버지, 교사, 교수, 총장 및 시민단체의 지도자들을 쉽게 볼 수 있었다. 결론적으로 학생들뿐 아니라 국민의 상당수가 학생운동의 목적에 동의했다. 이러한 목적들은 피녜라가 유엔총회 연설(New York, 2011년 9월 2일)에서 지적했듯이 불신, 분노, 비아냥거림으로 가득한 칠레 사회에 던지는 '아름답고, 숭고하고 정당한' 목표였다.

3. 폭력의 양면적 사용

학생운동에 대한 유엔에서의 선언이 있었던 바로 다음 날, 이러한 숭고한 목표를 외치는 이들을 최루탄과 물대포를 사용해서 해산시키는 것은 겉으로 보기에 국가의 수장에게 모순된 행동이 아닌 듯하다. 대규모 집회에서는 항상 공권력에 대해 폭력적으로 저항하고, 자동차, 신호등 및 유리창 등을 부수는 극소수의 사람들이 생겨나곤 한다. 경찰에 따르면 시위가 시작된 5월에는 약 50여 명이 무질서한 행동을 저질렀다. 하지만 8월 '복면을 쓴 무리'들은 이미 200명이 되었고, 현재 꾸준히 질서를 어지럽히는 사람들의 숫자는 2,000명으로 늘어났다. 이들은 자주 학생운동 자체의 치명적인 약점으로 작용한다. 경찰은 이들의 행동을 중단시키고 충분한 증거를 갖고 이들을 구속하는 데 상당한 어려움을 겪는 듯하다. 최근 몇 달 동안 폭력적인 행동을 해서 체포된 1,871명의 인사들 중(이들의 90%는 학생들이 아니라 실업 상태의 젊은이들이다) 오로지 5명만 유죄 판결을 받았다. 그 결과, 경찰과 경찰의 조급한 현장 체포는 논란의 핵심이 되었다. 법무부 장관 스스로 검사들의 주의를 환기시키며 검사들의 승진 심사 시 '복면을 쓴 무리'들에 대해 어떤 법적 태도를 취했는지를 평가하겠다며 검사들을 협박했다. 더 나아가 정부는 「공공질서 보호법」의 제정을 추진했는데, 이 법을 통해 학생운동뿐 아니라 모든 집회를 범죄화해 위험한 행위로 규정하려고 했다. 정교하지 않은 법률적 정의들을 사용했던 그 법률안은 '무질서'를 가져온 집회의 경우 그 집회의 목적이 무엇이었던 간에 집회를 소집한 사람에게 책임을 물을 수 있도록 했다. 정국은 더욱 냉랭해졌다.

하지만 학생들은 완벽하게 참신하고 창의적인 운동을 통해 지역 및 세계 여론의 관심을 유지시켜나갔다. 타악기와 트럼펫을 활용한 악단들을 집회에 참가시켰으며, 화음에 맞춰 노래를 불렀으며, 무용수들이 참여하기도 하고 변장을 하거나 가면을 쓰고 집회를 열기도 했다. 또한 곡예사들도 참여했고 항상 흥미와 기쁨을 선사하는 것으로 유명한 팝 아티스트들도 대거 참여했다. 그 결과 학생운동은 그 목표에 대한 진지함을 잃지 않으면서 동시에 집회 자체를 하나의 성과물로 승화시킬 수 있었다. 그 결과 이들이 정치에 뜻을 둔 핏발 선 애송이들이 아니라 자신들이 원하는 바를 분명히 알고 있는 그래서 그들의 권리를 당당히 요구하는 젊은이들이라는 것을 보여줄 수 있었다. 그들이 주장은 매우 구체적이며, 특히 자신들의 요구 사항을 실행하기 위해 18억 달러의 예산을 책정 또한 요구했다는 사실이 이를 뒷받침한다. 1,800이라는 숫자는 곧 시위에서 사용되는 상징적인 숫자가 된다.[4)]

4) 만약 공교육 활성화와 무상교육 실현을 위한 시위의 형태로 1만 2,000명의 커플이 대통령궁과 국내 및 해외 언론 앞에서 1,800초(30분) 동안 키스를 한다면 — 이를

고등학생들의 단식농성, 마포쵸 강가에서의 천막농성 — 이 천막농성은 이후 경찰의 폭력적 해산 작전의 대상이 되었다. 경찰은 해산명령의 이유가 학생들을 보호하기 위한 것이라고 주장했으나 해산작전으로 인해 많은 학생이 심하게 구타당한 상태에서 연행되었다는 사실이 알려지면서 언론의 주목을 받았다. — 그리고 경찰이 쏜 총탄 파편에 맞아 사망한 학생의 소식은 일반 시민들이 학생운동에 연대감을 느끼고 동참하게 만드는 계기가 되었다.

칠레는 피노체트 독재로 생긴 국제적인 부정적인 이미지 때문에 해외에서의 자국 이미지에 대해 매우 민감하게 반응하다. 오늘날 학생운동의 지도자들은 매우 능숙하고 창의적인 방법으로 국제사회의 여론을 환기시켰으며 유네스코, OECD를 비롯한 다양한 국제 사회운동 단체들에게 효과적으로 자신들의 주장을 알리고 있다. 그뿐만 아니라 이들은 유엔에 정부와 학생운동 사이를 중재할 것을 요청했고, 유엔 산하 인권위원회 및 세계적으로 저명한 인사들로 하여금 칠레 경찰의 행태가 과잉진압과 불필요한 정책이라고 규정하게 만들었다. 학생운동의 이러한 일련의 활동은 놀라울 만큼 국제적인 성격을 띠고 있을 뿐 아니라 국내 및 국제 사회에서 스스로의 이미지를 유지 혹은 개선하고자 하는 칠레 정부에게 심각한 타격을 입혔다.

끊임없는 미사여구에도 불구하고, 정부는 학생들의 주장을 받아들일 자세가 되어 있지 않다. 2012년 예산안을 살펴보면, 정부는 '훌륭하고 아름다운 목표'인 교육에 풍부한 예산을 확보하지 않고 있다. 야당은 협상 중인 의회의 위원실을 점거하고 있는 칠레학생연맹(Confederación

---

Besatón(키스라는 뜻의 Beso와 마라톤을 합쳐 만든 신조어 — 옮긴이)이라고 부르는데 —, 이 뉴스는 분명 BBC와 CNN의 해외 뉴스에 대서특필될 것이다. 대통령궁 주변을 1,800시간(75일) 동안 나눠 달리는 행사 또한 같은 효과를 냈다.

de Estudiantes de Chile: CONFECH)과 겁에 질린 채 제한적이나마 합의에 도달했고, 학생들로부터 불신당하지 않기 위해서 정부의 교육 예산안을 거부했다. 하지만 반(反) 콘세르타시온 세력과의 이러한 협조가 연말에 치러진 칠레학생연맹 선거에서 전 행정부를 강력하게 비판하는 지점이 되었다. 즉, 협상 자체를 부정하는 기류가 형성되었다. 이후 들어선 새 칠레학생연맹 지도부는 급진적인 독자성을 강력히 고수해 모든 정당들과 적대적인 관계를 형성하고 있다.

그럼에도 불구하고, 여름방학 이후 진행되어온 논쟁의 방향성과는 별개로, 한 가지 분명한 사실은 학생운동이 국가와 사회에 관한 새로운 관점과 경험을 우리에게 제공해주었다는 것이며, 이는 결코 사소한 변화가 아니다. 칠레의 학생운동은 민주화 이후 칠레가 겪어낸 가장 중요한 사회문화 및 정치적 변화 중 하나이다. 교육의 문제는 이제 주요 정치 과제 중 하나로 분명하게 자리 잡았다. 하지만 이러한 논의는 단순히 교육에만 머무는 것이 아니라 더욱 확장되어 다른 사회문제들에 대한 공적 영역에서의 논쟁에 큰 영향을 끼쳤다. 예컨대, 교육에 대한 논의는 조세 개혁, 민주헌법 개정, 사회의 세속화, 여성 및 성적 소수자들의 권리와 더 넓게는 국가-시장-사회의 관계에 대한 토론을 불러일으켰다. 게다가 학생들 및 다른 운동 단체들의 조직화를 통해 2011년 환경, 인종 및 사회 전반의 갈등들이 표면에 드러날 수 있었으며 그 결과 정치 및 경제 개혁에 대한 요구가 사회 전반에서 터져 나왔다.

4. 새로운 헌법, 새로운 정책

칠레의 정치 모델은 피노체트 정권의 헌법과 중선거구제(2인 선출)[5)]

에 기반을 둔다. 칠레의 선거구 제도는 한편으로 안정성을 보장한다. 하지만 다른 한편으로는 인구 밀도가 매우 낮은 남부에서는 수도인 산티아고에서보다 1/10 정도의 표만 얻어도 국회의원이 될 수 있는 선거 시스템을 의미한다. 소외된 지역에도 동등한 정치적 목소리를 부여하자는 의미에서 도입된 이러한 선거제도는 실질적으로는 1인 1표의 원칙에 위배되는 것이다. 헌법의 경우 법률 개정을 위해 정족수를 매우 높게 책정해 4/7 혹은 그 이상을 요구한다. 그 결과 법률 개정은 양당 혹은 양 정당연합 간의 합의 없이는 불가능하다. 이 절차는 어쨌든 소수당에도 투표의 권리를 부여한다.

한편 2011년 말 거의 7년간의 논의 끝에 칠레 국회는 칠레 국민으로 등록되어 있음에도 불구하고 선거 때마다 선거권을 획득하기 위해 선거인 등록을 강제하는 조항을 마침내 삭제했다. 새로운 선거법에 따르면, 앞으로는 선거인 등록이 자동적으로 이루어지며 그 결과 2012년 10월에 치러질 시의회 선거부터 480만 명의 새로운 유권자가 등록될 것으로 예상된다. 이는 1949년 여성에게 참정권을 부여한 이래 가장

---

5) 현재 칠레가 국회의원 선거에서 채택하고 있는 중선거구제도는 한 선거구에 2명씩을 선출하도록 하고 있다. 의석은 각 선거구에서의 득표수에 따라서 결정된다. 즉, 각 선거구의 투표는 전국적 정당에 대한 투표가 아니다. 그 결과 한 선거구에서 득표를 많이 한 정당 혹은 정치연합 소속의 후보 2명이 당선되며, 다른 후보들이 획득한 표는 무효처리 된다. 만약 한 정당이 제출한 후보 목록의 첫 번째 후보가 2위를 한 후보보다 2배 이상의 득표율을 올린 경우 그 선거구에서는 1위를 한 후보의 정당이 2명의 의석을 모두 차지하게 된다. 이런 방식은 두 개의 가장 큰 정당 혹은 정당 연합에 유리하며, 소수 정당들이 국회의원을 선출하기 어렵게 만든다. 그 결과 칠레의 하원은 거의 정확하게 두 정당 혹은 정당연합(현재는 콘세르타시온과 알리안사)에 의해 양분된다. 이러한 선거제도를 채택하고 있는 국가는 칠레를 제외하고는 인도네시아가 유일하다.

많은 유권자가 새로이 참정권을 보장받는 사건이다. 이해를 돕기 위해 비교를 해보자면, 최근 치러진 칠레의 선거에서 740만 명의 국민 중 거의 700만 명이 선거에 참여했다. 게다가 2013년 대선부터는 해외에 거주하는 칠레인들에게도 선거권이 주어지며 이러한 결정은 1990년부터 계속된 관련 논의의 결과물이다. 이러한 변화로 인해 칠레의 향후 선거 정국을 예측하기란 매우 어렵다. 한 가지 예상해볼 수 있는 것은 새로이 투표권을 부여받는 480만 명의 유권자들의 80%가 35세 미만이라는 점을 고려한다면, 향후 선거의 결과는 변혁이 더딘 기존 정당의 정치보다는 소위 '젊은' 정치 변수의 영향을 크게 받을 것이라는 것이다. 통계에 따르면, 현재 학생들의 7%만이 투표권을 갖고 있으나 앞으로 정부 여당이 유권자 대다수의 지지를 받을 수 있는 가능성은 낮아 보인다.

리카르도 라고스 정권하에서 제한적이나마 성공했던 헌법 개정의 결과 피노체트에 의해서 임명되었던 몇몇 상원의원들의 의원직이 박탈되었다. 이들은 의원직이 박탈되기까지 민주화 이후 2번의 회기에 걸쳐 늙은 독재자의 의지를 정국에 반영하는 역할을 했다. 하지만 독재의 잔재를 지운 새로운 헌법에 대한 요구는 갈수록 더욱 강력해졌다. 이러한 요구 중 가장 중요한 것은 현 중선거구제를 철폐하거나 최소한 수정해서 국민들의 민의가 더욱 정확히 전달될 수 있는 선거제도를 도입해야 한다는 것이다. 또한, 각 주의 주지사 역시 대통령이 임명할 것이 아니라 주민들이 선출해야 한다고 주장하며, 새로운 정당법과 정당 및 정치조직의 재정 공영제, 정당 간 관계의 민주화, 30%의 공직에 대한 여성할당제, 정당 후보 선출을 위한 경선제 도입, 그리고 상·하원 의원의 임기 축소를 요구했다. 정치 개혁의 내용들은 갈수록 광범위해지고 있으며, 이는 지난 민주정부 21년 동안 얼마나 많은 정치적 요구들이 축적되어왔는가를 보여준다.

5. 평등과 사회정의

칠레 독재정권의 경제모델은 거룩한 시장과 경쟁의 법칙하에 보호받는 그 누구도 범할 수 없는 사적 재산권이라는 원칙에 기반하고 있다. 그리고 독재 정권의 경제모델을 큰 변화 없이 콘세르타시온 정권하에서도 유지되었다. 라틴아메리카에서 이렇듯 시장근본주의가 성역시되는 국가는 칠레가 유일하다.

시장의 극단적인 자유가 용납되고, 동시에 드러난 부패의 수준이 낮은 조건하에서 칠레는 매우 대담하게 시장 개방을 적극적으로 추진했으며, 그 결과 57개국과 20개의 자유무역협정에 서명했다. 또한 강도 높은 구조조정을 단행했다. 1990~2010년 국내총생산은 거의 3배 정도 증가했고, 군사정권하에 40%에 육박하던 빈곤율은 2009년 기준으로 15%까지 떨어졌다. 그뿐만 아니라 절대빈곤율 또한 4%(Ministerio de Planicifación, 2009) 미만으로 낮아졌다. 현재 칠레는 라틴아메리카에서 1인당 국민소득이 1만 6,000달러를 기록하며 아르헨티나에 이어 두 번째로 국민소득이 높은 나라가 되었다. 하지만 군사독재시기로부터 물려받은 불평등은 민주정부하에서도 개선되지 않았다.

상당한 경제적 성공, 특히 놀라운 경제성장률로 인해 칠레는 OECD 가입국이 되었다. 하지만 OECD 가입으로 인해 칠레는 다른 회원국들의 기준에 맞춰 경제정책의 성과와 실패 그리고 재정적자를 평가받게 되었다.

최소한 민주정부 1기와 2기 동안(1990년부터 2000년까지), 콘세르타시온 정부는 피노체트 정권의 경제모델에 대해 제한적이고 조심스러운 수정만을 할 수 있었는데, 이는 군사 독재 세력이 언제든 다시 돌아올지도 모른다는 불안감 때문이었다. 군사 정권이 만들어놓은 헌법과 관련 선거법 때문에 상·하원에서 정치개혁을 위한 2/3 의석을 확보할 수 없었고, 항상 야당과 협상을 해야만 했다. 이러한 주장은 현재는 야당이 된 콘세르타시온 세력이 자신들의 정권을 비판하는 세력에 항상 써먹는 변명이다. 교육개혁과 같이 실패한 개혁의 실패 원인은 이 시기로 거슬러 올라가며, 따라서 현 야당 세력이 정부를 비판하는 지점에 대한 국민적 공감대가 잘 형성되지 않는다.

게다가 콘세르타시온 정부는 경제개혁을 하려는 강한 의지를 갖고 있지 않았다. 왜냐하면 중도좌파 정부의 주요 요직에 등용된 인물들 역시 신자유주의 복지국가라는 환상에 젖어 있었기 때문이다. 이러한 정책은 각자의 직책을 유지해주었을 뿐 아니라 최근 수년간 가격 상승을 경험한 구리와 같은 원자재의 수출이 쉬워진 관계로 국가 재정의 수입 또한 증가시켜주었다. 그 결과 칠레의 생산 및 수출 구조는 진정한 개선 없이 유지되었다. 즉, 칠레는 지난 세기 1960년대와 1970년대에 유행하던 원자재 중심의 수출 및 경제구조를 통한 발전모델을 유지했다. 이러한 정책의 제1파트너는 미국에서 중국으로 바뀌었고, 중국은 강력한 구리 소비국으로 부상했지만, 이 경제정책의 주요 특징은 그대로 유지되었다. 구리와 원자재 및 몇몇 식가공품(와인, 생선, 해산물)의 수출을 통한 경제 발전이 바로 그것이다.

이러한 경제모델은 '성공한 저개발'이라는 현상을 보여준다. 절대적으로 부족한 에너지 정책은 성장을 가로막는 장애물이다. 게다가 환경적으로 민감한 지역인 파타고니아에 5개의 거대한 수력발전소와 전국에 걸쳐 2,000km에 달하는 에너지 전송관 ― 이를 '전력고속도로'라고 부른다—을 건설하겠다는 계획은 작년부터 거대한 전국적 규모의 시위를 불러일으켰다. 칠레 정부는 칠레가 상당히 지진에 취약함에도 불구하고 원자력 발전의 가능성을 버리지 않고 있다. 버락 오바마 대통령의 칠레 산티아고 방문 시, 양국은 2011년 3월, 즉 후쿠시마 원전사고 얼마 지나지 않아 원전 개발을 위한 상호 협약서에 서명했다.

경제 각 부문에 대한 규제와 조절의 부재로 인해 모델 국가로의 이미지 또한 타격을 입었다. 지난 40여 년간 시장에 집착한 나머지, 일례로 은행과 같은 금융기관에 대한 규제와 통제가 거의 전혀 없다시피 했다. 현 권력구조하에서 국가의 시장에 대한 규제와 시장에서의 경쟁 부재는 국내시장이 몇몇 경제권력들에 의해 심각하게 독점되어 있다는 현실과 맞물려 있다. 시장의 독점 세력들은 언론기관 또한 통제하는데, 특히 칠레의 대중매체는 매우 보수적인 금융그룹들에 의해 지배당하고 있다. 이러한 보수적인 금융 부문은 전통적인 경제권력의 이해관계를 보호하기 위한 강력한 카르텔을 구성하고 있는 은행과 금융기관들로 구성되어 있다.

토지와 소득이 극단적으로 불평등하게 분배되어 있는 현실은 칠레의 지니계수가 0.52에 이르는 결과를 낳았고, 위에서 설명한 경제 정책의 결과 칠레는 OECD 국가 중 가장 빈부의 격차가 큰 국가들 중 하나가 되었다. 현재 칠레의 불평등을 가져온 가장 중요한 변수는 조세제도이다. 조세율이 20%를 밑도는 칠레의 경우, 비슷한 국내총생산을 갖는 나라들과 비교해보아도 조세율이 낮은 편이다. 20년 동안 집권한 후 정권을 빼앗긴 야당 세력은 스스로가 '불평등'에 대항해 투쟁하며, 사회정의를 수호하는 세력이라고 주장한다. 하지만 야당 정당들에 대한 낮은 지지율을 볼 때, 이들은 분명 국민들의 신뢰를 이미 상당 부분 잃어버린 것으로 보인다. 물론 여당 역시 국민의 신뢰를 잃었다는 점에서는 야당 세력과 같은 처지이다.

6. 정치적 상황과 향후 전망

거의 2년의 임기가 지났음에도 불구하고 현 정부는 아직도 국민들에게 실용적이고 일관성 있는 정책 어젠다를 보여주지 못하고 있다. 그들은 정부의 행동을 시스템화하고 구조화하며 동시에 설명할 수 있는 합리적인 '보수주의 담론'을 개발하지 못하고 있다. 세바스티안 피녜라 대통령은 굳이 이야기하자면 '공지'하는 대통령이다. 그는 거의 어떠한 합의도 도출하지 못하며, 심지어 여당 연합 내에서의 합의도 이끌어내지 못한다. 그 결과 그의 지지율은 23%(*Clarín*, 2011년 12월 30일)까지 떨어졌으며, 야권은 대통령의 거대한 계획의 '작은 글자들'을 분석해 들어가 비판함으로써 존재감을 강화해나가고 있다.

'새로운 형태의 정치'를 약속했던 기업가형 대통령 피녜라는 급진적인 시장주의의 틀 안에서 행동하며 때때로 칠레를 거대 기업으로, 내각의 장관들을 기업의 국장 내지는 이사처럼 다룬다. 그 결과 여권 내에서도 그들의 의견이 정책에 잘 반영되지 않고 있다는 불만이 팽배하다. 대통령의 행보는 많은 경우 매우 즉자적이고 개인적으로 결정된다. 집권 초기부터 명백하게 나타나던 집권 세력 내의 반동적 극우들과 '(이제는 거의 모든 담론과 정책에서 자취를 감춰버린) 현대적이고 민주적인 보수주의'를 어떻게 정의할 것인가를 둘러싼 갈등은 정부정책의 모든 부문에 영향을 끼쳤다. 대표적인 부문으로는 교육정책, 조세개혁, 야당과의 관계, 경찰권 강화 등이 있다.

그럼에도 지금까지는 현 정부에 대한 지지율의 붕괴가 야권에 유리하게 작용하고 있는 것 같지 않다. 정치적 갈등이 빚어진 특정 분야에서 동의와 합의가 도출되었다고는 하지만 여전히 분명하고 실용적인 정책의 기조는 실종되어 있고, 정부정책에 대한 분명하고 명확한 대안 제시도 이루어지지 못하고 있다. 무엇보다도 지난 콘세르타시온 정부 20년간의 실책들로 인해 야권세력에 대한 국민의 믿음은 매우 낮은 편이다. 2013년 대통령 후보직을 두고 벌이는 야권 정치인들의 인기 경쟁과 2012년 지방선거를 위한 야권 연대가 아직도 이루어지지 못한 현실에 비추어볼 때, 당장 중도좌파 세력의 강화가 이루어지리라고 예상하는 것은 현실적이지 않은 듯하다. 콘세르타시온에 반발해 독자 후보로 출마해 무려 20%의 득표율을 보여주었던 엔리케 오미나미(Enrique Ominami)를 주축으로 한 새로운 좌파정당인 진보당(Partido Progresista: PRO)은 합법적 정당조직으로 출범했다. 오미나미는 현재 각종 여론조사에서 상당한 개인적 인기를 누리고 있는 전임 대통령 바첼레트에 이어 두 번째로 선호되는 대통령 후보의 자리를 유지하고 있다. 바첼레트의 인기는 다른 정치인들의 인기와는 비교할 수 없을 정도로 높을 뿐 아니라 현 정부에 대한 지지도보다 바첼레트에 대한 지지도가 높은 것이 현실이다.

구 콘세르타시온 세력은 다양한 정책 프로그램에 대한 논쟁을 진행하기보다는 과연 콘세르타시온이라는 오래된 연합관계가 아직도 유효한가를 논쟁하고 있다. 이들은 구 콘세르타시온 연합을 유지할 것인가 아니면 진보당, 공산당 그리고 다른 소규모 좌파세력들을 규합해 완전히 새로운 중도좌파연합을 구축하는 편이 다가오는 지방선거와 대선에서의 승리를 위해 더 나을 것인가를 두고 고심하고 있다. 여론조사에서의 급격한 지지율 하락에도 불구하고, 구 콘세르타시온 연합 내의 우파들은 콘세르타시온을 유지해야 한다고 주장한다. 그들은 콘세르타시온의 정책 프로그램을 개선하거나 정치인들에 대한 물갈이가 필요하다고 보지 않는다. 그들은 오로지 2013년 대선후보로 바첼레트를 세울 수만 있다면 지금 겪고 있는 정당의 위기가 극복될 것이라고 여기는 듯하다. 반면, 기득권 세력에 대해 가장 비판적인 콘세르타시온 내의 정파들의 목적은 대선 승리나 정권 창출이 아니다. 그들은 정치 과정의 내용과 목표를 재규정하는 것이 그들의 목표라고 주장하며, 이러한 주장은 최근 몇 달 동안 사회운동의 격화와 함께 더욱 강력해졌다. 그들은 국민의 신뢰와 믿음을 회복하고 시민사회와의 새로운 소통의 통로를 열 수 있는 개혁 어젠다의 수립을 위해 노력한다. 이러한 테두리 안에서 그들은 만약 바첼레트가 현재 맡고 있는 UN 산하 여성위원회 위원장직을 포기하게 된다면 자신들의 정치 어젠다를 지지해줄 것을 기대한다.

7. 사회변혁 운동에 동참하고 있는 시민 인구

의회정치 속의 정치적 야권의 약세는 사회적 저항세력으로 인해 상쇄된다. 이들 세력은 시위 중인 학생운동과 연합해 매우 구체적인 요구를 내놓고 있다. 가장 눈에 띄는 세력은 노동조합들이다. 이들은 초기에는 운동 조직화와는 거리를 둔 행보를 보였었으나, 노동자연맹(La Central Unitaria de Trabajadores: CUT)을 통해 학생운동과 서서히 협조하기 시작했고, 이후 노조지도자들과 학생운동가들이 함께 시위와 행진을 조직하기 위해 2번의 총파업을 단행했다.

그뿐만 아니라 칠레와 같이 깊은 가톨릭 전통의 나라에서 4만 명의 게이, 레즈비언 그리고 이성애자들 특히 동성애자의 가족들이 시위를 벌인 일은 놀라운 사건이었다. 특히 동성애자들의 가족들은 '내 손자는 게이이고 나는 그를 지지한다'는 등의 피켓을 들고 거리로 나와 동성애자들의 결혼을 합법화하라고 요구했다.

여성들 또한 수천 명이 모여 성평등 그리고 여성의 참정권 강화를 요구했다. 물론 바첼레트 정부하에서 여성의 권리와 관련된 수치들은 개선되었다. 하지만 정치 분야에서 여성의 참여율은 여전히 놀라울 정도로 미미하다. 38명의 상원의원 중 오직 5명이 여성이며, 120명의 하원의원 중 18명만이 여성이다. 지방정부에서도 이러한 현상은 유지된다. 345개의 시 중에 여성 시장이 있는 도시는 불과 43개에 불과하며 2,140개의 시의원(concejalías) 중 493명만이 여성이다. 현재 22명의 장관 중 오직 4명만이 여성장관이다.

칠레의 최남단 지방인 마가야네스의 투쟁에서 파타고니아의 주민들은 파업 선언을 통해 에너지 가격 상승, 지방에 대한 무관심 그리고 지방민들이 겪어야 하는 구조적 불이익 등에 대한 관심을 환기시켰다. 마푸체(Mapuche) 공동체의 시위와 그들의 단식농성 그리고 조직적인 활동은 여론에 강력한 영향을 끼쳤으며, 2010년부터 그들에 대한 역사적 종속 및 권리의 유린에 대한 칠레 사회의 이해를 높이고 있다.

수천 명의 시민들이 파타고니아 지역 댐 건설에 반대하며 시위를 벌였고, 국민 여론의 70%가 이에 반대했다. 현재 수백만 달러의 투자 유치에 눈이 먼 특정 이익 집단들의 힘이 이미 국제적인 연대와 80개가 넘는 NGO의 참여를 통해 조직된 환경 및 시민단체들의 '댐 없는 파타고니아' 운동보다 강력한지 우리는 곧 알 수 있게 될 것이다.

결론적으로 항상 중도를 지향하며 권위주의적인 구조의 기반을 흔들 만한 갈등을 피해왔던 칠레의 정치문화가 대규모 시위로 인해 강력하게 도전받고 있다. 이러한 시위 중 특히 눈에 띄는 것이 학생운동이다. 이러한 봉기의 주도권을 얻고자 하는 정당의 의도는 그것이 무엇이건

간에 운동체들의 주장을 도구화하려는 시도일 뿐이라며 냉정히 거절당했다. 시위 참가자들은 '연대하는 민중은 정당 없이 나아간다'라고 주장했다. 교육, 원주민의 권리, 환경, 성평등에 관련한 구체적인 요구를 넘어서 시민사회와 정치 사이에 존재하는 상당한 거리가 반영된 시위 조직의 성격을 보여준다. 정당조직은 국민들의 신뢰와 연대 그리고 정당들이 실험했던 리더십을 잃어버렸다. 이는 민주화 이후 칠레 사회의 특징이기도 하다. 곧 칠레는 다시 한 번 움직이기 시작할 것이다.

참고문헌

Palma, Christian. 2011. “Patricio Meller: ‘Los estudiantes equivocaron el enfoque al atacar el lucró.” *La Tercera*, 13/9/2011. at <http://diario.latercera.com/2011/09/13/01/contenido/pais/33-83458-9-patricio-meller-los-estudiantes-equivocaron-el-enfoque-al-atacar-el-lucro.shtml>.

Wilson, José Miguel. “Piñera defiende que educación de calidad tenga ‘justa conpensación’.” en *La Tercera*, 5/9/2011 at http://diario.latercera.com/2011/09/05/01/contenido/pais/31-82608-9-pinera-defiende-que-educacion-de-calidad-tenga-justa-compensacion.shtml>.

“Estudio de la Secretaría General de la Presidencia.” en *La Tercera*, 22/10/11.

“Ministerio de Planicifación: Encuesta Casen 2009.” at <www.ministeriodesarrollosocial.gob.cl/casen2009/RESULADOS_CASEN_2009.pdf.

“Una histórica crisis de popularidad obliga a Piñera a cambiar el gabinete.” en *Clarín*, 30/12/2011 at <www.clarin.com/mundo/historica-popularidad-Pinera-cambiar-gabinete_0_618538223.html>.

제10장

여권의 위기와 야권의 분열 사이

세파스티안 피녜라 정부 1년의 칠레

마리아 데 로스 앙헬레스 페르난데스 라밀

2010년 칠레를 강타한 지진으로 생겨난 위기는 세파스티안 피녜라 정부 첫해를 규정해 버렸고, 그 결과 전통적인 방식으로 피녜라 정부의 성과를 논하기 어렵게 만들었다. 선거 중 공표된 공약과 여론조사의 결과 외에도 우리는 이 정부의 리더십 스타일, 정책 결정 과정과 그 결과를 분석해야 한다. 다른 한편으로 콘세르타시온에 의해 주도되고 있는 야권은 현 정치시스템에서 자신의 자리를 찾는 데 예기치 못한 어려움을 겪고 있다. 최근 오바마 대통령은 칠레를 라틴아메리카 지역의 모델로 지지하기 위해 방문했으나, 공교롭게도 미 대통령의 방문은 칠레가 최근 수십 년간 추진했던 성장 위주의 정책에 대한 비판이 터져 나오기 시작한 시점에 이루어졌다.

마리아 데 로스 앙헬레스 페르난데스 라밀 María de los Ángeles Fernández Ramil
베네수엘라 중앙대학교(Universidad Central de Venezuela)에서 정치학 학부 과정을 졸업하고 칠레 가톨릭대학교(la Pontífica Universidad Católica de Chile)에서 정치학으로 석사를 받았으며, 산티아고 데 콤포스텔라(Santiago de Compostela) 대학교에서 현대정치 과정으로 박사 학위를 받았다. 2000년부터 2002년까지 칠레 정치학회 회장을 역임했고 이어 2006년 선거개혁을 위한 Boeninger 위원회의 위원으로 활동했다. 현재 칠레 21 재단(la Fundación Chile 21)의 이사장이다.

* 이 글은 ≪Nueva Sociedad≫ 233호(2011년 5~6월호)에 실린 글을 옮긴 것이다.

1. 정권 교체의 시간

칠레가 1990년 민주화된 이래 5번째 대선에서 거둔 우파의 승리는 놀라운 것이다. 특히 이 세력이 1973년 칠레의 민주주의를 파괴했다는 점을 고려한다면 더욱 그렇다. 우파의 기수인 세파스티안 피녜라는 2010년 1월 17일 대통령 선거 결선투표에서 유효 투표수의 51.6%를 획득하면서 48.4%를 획득한 전임 대통령 출신 콘세르타시온 후보 에두아르도 프레이 루이스 타글레(Eduardo Frei Ruiz-Tagle)에 승리를 거두었다. 이번 선거는 2000년 라고스 대통령을 결선투표까지 가게 한 호아킨 라빈(Joaquín Lavín) 후보가 우파 연합 후보로 선거에 나선 이후 두 번째로 우파세력이 연합 후보를 낸 선거였다.

라틴아메리카 지역을 중심으로 정치 현상을 고찰하는 이들에게 이번 선거의 결과는 지역에서 불고 있는 '좌 클릭의 바람'을 잠재우는 결과이다. 다른 이들에게는 피녜라가 정권교체의 원칙을 회복하며 대권을 획득한 것은 칠레의 민주주의 이행기가 완성되었다는 구체적인 증거이기도 하다. 2010년 라틴바로미터(Informes Latinobarómetro)의 자료에 따르면, 칠레는 여론조사에 참여한 참가자의 56%가 민주주의에 만족한다고 대답했고, 이는 최근 15년의 민주화 시기 중 가장 높은 만족도였다. 역설적이게도 이번 선거에서 기권표와 무효표는 1988년 이래 가장 높았다. 그 결과 세바스티안 피녜라는 민주화 이후 가장 낮은 득표수로 당선된 대통령이 되었다.

피녜라는 2010년 2월 27일 칠레를 강타한 강력한 지진의 여파 속에서 대통령이 되었다. 취임 첫해 승인된 공공프로젝트의 48%가 복구사업과 관련된 것이라는 사실이 피녜라 임기 초기 지진의 영향을 보여준다. 그뿐만 아니라 광산에 고립되었던 광부 33명의 구출 또한 드라마를 더해주었다. 광부들의 고립 사건 자체는 OECD 가입국인 칠레의 노동 조건이 얼마나 열악하며 또 최근 얼마나 악화되었는가를 보여주는 사건이지만, 성공적인 구출 작전 덕분에 피녜라 대통령은 '칠레식' 일 처리라는 개념을 주장할 수 있었다. 여기서 '칠레식'의 뜻은 효율적이고 신속하게 맡은 바 임무를 수행한다는 뜻으로 경영 혹은 기업 논리와 연관되는 개념이다.

그럼에도 2011년 3월 11일 피녜라 정부 1주년을 맞이해 비록 이 정권이 지진 속에서 매우 독특한 환경을 갖고 출범했으나 이 정부의 공과 사를 평가해보고 정부의 몇몇 주요 성향 또한 파악할 수 있을 것이다.

2. 공약과 여론조사 사이

어떻게 정부를 평가하며 그 기준은 무엇인가? 우선 가장 즉각적인 평가 방법은 공약과 정부 시책을 비교해보는 것이다. 선거 캠페인 동안 전대미문의 인기를 누렸던 미첼 바첼레트 당시 대통령으로 인해 — 한때 바첼레트의 국정 수행에 대한 긍정적인 평가가 80%에 육박했다 — 정치적 행보에서 매우 조심스러웠던 피녜라는 전임 대통령과 같은 정책을 펴겠다고 주장했다. 게다가 더 나아가 바첼레트가 이미 도입하려 했던 다양한 복지제도에 더해 스스로가 '기회 시스템'이라고 이름 붙인 새로운 복지 정책까지 추진하겠다고 공언했다. 그의 최우선 과제는 경제성장, 일자리의 창출(매년 25만 개의 일자리를 창출하겠다고 공헌함) 그리고 범죄와의 전쟁이었다. 이러한 목표들을 염두에 둔다면 피녜라 정부는 높은 점수를 받을 수 있다. 칠레는 성장률을 회복했을 뿐 아니라 2010년 말 성장률이 5.2%에까지 달하게 되었다. 고용의 경우 일자리는 늘어났으며 사회적으로는 공포와 범죄에 의한 피해 역시 줄어들었다.

그럼에도 정부의 상태를 평가할 수 있는 주요 지표인 여론조사의 경우 늘 성공적인 소식만 전하는 것은 아니다. 피녜라의 지지율은 광부들이 구출되었을 당시의 잠깐을 제외하고 그 정부의 지지율보다 낮았고, 이는 정치 속에서 관성적으로 일어나는 현상과 정반대의 일이다. 또 하나 범상치 않은 것은 현재 정부의 시책에 찬성하는 인구보다 반대하는 인구가 더 많다는 점이다. 피녜라를 대선에서 지지했던 지지세력 중 가장 공고한 전 국민의 40% 정도 되는 인구는 여전히 지지 블록의 역할을 하고 있다. 하지만 그 이상의 지지율을 확보하지는 못하고 있는데, 이는 최근 칠레의 역사를 돌아보건대 매우 독특한 현상이다. 즉 피녜라는 소수들의 대통령(Gaspar, 2011)인 셈이다. 이는 의회에서 정부 여당이 다수를 차지하지 못했을 뿐 아니라 다수 시민들의 지지 또한 획득하지 못했다는 뜻이다.

이러한 현상을 설명할 수 있는 첫 번째 요인은 바첼레트가 칠레 정치에 가져온 정직, 신뢰성, 친밀성과 같은 몇몇 속성들을 피녜라는 보여주지 못하고 있다는 점이다. 다른 요인은 대통령이 재빨리 정치와 비즈니스를 분리해서 생각하기 시작하지 못했다는 것이다. 피녜라 대통령 소유의 칠레 최대의 항공사인 란칠레와 칠레비시온 방송사 주식 매각이 더뎌질수록 국민들은 대통령이 이권 개입의 여지를 마지못해 버리고 있다고 의심할 것이다. 추정되는 세 번째 요인으로, 객관적인 지표상의 개선과 이 정부에 대한 주관적인 비판적 평가 간의 간극을 형성하는 원인은 정부가 제시하는 고용 관련 통계 — 비록 그것인 '스스로 규정한' 고용을 측정한 것일지라도 — 를 신뢰한다고 하더라도 고용의 질이 우수하지 못한 현실이다. 만약 칠레가 전 세계에서 가장 극심한 소득불평등

〈그림 10-1〉 대통령의 정치에 대한 지지율 및 반대율(1990~2010)

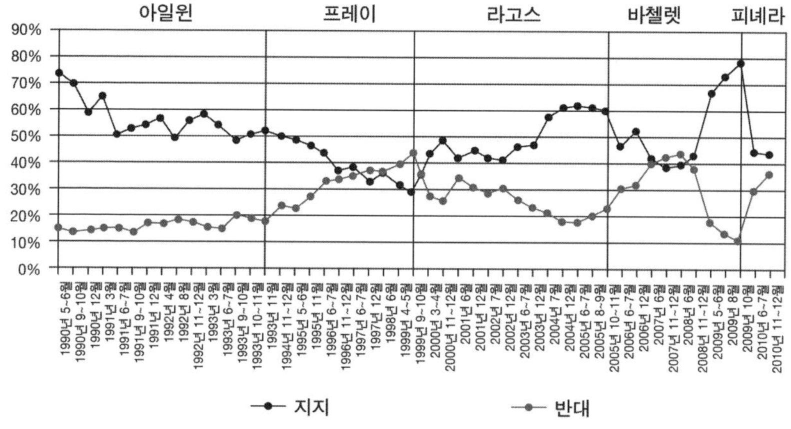

자료: el Centro de Estudios Públicos(CEP)의 여론조사.

〈그림 10-2〉 대통령의 정치 및 경제운용에 대한 지지도(2004~2010)

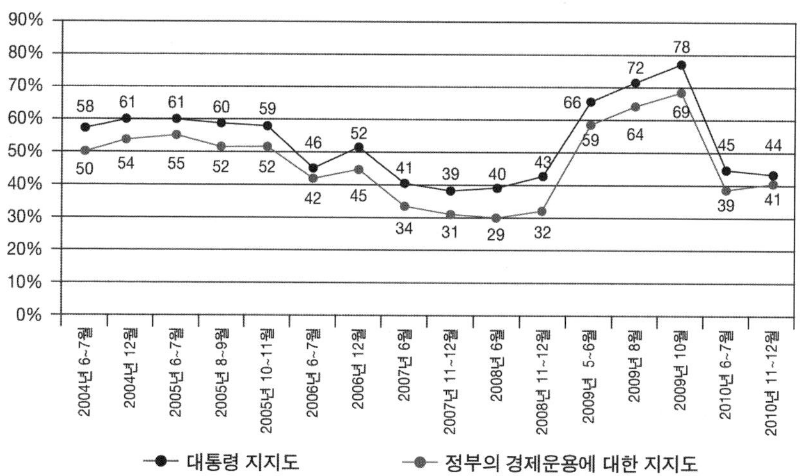

자료: el Centro de Estudios Públicos(CEP)의 여론조사.

분배구조를 보이는 나라이며(Girardi y Ominami, 2009: 17 참조) 동시에 빈곤율을 눈에 띄게 감소시킨 나라임을 기억한다면, 객관적 지표와 정부에 대한 평가 간의 간극은 피할 수 없는 결과로 보인다.

<그림 10-1>과 <그림 10-2>에서 볼 수 있듯이, 1990년대부터 최근까지 대통령에 대한 지지율은 최근 광부들의 구출 때 피녜라 대통령이 기록한 최고점에서도 경제운용에 대한 지지도로 연결되지는 않았다. 따라서 최근 몇 년간 대통령에 대한 지지도와 경제운용에 대한 지지도가 체계적으로 분리되는 현상이 눈에 띈다. 하지만 현 정부에서는 그 차이가 줄어드는 경향을 보인다.

3. 세 가지의 시험: 스타일, 성과 그리고 과정

여론조사 결과, 수치에 대한 토론 이상으로 논쟁을 불러일으키는 요소는 세바스티안 피녜라 대통령이 보여준 리더십의 스타일이다. 대통령의 리더십을 고찰하는 것은 매우 중요하다. 왜냐하면 정치적 대표자들이 그들이 대표하는 이들로부터 어떻게 인식되고 있는가는 직위에 대한 과시라는 상징적인 면을 설명할 수 있기 때문이다. 그들이 갖고 있는 견고한 제도들에 상당한 자부심을 가진 칠레에서 언론이 '피녜라주의'를 언급할 때, 이는 언론에의 빈번한 노출이라는 자원을 사용해 과장되어 표출되는 대통령이 갖는 개인적인 성향을 반영하는 것이다. 여권은 취임 초기부터 내각의 비즈니스 매니저와 같은 행태 및 독립민주연합(Unión Democratica Independiente: UDI)에 대한 홀대를 지적했다. 40명의 하원의원이 소속되어 있는 현존하는 가장 큰 정치연맹인 알리안사(Alianza)는 내부의 불만을 잠재울 수 있는 기회를 맞지 못하고 있다.

UDI의 지도자들은 집권 초기부터 정부로부터 소외되고 있다고 주장했으며, 이는 정부가 의회로부터의 지지를 도출하기 위한 노력이 부족하다는 점을 보여준다. 일례로 2011년 예산안 표결에서 콘세르타시온의 거의 모든 수정안은 몇몇 여권 의원들의 지지를 받을 수 있었다. 물론 공평하게 말해서 피녜라 대통령이 정당을 적절히 고려하지 않은 첫 번째 대통령은 아니다. 바첼레트 자신도 정당과의 거리를 유지한다는 이미지 구축에 성공했고, 그러한 이미지를 통해 압도적인 국민의 지지를 만들어낼 수 있었다. 하지만 현 대통령의 경우 공화국에 대한 이해가 부족하다는 인상까지 주는데, 이는 대통령직을 수행하는 사람에게는 매우 희귀한 현상이다. 몇몇의 분석에 따르면 이는 피녜라 대통령이 '통치행위를 하는 데 필수불가결한, 상징적 현실 위에 건설된 제도적인 힘'을 간과하고 있기 때문이다(Daniel Mansuy, 2011).

피녜라는 개각 없이 임기의 첫해를 끝낼 수는 없었다. 그리고 개각은 가스 가격 인상과 당시 국방부 장관인 기독민주당(Democracia Cristiana) 출신 하이메 라미네트(Jaime Ravinet)의 경질에 반대하는 칠레 최남단 지방인 마가야네스 주의 저항이 조직되는 계기를 제공했다. 기독민주당은 야권에서 유일하게 대통합을 이루기 위함이라는 명분으로 '사르코지 스타일'로 연립 내각을 구성하는 데 참여한 정당이다. 피녜라 정부의 혁신은 안드레스 아야만드(Andrés Allamand)와 에블린 마테이(Evelyn Matthei)라는 두 명의 원로 상원의원을 내각에 중용하는 것으로 대표되는데 이러한 내각 구성은 대통령 임기 초기 시도한 경영 시도의 실패이자 동시에 기술적인 면을 중시해 중요한 정책을 포기한 것이라고 평가받는다. 한편 피녜라는 성급하게 그의 대통령으로서의 경력을 그의 내각의 운명에 걸었다(칠레에서는 대통령 연임이 불가능하다). 이러한 행보가 과연 의회에서 과반을 차지하지 못하고 있다는 사실은 현재 잊고 있는 듯한,

그리고 정권 창출의 토대가 되었던 정당연합인 '변화를 위한 연대(Coalición por el Cambio)'와의 관계 개선을 이루지 못하고 있는 현 정부의 전술적 행보의 약세를 극복하는 데 도움이 될지는 지켜볼 일이다.

대통령과 그의 지지세력 간의 관계 및 정치-제도적 성격을 가늠하게 하는 의회와의 관계뿐 아니라 대통령과 최근 우파 대통령의 취임으로 그 불만이 고조되고 있는 사회단체와의 관계를 분석하는 것 또한 흥미롭다. 하지만 비록 취임 첫해 동안 환경, 인종, 행정과 같은 다양한 분야에서 사회운동이 활발하게 진행되었고, 이들 운동단체 몇몇은 사회 네트워크를 통해 운동의 확산을 이룰 가능성이 없지는 않지만 분명한 것은 이러한 경향이 지속되지는 않으리라는 것이다. 이미 바첼레트 정부 동안 칠레 사회는 몇몇 사회 불만을 표출하기 위한 고등학생들의 폭동과 하청업체 노동자들의 시위와 같은 대규모 시위를 경험했다. 그럼에도 이러한 불만의 표출은 현 사회를 심각하게 변화시키지는 못하고 있다. 이는 곤살로 데라마사(Gonzalo de la Maza)가 지적했듯이 "이해관계의 조절이 많은 경우 사적인 영역에서, 혹은 기술 매체를 통해서 이루어지기 때문이다. 정당들이 시민사회와 국가의 관계를 중재하는 예는 줄어들고 있다"(Maza, 2010: 108). 또한 데라마사에 따르면 "사회의 해체는 집단행동이나 정치적 요구로 승화되지 못하고 주로 공포나 불안감, 공동체 및 집단 간 유대의 단절 그리고 정치 외면으로 이어진다"(Maza, 2010: 97).

민주주의로의 이행은 시민사회에 대한 극단적인 자유주의를 불러일으켰으며 이러한 분위기 속에서 개인의 활동, 시장에서의 교환 및 민간단체들에 대한 맹신이 싹텄고, 공공부문의 자유화와 단체는 수요를 표현하는 도구일 뿐이라는 시각이 팽배해졌다.

정치적 성과물을 분석해보면, 피녜라 정부는 야권 세력을 효과적으로 무력화시켰다. 야권은 그때까지 피녜라 정부가 전형적인 우파정부로 행동할 것이라고 기대했으며 대지진 이후 복구사업을 충당하기 위해 증세를 단행할 것이라고는 상상하지 못했다.[1)]

이런 식으로 피녜라 정부는 전통적으로 우파세력과는 거리가 있는 인권, 문화와 환경 등과 같은 주제들을 선점함으로써 전통적인 우파세력과 거리를 두었다. 이를 '새로운 우파'라고 이름 짓기도 했다. 이러한 아이디어는 영국의 우파 지도자 데이비스 카메론이 전통적인 노동당의 어젠다를 선점해버린 데에서 영감을 얻은 것이다. 그러나 이러한 정부 행보의 진정성을 의심하는 시각도 존재한다. 즉 피녜라 정권이 정권을 재창출하기 위해서는 피녜라 정권의 창출 세력만으로는 부족한 정치 현실을 인식하고 이를 해결하기 위한 '전략적 쇼'를 하고 있다는 것이다.

한편, 정부의 속내는 현 정부하에서 나타나는 다양한 갈등 속에서 드러난다. 이러한 갈등 들은 마치 콘세르타시온 정부를 다시 보는 듯한 기시감을 느끼게 한다. 이러한 갈등은 정보의 업적과 시장의 역할에 '스스로 만족하는 사람들'과 국가의 좀 더 강력한 사회주체로서의 역할과 정책 결정에 재무부 장관의 역할을 강화할 것을 요구하는 '스스로 자책하는 사람들' 간의 갈등이다.

---

1) 몇몇 학자들에 따르면 증세는 사실 눈속임이다. 정부는 복구사업에 필요한 10억 달러의 비용을 거대 광산업자들에게 정책적 양보를 하지 않고 충당할 수 있는 다른 안정적인 재원이 있었다. 거대 광산 회사들은 2017년까지 고정 조세율을 향유할 수 있게 되었고, 이러한 조세 원칙의 변화는 오로지 IEM의 자발적인 변화에 의해서만 가능하다. 그 결과 자원의 주인인 국가는 국제시장에서의 원자재 가격 상승에 의한 어떠한 이득도 볼 수 없게 되었고, 징수액의 액수가 늘어났다고 할지라도 그러한 증가는 민간 거대 광산회사들이 얻은 이윤의 증가치에 비하면 미미한 것이다. 이러한 정책에 대한 좀 더 자세한 정보를 얻기 위해서는 Frigolet (2010: 55~56)를 참조.

오늘날 이 두 집단 간의 경쟁은 상이한 두 당파 형성을 가져왔다. 한편으로는 자유주의자와 보수주의자들 간의 전선이 형성되어 소위 '소모적인 주제들'에 관한 논쟁을 계속하고 있다. 피녜라는 선거 기간 동안 사실혼 혹은 동거 관계에 관련한 법률을 제정할 것을 약속했으며 이 법률에는 동성애자의 결혼과 관련된 내용도 포함되어 있었다. 이는 보수주의자들이 받아들이기 어려운 내용으로 보수주의자들은 이러한 법률의 제정은 가족, 조국, 질서 및 콘세르타시온 정부가 빚어낸 '영혼의 대지진'을 극복하고자 하는 개인들의 노력을 위협한다고 주장했다. 다른 한편에서는 전문 관료들과 정치인들 간의 경쟁이 벌어지고 있다. 전문 관료들은 재정적자가 일어날 수 있는 모든 가능성을 차단하기 위해 열과 성을 다한다.

성평등의 영역에서 볼 때, 성평등은 바첼레트 정권하에서 마치 깃발과도 같은 국가의 주요 과제로 인식되었었다. 그러나 피녜라 정부와 함께 성평등에 대한 입장은 보수적 '가족주의'로 회귀되었다. 콘세르타시온 정부가 성평등과 관련한 패러다임의 개혁을 이루지 못했다는 것, 여성의 역할을 여전히 전통적인 가정 속에서 찾으려 했다는 것, 그리고 여성의 '노동'을 임금 격차와 관련된 이슈로 축소했다는 것은 사실이다. 하지만 한편으로 바첼레트 정부는 담론과 국가 정책을 통해서 여성의 전략적 이익과 목적을 위해서 구체적이고 실용적인 즉각적인 목표들을 때론 포기할 줄 알았으며, 성평등이 인권이며 시민권 건설의 중요한 요소임을 자각하고 있다는 인상을 남겼다. 반면 오늘날 현실은 더욱 모호해졌다. 한편으로 여성을 더욱 단편적으로 이해하고 있는 피녜라 정부는 여성 정책의 최우선 사안을 여성의 노동시장 진입을 강화하는 것으로 삼았다. 그 결과 여성의 신체적·정치적 자율권과 같은 의제는 사라졌다. 담론에서만 차이가 생긴 것은 아니다. 여성들은 국제 여성인

권체제에 따르면 권리의 주체가 아니라 대상이었으며 특히 생산성주의자들에게 여성은 가치의 운반업자에 불과했다.

정치의 과정과 관련해 광부들에 대한 성공적인 구출과 대통령을 성공적으로 연결시켜 여론 조사에서 대통령의 지지도가 오르고 새 정부의 효율성을 홍보할 수 있는 기회를 얻기는 했으나, 분명한 것은 그 사건은 잠시 일어난 예외적인 사건에 불과하다는 것이다. 실제로 고립된 광부들을 구출하는 데 걸린 시간과 작전 자체의 문제점들로 인해 결국 광부들은 국가의 행위에 대해 고발하고 손해배상을 요구하게 되었다. 또한 피녜라 정부는 그들이 그렇게 비판하던 위원회 정치를 스스로 도입하기에 이른다. 바첼레트 정부는 공공부문의 복지부동을 극복하기 위해서 다양한 공공의 이해를 다루는 위원회들을 결성한 바 있다. 그럼에도 피녜라 정부는 전임 대통령보다 이 부분에서 성과를 거두지 못하고 있는 듯하다. 바첼레트의 경우 예컨대 연금개혁위원회(이후 Marcel 위원회라고 불림)를 결성해 그녀의 정책 중 가장 중요한 정책들을 추진하도록 했다.

4. '분열된' 콘세르타시온

1990년부터 2010년까지 중도좌파 연합으로서 정권을 유지해온 콘세르타시온은 정당뿐 아니라 국회를 통해서 야당의 역할을 하고 있다. 콘세르타시온에 주어진 도전 중 하나는 지난 20여 년의 정책 실행 이후 소원해진 사회단체들과의 관계를 개선하는 것이다. 지난 20여 년의 정부 정책은 정부의 정치적·제도적 역할을 시민단체들과의 관계보다 더욱 중시하는 분위기 속에서 추진되었다. 다른 한편으로 현 매체 환경이 콘세르타시온에 그리 우호적이지는 않다. 언론사들은 보수적이며 자유시장을 선호하는 두 개의 거대 재벌(El Mercurio와 Copesa)에 장악되어 있다.

콘세르타시온을 구성하고 있는 4개의 정당들[2]은 정권을 빼앗기자마자 해체될 것이라는 전망과는 달리, 정당연합을 유지하고 있기는 하지만 콘세르타시온은 계속해서 실수를 연발하고 있다. 이는 부분적으로는 과도한 대통령 중심 정치(Rojas, 2011: B7) 속에서 야권 운신의 폭이 좁기 때문이라고 이해할 수 있는 측면도 있다. 현재까지 콘세르타시온은 대선 패배의 요인을 진솔하고 냉정하게 분석하는 것을 거부하고 있다.[3] 2010년 한 해 동안 중도좌파들은 정부의 발표에 적극적으로 대응하며 이후 협상에서 발판을 마련하고 합의 도출을 가능하게 했다. 그 예로「광산법」및 교육관련 법안 개정이 있다. 사실 정부에서 내놓은 86개의 법안 중 44%는 콘세르타시온의 지지로 통과되었다. 이는 콘세르타시온이 오히려 협력적인 야당세력임을 보여주는 예이다(Palacios, 2011: 9). 그 결과 정부는 오히려 야권과의 갈등보다는 여권 내부의 갈등을 봉합해야 하는 입장에 놓이게 되었다. 다른 한편으로 바첼레트—

---

2) 사회당(el Partido Socialista), 기독민주당(el Partido Demócrata Cristiano), 민주당(el Partido por la Democracia), 그리고 급진적 사회민주당(el Partido Radical-Socialdemócrata).

3) 콘세르타시온의 대선 패배를 분석하기 위해서는 Quiroga y Ensignia(2010) 참조. 콘세르타시온 정부의 선거 패배에는 다양한 요인들이 작용했으나 계급을 중심으로 한 분석은 매우 흥미롭다. 1999년 콘세르타시온은 이미 민중 부문에서도 호아킨 라빈 후보에게 크게 위협당했다. 그 이후 두 정당 간의 차이는 점점 줄어들었다. 오직 바첼레트를 당선시킨 선거에서만 이러한 경향은 중단되었으나 바첼레트를 지지했던 저소득층이 중산층이 된 2010년 그들은 콘세르타시온을 버렸다. 더 자세한 분석은 Morales(2010)을 참조.

2013년 대선에서 가장 유력한 후보로 떠오르는 콘세르타시온의 전임 대통령 — 에 대한 관성적인 지지를 보내는 이들과 사회 및 정치적 다수를 포용하기 위해 정당이 성장할 수 있는 플랫폼을 구성해야 한다고 주장하는 이들 간의 분열이 일어나고 있다. 또한 야권으로서 콘세르타시온의 역할이 무엇이 되어야 할 것인가에 대한 분명한 비전이 없는 까닭에 강력한 야권으로 거듭나야 한다는 세력과 협조적인 야권이 되어야 한다는 세력 간의 논쟁도 진행 중이다. 게다가 콘세르타시온은 야당으로서의 신뢰도 역시 회복해야 하는 처지에 있다. 많은 이들에게 콘세르타시온이 현 정부를 비판하는 목소리가 진정성 있게 다가가지 못하는 이유는 그들이 여당이던 시절 비슷한 문제들에 대해 적절히 대응하지 못했기 때문이다.

게다가 야권 세력은 바첼레트 정부로부터 촉발된 내부 분열로 인해 상원에서 과반을 차지하지 못했다. 이 시기에 이른바 '탈당행동(transfuguismo)'이라는 현상이 시작된다. 이 현상은 당선을 시켜준 정당의 소속을 유지하면서 의회 내 다양한 세력들과 연합해서 때로는 소속 정당에 반하는 정치 행위를 하는 현상을 말한다. 이러한 현상을 통해 의회 내 의원들의 활동을 규제하고 지도할 원칙이 필요하다는 공감대가 형성되기도 했다.

칠레와 같은 나라에서 야권이 된다는 것은 구조적인 도전일 뿐만 아니라 정치 시스템의 특징으로 인해 문화적인 도전이기도 하다. 바깥에서 볼 때, 칠레인들은 야권이 수행하는 감사와 도전자로서의 역할을 분명히 인식하지 못한다. 여론조사의 결과를 살펴보면, 2007년 공공연구센터(el Centro de Estudios Públicos)의 여론조사 내용에서도 드러난 것처럼, 약 80%의 국민이 정부와 야당은 협조해야 한다고 생각한다.

<그림 10-3>에서는 2010년 말 콘세르타시온이 받은 평가가 나타난

〈그림 10-3〉 주요 정당연합에 대한 지지도 추이(2007~2010)

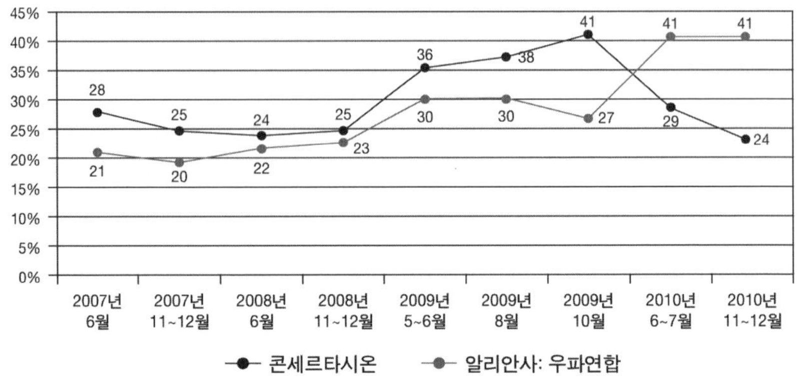

자료: El Centro de Estudios Públicos(CEP)의 여론조사 결과.

다. 정부 여권 연합은 41%의 지지를 받은 반면 콘세르타시온에 대한 지지는 24%에 그쳤다. 따라서 정권을 창출하는 것만으로도 여권 세력이 우호적인 평가를 받을 수 있는 가능성이 높아지는 것으로 보인다.

5. 잃어버린 목표를 찾아서

결론적으로 세바스티안 피녜라 정부는 그 임기 첫해에 두 개의 얼굴을 우리에게 보여줬다. 정부의 밝은 모습에는 광부들을 구출하는 장면이 담겨 있지만, 어두운 면에는 더딘 지진 복구 사업의 진행으로 효율적인 정부라는 구호가 무색해졌다.

임기 2년 차에 접어들면서 구체적인 정부의 성과가 가시화되는 것이 매우 중요할 것이다. 즉, 이는 2012년 지방선거를 앞두고 피녜라 정부가 거쳐야 할 첫 번째 시험이 될 것이다. 피녜라 대통령은 '7대 구조개혁의 목표'를 통해 치안, 빈곤, 국가의 근대화, 환경, 민주적 제도 확립, 보건의료 및 교육을 개선하는 정책들을 추진하겠다고 약속한 바 있다. 면밀히 분석해보면, 이러한 목표들은 현 경제 및 사회 구조에 대한 어떠한 근본적인 수정도 포함하지 않고 있다. 오히려 이 정책들은 현 정부에 비판적인 목소리, 즉 효율성이라는 공허한 구호하에 정부가 추진하는 국가의 발전 방향이 갖는 한계들을 지적하는 세력들을 잠재우는 데 초점이 맞춰져 있다. 정부에 대한 또 다른 비판은 정부의 특성 자체에 대한 것으로 두 가지로 요약된다. 우선, 세바스티안 피녜라 정부가 '다섯 번째 콘세르타시온 정부'로 불릴 만큼 전 정부와 차별성이 부각되지 않는다는 것이다. 또 다른 비판은 강력한 민영화 세력의 정치적 귀환을 경고하는 것이다.[4)]

정권 교체가 비교적 안정된 정치제도와 세계 경제위기에 비교적 잘 대처한 능력을 보유하고 있던 조건 속에서 이루어졌다고 하더라도, 해답을 얻지 못한 한 가지의 의문은 여전히 남아 있다. 칠레는 어디로 가는가? 최근 버락 오바마 미 대통령의 방문으로 '모델 국가'로서의 지위를 확정하고 싶기는 하겠으나, 칠레라는 국가가 어딘가로 계속 전진하고는 있되 정확하게 목표하는 바가 불분명하다는 혼란 또한 팽배한 것이 사실이다. 라틴바로미터도 몇 년 전부터 이미 칠레의 정신적 마비 상태를 경고한 적이 있다. 칠레 국민들은 민주주의에 대해 만족하고 있으나 민주주의로부터 많은 것을 기대하지는 않는다는 여론조사 결과가 발표되었을 때의 일이다. 그럼에도 이러한 사회 분위기는 바뀌기 시작할 수 있다. 물론 몇몇 비관적인 분석가들은 현 상태에서 기존의

---

4) 정부는 이미 공공지출을 위한 재원을 마련할 목적으로 방역회사들의 정부 지분을 매각할 계획이 있음을 공표한 바 있다.

사회를 변화시킬 어떠한 동기도 존재하지 않는다고 주장하며, 이를 무기력한 민주주의 혹은 '저강도 민주주의'라고 정의했다.[5)]

이러한 테두리 안에서 경제환경뿐 아니라 정치환경에 대한 경고의 징후들이 나타나기 시작했다. 정부는 칠레를 '빈곤이 존재하지 않고 모든 국민이 공평한 기회를 얻을 수 있는 선진국'으로 만들겠다는 목표를 발표했다. 칠레가 성장하기 시작했다고 할지라도, 정부에 우호적인 군사 독재하에서 재무부 장관을 지냈던 에르난 부치(Hernán Büchi)와 같은 인사들도 현재의 성장은 지진 이후 복구사업과 긍정적인 외부 요인이 반영된 결과물로 성장 중심의 구조 개혁 추진에 우호적인 환경은 아니라고 분석한다. 흥미로운 것은 이러한 경고들이 아직 시작에 불과하지만, 정부의 시책에 대해 의문을 제기하는 분위기 형성에 기여했다는 것이다. 왜냐하면 아직도 칠레가 채택해온 성장 모델과 그 수입 분배에의 영향에 대한 공적 토론의 장에서 가장 보수적인 신자유주의적 사고가 팽배하기 때문이다. 전임 대통령인 리카르도 라고스조차도 경제성장과 발전을 혼동하면 안 된다고 주장했고, "향후 20년 동안 어떤 종류의 사회를 칠레에 건설할 것인지를 규정해야 하며 이러한 미래의 초석을 다지기 위한 변화를 받아들여야 한다"고 주장했다.

바첼레트의 임기 동안 유권자 자동 등록 및 자발적 선거 참여에 관한 헌법 개정이 이루어졌다. 현재는 이 개혁의 실질적인 결과물을 가늠하기는 어렵다. 하지만 이러한 조치의 결과로 400만 명의 새로운 유권자가 생겨날 것이다. 이들 새로운 유권자는 젊은이들로, 연구에 따르면

---

5) 칠레 정치 시스템의 특징은, 특히 선거 시스템의 경우는 경제권력의 집중과 금융자본의 강화와 함께 시장 상황이 유리하고 구리 가격이 상승할 경우 재생산되곤 한다. 이와 관련한 더욱 자세한 분석은 Terzi(2008: 7)를 참조.

전통적으로 칠레 유권자의 투표 행태에 강한 영향을 끼쳤던 독재냐 민주주의냐의 이분법보다는 진보냐 보수냐의 차이에 다 많은 관심을 보였다고 알려진다. 몇몇 분석가들은 변화가 다소 더디게 찾아오는 특징을 보여주는 칠레 정치 시스템 속에서 바첼레트 임기 중 추진된 헌법 개정은 현 시스템에 불확실성을 주입하는 결과를 가져올 것이라고 예측한다.

Gaspar, Gabriel. 2011. “Téngase presente: un presidencialismo de minorías.” 18/3/2011. <www.chile21.cl/2011/03/18/tngase-presente-un-presidencialismo-de-minoras>.

Girardi, Guido y Carlos Ominami et al. 2009. “Por una opción pregresista y ciudadana. Una Nueva Concertación.” *Fundación Chile 21*. Santiago de Chile: Fundación Friedrich Ebert.

Mansuy, Daniel. 2011. “Por un presidente Presidente.” en la Tercera, 26/1/2011. <http://diario.latercera.com/2011/01/26/01/conteido/opinion/11-57294-9-por-un-presidente-presidente.shtml>.

Quiroga, Yesko y Jaime Ensignia(eds.). 2010. *Chile en la Concertación(1990~2010). Una mirada crítica, balance y perspectivas*. Santiago de Chile: tomo II, Fundación Friedrich Ebert.

Morales, Mauricio. 2010. “Más allá de las primarias. ¿Por qué perdió la Concertación?” en *El Mostrador*, 26/11/2010. at <www.elmostrador.cl/opinion/2010/11/26/mas-alla-de-las-primarias-5c25BFpor-que-perdio-la-concertacion/>.

Palacios, Macarena Lobos. 2011. “Balance legislativo: El ruido comunicacional de La Moneda.” en *La Segunda*, 26/1/2011.

Maza, Gonzalo de la. 2010. “Construcción democrática, participación ciudadana y políticas públicas en Chile.” tesis de doctorado, Universidad de Leiden.

Frigolet, Hernán. 2010. “La política económica en el gobierno de Piñera.” en Fundación Equitas: Barómetro de Política y Equidad. Una nueva forma de gobernar. La instalación, Fundación Friedrich Ebert/ Fundación Equitas, Santiago de Chile. at <www. fundacionequitas.org/descargas/bpe_final.pdf>.

Rojas, Alejandro Sáez. 2011. “Piñera y la Concertación: cómo se ‘han robado’ las baderas de lado y lado.” en *El Mercurio*, 13/3/2011.

Terzi, Antonio Cortés. 2008. “Elites y tecito simple.” en *La Nación*, 10/2/2008.

제11장

우수 모델에서 수정의 대상이 되다

칠레의 연금시스템

에스코 키로가

1981년 칠레 독재 정권은 개인 계좌에 기반을 둔 자본화된 민영 시스템을 구축하기 위해 칠레 연금시스템에 대한 급진적인 개혁을 단행했다. 민영화가 시행된 지 26년이 지난 지금 세계적으로 수많은 찬사를 받았던 연금개혁은 당시 예상했던 긍정적인 효과와는 거리가 먼 결과를 가져왔다. 라틴아메리카 지역의 다른 국가들과 비교해볼 때 칠레의 연금제도의 가입률이 높아졌다고는 하지만, 개혁 이전에 비해 큰 변화는 없으며 연금의 수준 또한 그대로 유지되었다. 이는 그동안 칠레가 경험한 강력한 경제성장의 효과가 연금시스템에 전혀 반영되지 않았다는 뜻으로 칠레의 불평등이 심화되고 있다는 뜻이기도 하다. 따라서 미첼 바첼레트 정부는 연금시스템의 근간을 변화시키지 않는 범위에서 연대에 바탕을 둔 프로그램들을 칠레의 연금시스템에 도입해 국가의 기능을 강화시키고 민간연금 기금들의 역할을 변화시켰다.

에스코 키로가 Yesko Quiroga 정치학자. 현재 프리드리히 에버트 재단(la Fundación Friedrich Ebert)의 위원으로 활동하고 있다.

* 이 글은 ≪Nueva Sociedad≫ 217호(2008년 9~10월호)에 실린 글을 옮긴 것이다.

1. 독재정권의 연금개혁, 26년 이후

1973년 군부 쿠데타가 있은 지 3년이 되는 해에 칠레의 군사독재정권은 연금제도에 대한 급진적 개혁을 단행한다. 이러한 개혁의 목적은 국가가 주도해 연금을 배분하는 연금시스템을 개인 계좌를 중심으로 자본화된 민간 시스템으로 바꾸는 것이었다. 새로운 시스템은 1981년 말 법령을 통해서 도입되었는데, 이 과정은 민주적 정당성을 확보하기 어려운 것이었다(법령 No.3500, 1980).

연금개혁을 정당화하기 위해서 아우구스토 피노체트 정부는 개혁 이전의 연금시스템을 혹독하게 비난했다. 이를 위해 이전 연금시스템이 갖고 있던 문제들과 이념적 성향에 대한 주장이 혼재되어 사용되었다. 예컨대, 낮은 연금 수준과 연금 및 관련 보장제도를 유지하기 위한 재원 확보의 어려움은 개혁 이전의 연금제도가 갖고 있는 본원적 문제라고 주장했다. 하지만 이러한 문제들은 부수적인 문제들로 총체적 개혁 없이 상당 부분 개선될 수 있는 것이었다. 미첼 바첼레트 대통령에 의해 만들어진 대통령 직속 연금개혁 자문위원회(el Consejo Asesor Presidencial para la Reforma Previsional)의 위원인 하이메 루이스 타글레(Jaime Ruiz Tagle)는 당시 연금제도의 연금 지급 구조를 부분적으로 개혁함으로써 당시 연금시스템이 갖고 있었던 문제를 완벽하게 해결할 수 있다는 결론에 도달했다(Tagle O, 2005: 1). 그럼에도 독재하에 추진된 총체적 연금개혁은 1982년부터 기존 연금하에 있던 모든 노동자들로 하여금 강제로 새로운 민간연금에 가입하고, 민간연금기금관리회사(Administración de Fondos de Pensión: AFP)와 계약하도록 했다. 예외가 될 수 있었던 집단은 군부와 경찰이었는데, 이들은 구(舊) 연금지급 시스템을 유지하는 나름의 연금제도를 유지할 수 있었다.

불과 6년 전까지만 하더라도 현 칠레 연금제도를 비판하는 사람들은 시대적 흐름을 거스르는 사람들이었다. 개인 계좌에 기반을 둔 자본화된 연금시스템은 국제사회로부터 성공한 예로 선전되었으며, 이는 시장이 연금제도를 위해서도 최고의 효과를 낼 수 있는 기제라는 칠레 내에서뿐 아니라 세계적으로 공유된 확신에 때문에 가능했던 것이었다. 하지만 현실은 완전히 다른 양상으로 흘러갔다. 당시 연금을 개혁하면서 세웠던 목표의 어느 하나도 달성되지 못했다.

1) 사회적 비용

구 연금시스템에서 현 연금시스템으로의 전환은 아직까지도 상당한 이전 비용을 발생시키고 있다. 그 결과, 1981~2004년 공공 연금시스템의 적자는 국내총생산의 4%에 달하게 된다(Consejo Asesor Presidencial para la Reforma Previsional, 2006). 이는 개혁 이전 연금 가입자들에 대한 연금지급액과 기초생활수급자들에 대한 지원, 그리고 구 연금시스템에서 민간연금으로의 이전액(Bonos de reconocimiento)을 아직도 현 공공연금시스템이 지급하고 있기 때문이다. 물론 적자 폭은 줄어들고 있다. 이 수치에는 국내총생산의 1.3%에 달하는 군부 및 경찰 연금 적자액 또한 포함되어 있다. 적자 폭은 확실히 1980년 연금개혁 이전의 약 1.8%에 불과하던 수준에 비해 증가한 것이다. 1996~2006년 민간연금으로의 이전액을 포함해 연금관련 지출이 공공지출의 1/4을 차지했다(Dirección de Presupuesto, 2007).

2) 가입률 수준과 연금기여율 수준

2007년 말, 칠레의 인구는 1,670만 명이 되었고, 이 중 800만 명 정도의 인구가 어떤 형태로든 연금에 가입되어 있다. 평생 단 한 번이라도 연금에 기여한 사람들은 연금 가입자로 인정되며, 따라서 800만 명이라는 수치에는 노동시장에 포함되지 않은 인구까지 포함되어 있다. 따라서 연금기여자의 숫자는 438만 명 정도로 파악하는 것이 더 정확하다(Superintendencia de AFP, diciembre de 2007).[1] 칠레의 경제활동인구는 약 700만 명 정도로 추정된다. 이는 경제활동인구의 62% 정도가 민간연금[Series del Instituto Nacional de Estadística(INE) de la Superintendencia de AFP]에 가입되어 있고, 약 3.7%만이 계속해서 공공 연금시스템에 가입되어 있다는 뜻이다.[2] 결과적으로 국민의 2/3 정도가 연금에 가입되어 있다는 뜻으로 이는 라틴아메리카에서 가장 높은 수준이다. 게다가 지역의 다른 국가들과는 달리 칠레의 연금제도는 저소득층의 가입률이 상대적으로 높은 편이다.[3]

라틴아메리카 지역의 다른 국가들에 비해 높은 가입률이라는 장점은, 이러한 가입률이 25년 전의 수준을 유지하는 정도라는 점을 고려한다면 그 빛을 잃게 된다. 1990년부터 국민소득은 거의 4배 가까이 증가했음에도 불구하고 연금가입률은 1975년의 수준을 유지하고 있기 때문이다. 오늘날에도 여전히 경제활동인구의 1/3은 어떠한 연금에도 가입되

1) 이 수치에서 약 37%만이 여성이다.

2) 약 15만 8,000명 정도가 공공연금에 가입되어 있고 이에 더해 경찰연금(Dipreca)과 군인연금(Capredena)에 가입한 10만 3,000명도 구(舊)연금제도에 여전히 가입되어 있다.

3) 자료는 대통령 직속 연금개혁위원회의 보고서 3장 29쪽에서 확인할 수 있다.

어 있지 않고, 특히 자영업자들 사이에서 이러한 현상은 두드러진다.[4)]

동시에 전체 가입률에 관한 통계는 칠레 연금 현실의 한 단면을 보여준다. 즉, 칠레 연금에 가입자들은 산발적으로 연금 부담금을 내고 있다는 점이다. 그 결과 '연금 공백(lagunas previsionales)'들이 생겨난다.

평균 연금기여율은 대략 전체 노동기간의 52%에 불과하며 여성과 남성 간의 차이도 분명하다. 남성의 경우 연금기여율은 노동기간의 60%에 달하는 반면, 여성의 경우 기여율은 44%에 불과하다.[5)] 연금가입자의 1/4은 전체 노동 기간에 24%에 달하는 기간에만 연금을 납입하며, 오직 30%에 달하는 가입자만이 전체 노동기간의 80% 이상에 해당하는 기간 납입금을 내는 것으로 알려지고 있다. 이는 연금개혁을 실시했을 때와 같은 수준이다.

3) 연금 혜택 및 전체 액수

2007년 칠레 정부는 총 연금의 약 68%에 달하는 액수를 지불했다.[6)] 이 중 140만 건, 즉 1/3에 달하는 연급지급은 연금개혁 이전 시스템에서 기인한 노령연금이며, 30%는 생활보호대상자들에게 지급된 연금으로

---

4) 1986~2006년 자영업자들은 경제활동인구의 약 27%를 차지한다. 대통령 직속 연금개혁위원회의 보고서에 인용된 칠레 통계청의 고용 관련 자료와 대통령 직속 연금개혁위원회의 보고서 3장 39쪽 참조.

5) 같은 글, 35~39쪽.

6) 노령연금, 장애인연금, 배우자 사망연금, 고아 및 생활보호대상자를 위한 연금 등을 총괄해 칠레 정부는 약 204만 9,449명에게 연금을 지급했다. 2007년 연금 관련 통계에 관해서는 Superintendencia de AFP, <www.safp.cl>, 2006년 정부의 연금 지급과 관련해서는 Superintendencia de Seguridad Social, <www. suseso.cl> 참조.

빈곤층을 대상으로 한 정부 재정의 지출이다.[7] 생활보호대상자에 대한 연금을 제외한 정부의 연금 지급의 나머지 2/3에 해당하는 액수는 여성들에게 지급되었는데, 여성들은 남성들에 비해 연금액의 61%만을 지급받는다(INP, 2006).

2007년 말 민간연금은 64만 2,000건의 연금을 지급했는데, 노령연금 지급이 이 중 2/3에 달했다. 약 34%는 여성들에게 지급되었다. 대부분의 연금은 — 혹은 최소한 부분적으로라도 — 정부가 연금회사들에 이전해 준 자금으로 지급되었다. 이 자금은 연금개혁 이전에 연금가입자들이 구(舊)시스템에 납입했던 금액에 연간 4%에 달하는 조정금액을 더한 액수이다. 이 수치를 고려한다면 현재 연금 가입자들이 민간연금에 납부하고 있는 기금으로는, 지금 민간연금이 지급해야 하는 연금액은 물론 장래의 연금지급액을 지불할 수도 없으리라는 결론을 내릴 수 있다.

민간연금은 두 가지의 연금수령 방식을 갖고 있다(Guardia, 2006: 27; la Superintendencia de AFP, <www.safp.cl.>). 우선, 연금가입자는 분할수령을 신청할 수 있다. 분할수령의 경우 수령액은 연금납입액에 그동안의 이자율을 더한 액수를 평균 수명으로 나누고 여기에 매년 연금기금이 창출하는 수익을 포함해 계산한 액수이다. 납입한 금액이 모두 고갈되어 연금수령액이 국가가 정한 최소한의 연금수령액에 미치지 못할 경우 최소한 20년 이상 연금납입을 한 경우 정부에 최소한의 연금수령액을 지급해달라고 요청할 수 있다. 만약 20년 이상 연금납입을 하지 않았을 때에는 생활보호대상자 신청이 가능하다. 두 번째의 연금수령

---

7) 생활보호대상자를 위한 연금액은 2008년 3월을 기준으로 106~123달러 정도의 수준이다.

방식은 연금납입액을 보험회사에 위탁하는 것이다. 이 보험회사는 수수료를 미리 제한 다음 종신연금을 지급하는 방식이다. 두 번째 방식은 다음과 같다. 가입자가 본인의 마지막 10년 평균 수입의 61%를 연금으로 받을 수 있을 만큼 연금 납입금이 축적되었을 경우, 그리고 그 61%가 지금 정부가 보장하는 노령연금보다 30% 이상 높은 액수일 경우, 가입자는 조기은퇴를 선택해 연금납입금을 지급받을 수 있다.

평균 노령연금, 배우자 사망 연금 및 장애연금 수령액은 민간시스템의 경우는 352달러, 국영시스템의 경우 415달러이다.[8] 그 차이는 약 18%이다. 노령연금 수령액만을 비교한다면 그 차이는 더욱 두드러진다. 민간연금의 경우 노령연금은 337달러 정도인데, 만약 연금 조기수령자들을 포함하면 금액은 410달러로 늘어난다. 국영연금의 경우 노령연금 액수는 510달러로 그 차이는 51%에서 25%(조기연금수령자를 포함했을 때) 정도이다. 하지만 국영연금에서도 약 80%의 연금수령자들은 370달러 이하의 연금액을 받고 있으며, 오직 9% 정도의 연금생활자들이 평균 1,177달러의 연금을 받고 있을 뿐이다. 이들 중 군사독재 기간 동안 구(舊)연금제도를 유지할 수 있었던 군부[9]와 경찰[10]의 경우 높은 연금수령액의 혜택을 누리고 있다.

이렇듯, 연금개혁을 실시할 때 정부가 했던 약속 즉 민간연금액이 소득의 80%를 웃돌 것이라는 약속은 지켜지지 않았다. 대통령 직속 연금개혁 자문위원회(Consejo Asesor Presidencial para la Reforma Previsional)에 따르면, 2020~2025년 은퇴하는 남성의 경우 수입의 51%에 달하는

---

8) 이 수치는 Superintendencia de AFP(2007)와 Superintendencia de Seguridad Social(2006)의 자료를 바탕으로 계산한 것이다.

9) 약 10만 명이 연금을 수령하고 있다(배우자연금, 장애인연금, 자녀연금을 포함).

10) 약 6만 명이 연금을 수령하고 있다(배우자연금, 장애인연금, 자녀연금을 포함).

연금액을 받게 될 것이며, 여성의 경우 소득의 28%에 불과한 연금을 받게 될 것이다. 하지만 연금수령액과 관련해 성별 격차만 심각한 것이 아니다. 교육 수준에 따른 격차 또한 심각하다. 대학교육을 받은 남성의 경우 연금액이 은퇴 이전 소득의 110%에 이르는 반면, 초등학교 교육을 받은 여성의 경우 연금액은 소득의 11%에 불과한 것으로 나타났다 (Consejo Asesor Presidencial para la Reforma Previsional, 2006: cap.3, p.62).

동시에 늘어가는 기대수명으로 인해 미래의 연금액은 계속 줄어들 것으로 예상된다. 공식 추정치에 따르면, 1956~1961년 태어난 인구의 61%가 받을 본인이 기여한 연금의 수령액은 매달 154달러 정도가 될 것이고, 다른 20%는 약 300달러 정도일 것이다. 같은 추정치에 따르면 2020~2025년 연금액이 정부가 정한 최소한의 수준[11] 이하로 떨어질 인구는 무려 전체 연금수령 인구의 46%에 달할 것으로 예상된다. 여성의 경우, 이 수치는 무려 61%(Consejo Asesor Presidencial para la Reforma Previsional, 2006: cap.3, gráfico p.63)로 치솟는다. 이런 수치가 발생하는 이유는 민간연금에 20년 동안 납입했음에도 불구하고 연금수령액이 최소한의 연금수령액에 미치지 못하는 이들에게만 정부가 이를 국고로 보전해주었기 때문이다. 연금기여액의 납입률이 충분치 않기 때문에, 겨우 2%의 인구만이 최소한의 연금액을 넘어서는 연금을 스스로 확보할 수 있다.

11) 70세 이하 인구에 대한 최소한의 연금은 약 9만 6,000페소(210달러) 정도이며 70~75세 인구에는 10만 5,000페소(약 230달러), 그리고 75세 이상의 인구에 최소 연금액은 11만 2,000페소(약 246달러)이다(2008년 3월 기준).

4) 연금기금의 발전

연금 총액이 이렇듯 낮은 이유 중 하나는 전체 납입액[12)]의 약 4%에 달하는 높은 관리 및 운영 비용(administrative cost) 때문이며, 이 액수는 사망연금[13)] 및 상해연금에 대한 보상액 다음으로 연금기금이 많이 지불하는 항목 중 하나이다. 반면, 기금 유지를 위한 수수료는 없다. 고정 수수료가 높기 때문에 결국 관리/운영비용의 상당 부분은 연금에 의무적으로 가입해야 하는 노동자들이 부담하는 결과를 초래한다. 결국 노동자들의 경우 연금을 들면서 얻는 수익이 별로 없는 셈이다. 라틴아메리카의 14개 연금기금을 비교한 결과 메사 라고(Mesa Lago)는 다음과 같은 결론에 도달했다. 즉, 민간연금기금에서 관리 및 운영 비용이 20%까지 상승하는 동안 공공연금의 경우 이 비용은 3.5%에 불과하다.[14)]

민간연금회사들은 새 연금시스템이 도입된 이래 그들의 투자는 평균 10% 이상의 수익률을 내왔다고 주장해왔다. 그러나 이 수치는 새 연금 제도가 도입된 후 몇 년 동안 기록한 극도로 높은 성장률에 기인한다. 만약 AFP가 부과한 수수료를 감안한다면, 최근 10년간의 수익률은 계속 줄어들고 있으며, 민간연금회사들이 높은 수익률을 기록했다고 주장하는 기간 동안에도 민간연금기금이 투자를 통해서 낸 수익률은 약 4.5~6.5%로 이는 그 기간 동안 칠레의 경제 상황을 고려한다면 매우 빈약한 수준이다(Consejo Asesor Presidencial para la Reforma Previsional, 2006: cap.3, p.55; Guardia, 2006: 40 참조). 1990~2005년의 기간을 면밀히

---

12) 연금기금에 따라 차이가 있지만 전체적으로 임금의 약 12.4~12.9%에 달한다.

13) 총임금의 1%를 지급하도록 되어 있다.

14) Ministerios de Trabajo y de Hacienda, p.4.

고찰한 결과, 대안발전연구센터(el Centro de Estudios Nacionales de Desarrollo Alternativo: Cenda)는 평균 수익률이 3.5%(Cenda, 2006: 27)[15]에 불과했다고 결론지었다.

하지만 민간연금들의 수익률은 이윤을 창출해야 하는 기업으로서 항상 투자기관의 수익률보다 높아야 한다. 유럽의 기준에 따르면, 칠레의 민간연금기금은 경영진들에게는 2006년을 제외하고는 항상 금융부문 평균보다 높은 수익률을 가져다주는 황금광산과 다름이 없었다. 1991~2004년 자본에 대한 수익률은 27%로 유지되었다. 수익률 최악의 해였던 1996년조차도 16.8%(Consejo Asesor Presidencial para la Reforma Previsional, 2006: cap.3, p.51 참조)[16]의 수익률을 기록했다. 다른 기초자료에 따르면, 2002~2003년 수익률은 50%를 넘었다(Prieto, 2004: 116).

같은 기간 동안 이 부문의 강력한 집중화 현상도 나타났다. 2007년 중순, 민간연금 분야의 규모는 1,000억 달러로 추정되었다. 이는 칠레 국민총생산의 70%에 달하는 액수이다. 1990년에 영업을 시작한 민간연금기금 22개 회사 중 오직 6개 회사만이 살아남았다. 실질적 과두체제가 형성되었다고 볼 수 있다. 가장 큰 세 개의 민간연금회사에 민간연금 가입자의 70%가 집중되어 있으며, 이들 기업이 연금기금의 80%를 운영하고 있다. 민간연금기금을 관리하는 회사들은 이제 칠레 경제와 정치에 엄청난 영향력을 행사할 수 있게 되었다. 한편, 조직된 노동자 계급의 경우 자신들이 투자한 자본에 대해 어떠한 영향력도 행사할 수 없게 되었다.

---

15) 하지만 대통령 직속 위원회에서는 이 수치를 사용하지 않았는데, 그 이유는 수익률을 장기간에 걸쳐 계산하기 어렵기 때문이라고 설명했다. Consejo Asesor Presidencial para la Reforma Previsional(2006), cap.3, p.58.

16) 2007년 Superintendencia de AFP에 따르면 수익률은 약 24%였다.

2. 개혁 평가

연금개혁이 실행된 지 26년이 지난 지금 되돌아보면, 민간연금도입과 함께 약속되었던 많은 것들은 실제로 이루어지지 않았다. 임금의 80%에 달하는 임금을 받게 되리라는 약속은 쉽사리 이루어질 수 없을 것으로 보인다. 이는 낮은 임금 수준과 연금 납입의 불규칙성 그리고 민간연금기금의 높은 관리 및 운영 비용 때문이다. 게다가 봉급의 10%에 달하는 납입금의 액수는 너무나 적은 것은 것으로 드러났는데, 이는 대부분의 국민들이 여유로운 노후를 보장받기 위해 기금을 축적하기에는 턱없이 적은 액수였던 것이다. 게다가 이 시스템 안에서 여성들은 구조적으로 차별받는 것으로 드러났다. 게다가 다른 라틴아메리카 국가들과 비교해 칠레가 보여준 상대적으로 높은 연금가입률은 연금개혁 이전에도 이미 칠레 사회의 특징이었으며, 오늘날까지도 칠레 국민들의 다수는 국가로부터 연금을 받고 있다. 칠레가 경험한 강력한 경제성장은 기대했던 바와는 달리 연금가입률의 확대로 이어지지 않았다. 마지막으로 칠레의 예는 자본화된 연금제도가 국가에 의한 할당제 연금제도보다 사회적 비용을 줄일 수 있을 것이라는 기대 또한 근거 없는 것임을 보여주었다.

연금기금의 자본화를 강력하게 주장했던 주체(Pérez, 2006: 197~227)[17]였던 세계은행마저도 민간기금으로만 충당하는 연금제도는 노동인구의 중요한 부분을 차지하는 인구에게 품위 있는 노후를 보장해주지 못한다는 결론을 내렸다. 그럼에도 전문가들은 만약 고용 상황이 어느

17) 민간연금기금 도입을 주장했던 세계은행의 기본 입장은 Banco Mundial(1994)를 참조.

수준 이상으로 유지된다면, 이 제도가 고소득 노동자들에게는 높은 연금을 보장해줄 수 있을 것이라고 분석했다. 하지만 고소득 노동자들 역시 칠레의 연금회사들이 관리 및 운영 비용을 줄이고 지나친 폭리를 취하지 않았더라면 더 많은 연금소득을 보장받을 수 있었을 것이다.

이처럼 칠레의 경험은 긍정적인 상황에서도 개인연금의 자본화에 기반을 둔 민간연금시스템이 사회적 패자들을 양산할 뿐이라는 사실을 보여준다. 특히, 피해자들은 여성이나 노동시장의 특성상 상당히 큰 연금 납입의 공백이 생기곤 하는 임금노동자들이라는 것 또한 드러났다. 사회보장이라는 개념을 실현하기 위한 제도로서 민간연금은 비효율적인 것으로 밝혀진 것이다. 왜냐하면 이 제도는 사회연대라는 요소가 결여되어 있기 때문에 사회보장을 강화하기보다는 오히려 소득의 불평등을 확대하기 때문이다. 예컨대, 자녀를 양육하는 사회적으로 대단히 중요한 행위는, 이 제도 안에서 보상받기보다는 오히려 응징의 대상이 된다. 왜냐하면 양육 기간 동안 직업을 갖지 않는 여성들은 연금납입을 할 수 없기 때문이다. 세계화되고 유연화된 현대사회의 노동시장에서 노동자들은 자주 그리고 긴 기간에 걸쳐 실업을 경험할 수밖에 없으며, 실업 또한 민간연금시스템 안에서는 가혹하게 처벌되는 대상이다.

마지막으로 연금납입금이 최소한에 불과한 모든 임금생활자들 또한 민간연금시스템하에서는 패자일 수밖에 없다. 이러한 상황 속에서 결국 국가는 이들의 최소한의 생활수준을 유지하기 위한 비용을 지불할 수밖에 없고, 그 결과 재정지출은 갈수록 커지게 된다. 그럼에도 만약 정부가 개입하지 않는다면 노령 인구의 급속한 빈곤화를 막을 수 없을 것이다.

3. 연금개혁에 대한 개혁안

현실에서 개인계좌를 통한 민간연금제도가 어느 정도 사회적으로 받아들여지고 있다 하더라도 이 제도는 여전히 그다지 인기 있는 제도가 아니며,[18] 최근 몇 년 동안 점점 더 강한 비판에 직면해왔다. 2005년 대선 캠페인에서 모든 정당들은 현 연금제도의 개혁을 선거 공약에 포함시켰다. 이러한 분위기 속에서 국가가 사회보장의 주요 주체가 되어야 한다는 공감대가 널리 형성되었다. 그 결과, 미첼 바첼레트 정부는 임기가 끝나기 전에 혼합시스템 구축의 시금석을 놓겠다는 목표를 제시했다. 우선 바첼레트 대통령은 사회, 경제 그리고 정치 세력들 간의 이 사안에 대한 합의를 이끌어내기 위해 노력했다. 이를 위해 자문위원회(Consejo Asesor)를 구성했고, 자문위원회는 구성한 지 3달 반 만에 그들의 연구 결과를 발표했다.

1) 연금제도 내의 연대 프로그램[19]

자문위원회가 발표한 보고서는 2006년 말 정부가 국회에 제출한 법안의 바탕이 되었다. 입법절차는 1년의 토론과 몇몇 수정을 거쳐 2008

---

18) 전체 인구의 13% 정도만이 민간연금시스템을 지지하는 것으로 나타났다. 관련한 자료는 Regina Clark, "La reforma pendiente con el derecho a la seguridad social," en Y. Quiroga y J. Ensignia(eds.), *Rompiendo mitos. La reforma del sistema de pensiones en Chjile*. Santiago de Chile: IFE, p.70.

19) 미첼 바첼레트 대통령의 국정보고서인 *Mensaje* No.558~354를 참조.; Gobierno de Chile, Ministerio de Trabajo y Previsión Social(2008); Ley No. 20.255, 11/03/2008.

년 1월 마무리되었다. 새 연금개혁의 가장 중요한 요소는 연대 프로그램을 연금제도 내에 도입한 것이었다. 비록 보편적 연금제도는 아닐지라도 이 연대 프로그램은 국고에 의해 재정이 지원되며 최소연금에 못 미치는 연금을 받는 이들에 대한 지원과 기존의 생활보호대상자들에 대한 연금을 포함하는 것이었다. 연대 프로그램은 기본 연금과 장애연금, 기초연금 보장을 위한 지원, 그리고 자녀 수당으로 구성되어 있다. 2008년 7월부터 지급될 연대 프로그램의 기본 연금의 액수는 135달러로 인상되었고, 2009년[20] 7월부터는 약 169달러에 이를 것이다. 즉 현 생활보호대상자 연금에서 각각 34%와 56%의 인상이 결정된 것이다. 이 연금은 매우 엄격한 기준에 의해 연령에 따라 지급될 것이고, 연금의 수준은 정부가 정한 최소연금보다 각각 22%, 33% 낮은 수준이다. 연대 프로그램의 기본 연금 수령자는 65세 이상의 시민으로 가족의 소득수준이 하위 40%에 속해야 하며 하나 이상의 연금을 수령하고 있어서는 안 된다. 즉, 이 연금은 보편적인 연금이 아니라 일정한 빈곤선 이하의 인구에게만 지급되는 연금이다. 이 연금의 혜택을 받는 인구는 점차 늘어나서 2012년에는 전체 인구의 약 60%에 달할 것으로 예상된다. 같은 기준과 방식으로 연대 프로그램 안의 장애 연금 또한 지급될 것이다.

연대 프로그램의 연금 혜택자의 60%가 여성일 것으로 예측되고 있다. 동시에 연금 액수가 154달러 미만인 인구에 대해서도 연금 지원을 단행했다. 연금지원을 받을 수 있는 연금수령액의 상한선은 점차 높아져서 2012년에는 약 562달러[21]에 이를 것으로 예상된다. 2008년 당시

20) 2009년부터는 각각 6만 페소(117달러)와 7만 5,000페소(147달러)가 되었다.
21) 25만 5,000페소(409달러).

177달러에 달하는 연금수령액이 2012년에는 약 60% 정도 인상되는 효과를 불러올 것이다. 이러한 연금지원은 소득수준으로 하위 60%에 속하는 65세 이상 인구를 위한 것이다. 비교해보자면 오늘날 최저임금이 약 308달러이다. 또한 현재 민간보험하의 모든 장애연금은 연대 프로그램의 지원을 받아 그 수령액이 늘어날 것이며, 그 혜택은 65세 미만의 인구에게도 돌아갈 것이다. 연금수령액은 물가상승률에 따라 조정될 것이다.

정부 여당은 2012년까지 약 130만 명이 연대 프로그램의 혜택을 받을 것으로 추정했다. 정부 여당은 이러한 정부의 지원을 받기 위한 기본 조건이었던 최저 연금 납부 실적(기존 240건)의 조항을 삭제했다. 이를 통해 여성들이 자녀를 양육하기 위해 연금 납부를 하지 못한 기간 때문에 겪었던 차별이 해소되었고, 불규칙하고 비정규적인 직업을 가질 수밖에 없는 노동자들에 대한 차별 또한 사라졌다. 동시에 아무리 적더라도 퇴직 이후를 준비하기 위해 스스로 연금을 준비할 동기가 부여되었다. 스스로 준비한 연금액과 정부의 지원이 더해져서 전체 연금수령액은 늘어날 것이다. 퇴직과 동시에 여성들은 자녀의 수대로 국채증서를 받게 되고 이 국채는 연금계좌에 입금된다. 국채는 최저임금의 18배의 10%에 해당하는 액수로 발행되며 기금에서 정하는 이자율에 따른 수익이 매달 입금될 것이다. 이혼한 경우 각자가 납입한 연금액은 각각의 배우자에게 동등하게 분할된다. 자녀를 양육하는 등의 이유로 임금노동을 하지 않았던 경우에도 자발적으로 조기 은퇴를 결정할 수 있으며, 이 경우 연대 프로그램에서 정한 연금의 혜택을 신청할 수 있다. 동시에 정부는 직업을 가진 여성들의 육아를 도와 여성들의 노동시장 진출 환경을 개선할 것이다. 이를 위해 정부는 보육원 시설을 늘리기 위해 노력해왔다.

18~35세 청년들이 노동시장에 진입해 미래의 연금시스템에 기여할 수 있도록 하기 위해서, 국가는 첫 임금이 최저임금의 1.5배가 되지 않는 노동자들에 한해 취업한 이후 24개월 동안 개인 연금계좌에 납입하는 납입액의 50%(임금의 5%)를 지원할 것이다. 나머지 50%는 고용주에게 지원해 고용비용의 5%를 절감하는 효과가 있을 것이다.

2) 민간연금기금의 기능 개선

이 법안은 또한 가입률, 납입률 및 납입액을 늘릴 수 있는 다양한 조치들을 포함하고 있다. 이들 조치 중 하나는 7년간 단계적으로 자영업자들의 연금가입을 의무화하는 것이다. 이를 통해 자영업자들도 노령연금, 장애연금, 배우자 및 자녀에 대한 연금 지원의 대상이 됨은 물론 2018년부터 의료보험 또한 가입하게 될 것이다.

개개인의 연금저축에 대한 동기를 부여하기 위한 조치들도 마련되었다. 정부는 정부가 정한 상한선 범위 안에서 자발적으로 추가적인[22] 연금 납입을 하는 국민들에게 재정지원을 할 것이다. 현재 정부가 정한 상한선은 연간 461달러(Seis Unidades Tributarias Mensuales: UTM)이다. 이 조치는 고용계약상에 이루어질 수 있는데 현재까지는 다소 생소한 방식이지만 민간연금 납입금을 지원해준다든지 개개인에게 직접 지원해주는 방법을 사용할 수 있을 것이다. 또 다른 개혁안은 특정 연도에 고용된 노동자 그룹에 대한 연금가입 경매를 실시하는 것이다. 경매를

22) 새 연금개혁 이전에도 연금가입자의 14%가 추가적인 연금저축에 대해 긍정적이었으나 이들 중 3/4정도만 140유로(10만 페소) 미만을 저축하고 있었다. Estado: Superintendencia de AFP(2007.12)

통해 가장 낮은 수수료를 제시하는 연금회사에 이들 신입 노동자들이 연금을 가입하도록 할 수 있다. 이러한 방식으로 매년 약 20만 명의 새로운 연금가입자들은 시장에서 지불하는 수수료보다 적은 수수료를 내고 연금에 가입할 수 있을 것이다. 한편 신규 연금 가입자들은 최소 24개월 동안 낮은 수수료를 제공한 연금회사와 계약을 유지해야 하며, 이러한 낮은 수수료는 이미 그 연금회사에 가입한 기존 고객들에게도 적용될 수 있어야 한다. 이러한 경매제도를 통해 새로운 연금회사가 시장에 진입할 수 있는 기회도 만들 수 있을 것이다.

동시에 이른바 민간 '연금산업'을 개혁해 경영의 투명성을 제고하고 경쟁력과 효율성을 높임으로써 연금을 늘리고 수수료를 낮추는 조치들이 포함되었다. 예컨대 연금기금 투자 전략을 출판, 공개하는 것도 이러한 조치에 포함된다. 이를 통해 고정 수수료를 제거할 수 있었다. 새 연금개혁법은 또한 투자액 상한제에 대해서 좀 더 유연한 입장을 보인다. 민간연금기구가 투자의 80%를 해외에서 할 수 있도록 허용했다(지금까지 해외투자의 비중은 30~45%로 제한되어 있었다). 또한 국가가 민간연금기금을 관리하고 감시하며 시스템을 운영할 수 있는 권한이 강화되었다.

3) 새 연금개혁의 비용

연금개혁위원회의 추정에 따르면 연대 프로그램의 총비용은 2017년까지 총국민소득의 1% 정도이다. 정부가 2017년까지 생활보호대상자에 대한 연금과 최저연금 보장을 위한 지원액(Consejo Asesor Presidencial para la Reforma Previsional, 2006)으로 지출해야 할 비용이 총 국민소득의 0.84%로 예상하고 있기 때문에 새 연금개혁의 비용은 이미 정부가

지출해야 할 연금비용보다 약간 더 많은 액수이다. 국회에서의 논의와 수정의 결과(국회에서 연금개혁의 적용 시한이 단축되었고,[23] 지원 기간이 늘어났으며,[24] 지원을 받기 위한 소득의 상한선도 높아졌다.[25])), 정부의 지출은 더 늘어날 것이다. 경제성장률을 평균 4%로, 연대프로그램에 대한 총지출의 조정 폭을 3%로 상정한다면 이 프로그램에 대한 정부지출은 총 국민소득의 약 1.7%[26])에 달할 것이다. 재정부는 2025년 생활보호대상자들에 대한 연금 및 최저연금 보장 지원액으로 정부가 지출해야 할 비용이 총 국민소득의 1.2%에 이를 것으로 예상하고 있다(대통령 직속 연금개혁위원회의 보고서 2006, 부록 4, 표 A.4.7).

4. 결론

사회보장을 인권의 한 부분을 이해한다면 새 연금개혁은 상징적인 효과를 가져왔다. 사회정의와 관련한 국가의 필수불가결한 역할에 대한 분명한 메시지를 칠레 사회에 남겼으며, 부의 집중, 사회보장의 감소, 차별 등이 민주주의를 위한 사회적 통합에 끼치는 악영향들에 대해 주의를 환기시킬 수 있었다. 동시에 스스로 칠레 연금시스템이 '최고의 모델'이라는 국제적 평가에 대해 반기를 들었다.

그럼에도 이 연금개혁은 연금시스템의 전면적인 변화를 의미하지는

23) 원안에는 연대프로그램의 적용 시한이 2012년이 아니라 2017년이었다.

24) 원안에서는 신규 연금 가입자에 대한 지원이 18개월이었으나 24개월로 늘어났다.

25) 민간연금에 대한 국가의 지원을 받을 수 있는 소득의 상한선이 원안에서는 20만 페소(391달러)였으나 수정안에서는 25만 5,000페소(440달러)가 되었다.

26) 저자의 추정치임.

않는다. 민간연금기금에 가입하고 연금을 납입하는 것은 여전히 의무이며, 장기적으로 이러한 의무는 노동자에게만 국한되는 것이 아니라 전 칠레인들에게 확대될 것이다. 국가는 최소한의 연금수준을 보장하는 역할을 담당하며, 이러한 보장의 비용은 사회적으로 연대의 원칙에 따라 마련된다. 간접적인 부의 재분배 방식으로서 시장의 논리와 경쟁하지 않고 오히려 시장의 원칙을 보호하는 방안이다.

현재의 시스템을 국가 주도의 연금시스템으로 개혁하는 방안에 대한 논의가 이루어지지 않았다는 점을 지적할 필요가 있다. 이 점에 대해 바첼레트 정부는 비판을 받았다. 특히 여러 사회 정치 주체들 중 노조[27)]의 비판이 강력했다. 그럼에도 칠레 정부는 정부가 후원하는 민간연금기금을 설립하기 위한 계획을 발표할 것을 약속했다. 한편, 안데스 산맥 저편의 아르헨티나에서는 2007년 7월 민간연금 가입자들이 공공연금으로 옮겨올 수 있는 선택의 자유를 주는 법안이 통과되었다. 그로 인해 민간연금 가입자의 수는 1,200만 명에서 900만 명으로 감소했고, 공공연금 가입자의 수는 500만 명이 되어 2배 이상으로 증가했다.

칠레의 새 연금개혁은 비록 국가의 기능이 보조적 기능에 머물러 있지만, 연금시스템 안에서 국가의 존재감을 강화시키기 위한 한 걸음을 내디딘 것으로 볼 수 있다. 비록 연대 프로그램을 도입했으나, 이는 보편적 연금제도의 도입을 의미하는 것은 아니다. 이전의 연금지원 프로그램들처럼 연대 프로그램도 그 혜택을 받기 위해 빈곤의 조건을 충족해야 하며 일단 지원을 받는다고 하더라도 상황이 나아질 경우

---

27) "Por una reforma previsional solidaria. Declaración de Santiago de los académicos de Chile," 15 de Junio de 2006, <http://cendachile.cl/Declaracion_ Santiago>를 참조. Cenda는 기본연금, 분배연금, 그리고 민간연금이라는 세 개의 축을 포함한 연금시스템을 제안했다.

프로그램의 혜택 또한 사라진다. 그럼에도 지난 연금시스템에 갖고 있던 지원제도와 연대 프로그램 사이의 큰 차이는 연금과 인권을 연결했다는 점이다. 즉, 새로운 연대 프로그램의 골자는 국민이 품위 있는 노후를 맞이할 수 있어야 한다는 것이다. 물론 현재의 프로그램으로도 품위 있는 노후의 기준에 못 미치는 노후를 맞이할 수밖에 없는 국민이 존재하겠으나 노년의 빈곤이라는 위험을 상당히 줄였다는 점은 인정해야 한다. 연금 가입률은 더욱 높아질 것이고, 약 60%의 국민이 더욱 높은 연금액을 수령할 수 있을 것이다.

이 법안은 또한 국민들이 연금에 대해 갖는 안정감을 증가시켜 노년을 준비하기 위한 연금의 납부에 대한 동기를 부여했다. 고도로 전문화되어 있는 민간연금시스템과 투명성의 결여, 국내 및 해외 시장의 변동에의 취약성[28] 및 연금수령액의 감소, 그리고 마지막으로 평균수명의 연장으로 인해 각 개인이 받을 수 있는 장래의 연금수령액에 대한 불확실성이 커졌다. 하지만 새 법안이 이러한 불안을 종식시킬 수는 없다. 단지 불안의 정도를 낮춰줄 수 있을 뿐이다.

새 연금개혁의 매우 확실한 목표 중 하나는 그동안 불평등을 감내해야 했던 여성들에 대한 구조적 차별을 제거하는 것이다. 여러 가지 조치들을 통해 여성 차별을 시정하고자 했는데, 그러한 조치들은 다음과 같다. 우선 이혼 시 연금 납입금 분할이 가능하게 했으며, 성별에 따라 보장 내용을 구분해 장애연금 및 배우자 연금의 경우 여성을 우대하도록 했고, 이 원칙은 모든 연대 프로그램에 적용되었다. 게다가 여성 배우자가 먼저 사망했을 경우에 남성 배우자에게 돌아가는 혜택을 도

28) Cenda의 분석에 따르면 세계금융위기로 인해 민간연금기금은 2007년 7월 27일~2008년 4월 1일에 약 120억 달러의 손실을 보았다(<http://www.cendachile.cl/>).

입해 양성평등을 실현했다. 또한 남성과 여성 모두 연금을 받을 수 있는 연령을 65세로 정했는데, 이는 여성의 정년은 60세, 남성의 정년은 65세인 칠레 사회에서 여성이 연금을 먼저 받게 되어 있던 불평등을 시정한 것이었다.[29)]

또한 새 연금개혁안은 연금의 운영, 관리 및 통제를 가능케 하는 국가기구들을 탄생시켰다. 법안에 포함되어 있는 규제, 지원 그리고 경쟁의 요소들을 통해 이 법안은 민간연금시스템의 효율성을 개선할 것으로 기대되었다. 이를 통해 민간연금이 더 높은 가입률과 연금 혜택을 가져오도록 만들고자 했다. 하지만 민간연금기금의 '기생적'(Martner, 2006: 131)인 수익들을 규제하는 방안은 새 연금개혁안에 포함되어 있지 않았다. 비슷한 의도의 조치로는 민간연금기금의 수익이 개인 저축의 수익을 넘어서는 경우 그 차이를 연금기금과 가입자가 나누어야 한다는 조항이다.

전 국민의 연금 가입 시대를 열기 위해 노령연금에 대한 민간연금의 기여분이 어느 정도 되어야 하는가에 대해서도 정해진 바가 없다. 법안에서 상정하고 있는 방법은 각 개인이 자율적으로 연금에 가입하는 수를 늘려나가는 것이고, 혹은 단체 협약을 통해 연금 가입률을 높이는 것이었는데, 실상 관련한 조항이 없다고 볼 수 있다. 연대 프로그램은 기본적으로 세금을 통해 재정이 조달된다. 칠레의 조세제도는 놀라울 정도로 역진적이다. 따라서 대기업이 연대 프로그램에 기여하는 것보

---

29) 여성의 입장에서 이 조치는 불평등한 것이었다. 왜냐하면 여성의 경우 정년이 빠르기 때문에 수입이 더 적고 게다가 자녀양육으로 인해 임금노동에 종사하는 기간이 짧기 때문이다. 많은 국회의원들이 여성이 연대프로그램의 혜택을 받을 수 있는 연령을 낮추기 위해 노력했다. 게다가 5년이나 덜 연금을 납입할 경우 연금수령액은 30~40% 줄어든다는 연구 결과도 있었다(Clar, 2006: 22 참조).

다 중소기업이 기여하는 바가 더 크다는 사실은 사회정의의 문제로 여겨질 수 있다.

결론적으로, 다양한 긍정적인 요소들에도 불구하고 이미 18년을 집권한 콘세르타시온 정부는 기존 연금시스템에 대한 개혁 이상의 조치를 취할 생각이 없는 듯하다. 재정적인 측면에서 볼 때, 보편적인 기초연금제도를 도입하는 것에는 아무 문제가 없다.[30] 칠레 경제의 구조적 흑자를 고려한다면, 그토록 긴 연금시스템 전환기를 상정할 필요도 없다. 물론 그 기간은 국회에서 단축되었으나, 어떤 의미에서 다음 선거를 생각한다면 적용 시한을 늘려 잡음으로써 콘세르타시온의 '정치적 자본(capital político)'이 줄어들었다. 여기서 우리는 칠레 정치의 본원적인 딜레마를 엿볼 수 있다. 경제적·재정적 신자유주의 정책과 강력한 사회정책 간의 부조화가 그것이다. 강력한 사회정책을 실행하기 위해서 경제정책의 수정은 불가피하다. 특히 조세정책의 변화가 요구된다. 하지만 또한 강력한 국가와 개혁을 실천할 수 있는 국가의 능력 또한 형성되어야 할 것이다.

---

30) 마트너의 분석에 따르면 현재의 최소 연금수준(2008년 3월 기준으로 11만 2,000페소, 약 246달러)의 보편적 기초 연금을 도입하는 데 필요한 비용은 2025년까지는 총 국민소득의 3.48%, 2050년까지는 총 국민소득의 5%이다. 이는 최근 25년 동안 연금에 투입한 재정지출보다 적은 액수이다(Martner, 2006: 111 y ss).

참고문헌

법령 No.3500. 1980. <www.consejoreformaprevisional.cl/documentos/Decreto-Ley-3500.pdf>.

Cenda. 2006. “Factibilidad y necesidad de restalecer gradualmente un pilar previsional de reparto para otorgar pensiones, definidas a la clase media.” Santiago de Chile.

Clar, Regina. 2006. “La reforma pendiente con el derecho a la seguridad social.” en Y. Quiroga and Jaime Ensignia(eds.). *Rompiendo mitos. La reforma del sistema de pensiones en Chjile*. Santiago de Chile: IFE.

Consejo Asesor Presidencial para la Reforma Previsional. 2006. “El derecho a una vida digna en la vejez. Hacia un contrato social con la previsión en Chile. Informe Final.” Anexo4, Presidencia de la República, Santiago de Chile, Julio de 2006. <www.consejoreformaprevisional.cl/documentos/InformeFinal/Anexo4.pdf>.

Dirección de Presupuesto. 2007. “Estadísticas de finanzas públicas 1997~2006.” Julio de 2007. <www.dipres.co/fr_presupuesto.html>.

Gobierno de CHile, MInisterio de Trabajo y Previsión Social. 2008. “Reforma Previsional. Chile valora tu vida. Manual informativo.” Santiago de Chile.

Guardia, A. 2006. “Lecciones del sistema de fondos de pensiones en Chile y la apertura a su reforma.” en Y. Quiroga and Jaime Ensignia(eds.). *Rompiendo mitos. La reforma del sistema de pensiones en Chile*. Santiago de Chile: IFE.

INP. 2006. Anuario estadístico 2006. <www.inp.cl/Documentos/Anuario_2006/>.

Martner, Gonzalo D. 2006. “Reformas al sistema de pensiones y pensión básica garantizada.” en Y. Quiroga and Jaime Ensignia(eds.). *Rompiendo mitos. La reforma del sistema de pensiones en Chile*. Santiago de Chile: IFE.

Prieto, Salvador Valdés. 2004. “Para aumentar la competencia entre las AFP.” en

Estudios Públicos, No.98. Centro de Esutidos Públicos, Santiago de Chile.

Pérez, José Ignacio Antón. 2006. "Equidad en las reformas de la seguridad social en América Latina. Una evaluación crítica." en *Revista de Economía Mundial,* No.14.

Tagle O, Jaime Ruiz. 2005. "Logros y deficiencias del nuevo sistema de pensiones en Chile: 1981-2005." FES, Santiago de Chile.

제12장

칠레의 교육운동의 정치적 전망

다니엘 누녜스

이 논문을 통해 저자는 2011년 한 해 동안 칠레에서 일어났던 교육개혁을 위한 학생운동의 강력하고 지속되는 영향력을 분석하고 이러한 사회적 저항을 통해 추동된 칠레의 정치 변화를 분석하고자 한다. 이 운동이 그동안 잘 정비되어 있었던 신자유주의에 끼친 타격의 범위와 크기에 주목하며, 이 논문은 지난 1년 동안 칠레에서 일어난 유례없는 사건들을 되짚어보았다. 특히 카세롤레오(냄비 등을 두드리며 시위하는 행위)의 재등장과 야합 정치의 무력화(완벽하게 없애버리지는 못했으나)는 주목할 만하다. 야합의 정치는 그동안 사회 갈등이 사회 지도자들의 합의를 통해 '해결될' 수 있다는 전제하에 미봉책만을 양산해냈다. 또한 이 글은 세바스티안 피녜라 대통령의 지지율 급락과 콘세르타시온의 폐부를 찌른 정치에서의 지각변동을 분석했다. 이 지각변동은 교육운동이 콘세르타시온에게 좀 더 정확한 포지셔닝을 요구하는 순간 일어났다. 칠레 신자유주의의 헤게모니에 침투한 위기는 지난 40여 년 동안 신자유주의 개혁의 선두주자로 여겨져 왔던 남미 국가들에서 일어나는 일련의 진보적인 사고와 정치 프로젝트의 가능성을 분석할 수 있는 창을 마련해주었다.

다니엘 누녜스 Daniel Núñez 칠레 아르시스대학교(Universidad Arcis)의 총장. 칠레 국립대학교 사회학과 졸업. 칠레 알베르토 우르타도대학교(Universidad Alberto Hurtado)에서 중남미지역학(사회과학)으로 석사학위 취득.

* 이 글은 ≪La Revista del Observatorio Social de América Latina≫ Año 13, No. 31(2012년 5월호)에 발표한 글을 옮긴 것이다.

이 논문은 교육 개혁을 위한 학생운동(이하 교육운동)이 제시한 해방 프로젝트에 대한 관심에 호응하고자 하는 노력이다. 이를 위해 이 논문은 이 운동이 포함하는 반헤게모니적 정치 키워드들을 분류하고 분석하는 데 노력을 경주했다. 즉, 이 운동이 갖는 민주화운동으로서의 가능성에 주목하고 칠레에서 나타나는 신자유주의와의 결별의 징후들을 고찰했다.

이 논문을 시작하기에 앞서, 우선 2011년 일어난 교육운동이 칠레 사회의 좀 더 광범위한 사회 갈등과 그 동력으로부터 분리되어 사고될 수 없다는 점을 강조하고 싶다. 그뿐만 아니라 교육운동은 사회세력들의 매우 작고 조용하지만 지속적인 노력에 의해 비옥해진 사회적 현실이라는 토양 안에서 가능했다는 점도 지적할 필요가 있다. 칠레의 사회세력들은 천천히 그러나 지속적으로 칠레에서 신자유주의를 지탱하고 있는 기둥들에 구멍을 뚫어왔다. 1990년대 말부터 21세기 초까지 라틴아메리카의 사회학자들은 통제되지 않는 시장을 통한 근대화가 위험요소를 내포하고 있다고 경고해왔다. 이들은 비록 시장을 통한 근대화가 외면적 성공을 가져온다고 할지라도 칠레 사회는 이미 사회적 사막화를 경험하고 있다고 주장했으며 그 이유로 시민들의 무관심과 고립을 들었다. 이러한 주장을 가장 분명하게 펼친 사회과학자는 노르베르트 레흐네르(Norbert Lechner)[1]이다. 그는 칠레의 근대화 과정이 단순히 정치에 대한 시민들의 무관심만을 가져온 것이 아니라 인간관계를 희석시키는 일련의 사회심리적 불안과 두려움을 동반했으며 그 결과 사회에 대한 의심 또한 증가했다고 주장한다. 결국 레흐네르는 칠레식 근대화가 개인들의 주체성을 상실시킴으로써 개인들이 사회에 뿌리를 견고

1) 레흐네르는 2012년 발표한 논문에서 이러한 주장을 펼쳤다.

하게 내리지 못하게 한다고 보았다.

칠레의 사례에 대한 이해를 좀 더 덧붙이자면, 이러한 집단 실망은 가중되는 사회 불안으로 이어지고, 사회 갈등의 '장기적 주기'가 형성되는 데 결정적인 역할을 했다. 저항의 주기는 천편일률적인 저항의 실행으로 나타나지 않고 시위가 절정기에 도달했다가 다시 잠잠해지는 것을 되풀이하는 모습을 보인다. 대표적인 예가 2009년 대통령 선거 직전과 직후에 나타난 사회 저항의 모습들이다. 이처럼 장기적인 저항의 주기는 2006년 '펭귄들의 혁명'[2]부터 시작되어 이후 2007년 코델코(CODELCO, 칠레 국영 구리회사)와 아라우코(Arauco, 칠레의 대표적 목재회사)의 파업을 포함한 여러 노동조합들의 파업 행렬, 그리고 콘세르타시온을 깜짝 놀라게 한 대규모로 진행된 교육운동으로 이어졌다.

이처럼 놀랄 만한 강도의 사회운동을 예고 없이 폭발하는 화산이나 지진에 비유하는 것이 일반적이다. 하지만 교육운동의 경우 이러한 비유가 부적절하다. 왜냐하면 이미 학생 저항의 움직임이 수천 킬로미터 밖에서도 감지할 수 있었기 때문이다. 세바스티안 피녜라 정부 2년차에 디차토 주민들과 다른 8지역 주민들의 시위가 시작되었다. 이들은 지진으로 파괴된 주택의 복구가 지연되고 있다는 점에 대해 불만을 토로하는 시위를 조직했다. 2월에는 마가얀 주민들이 진정한 민중 봉기를 조직했는데, 이들은 남극에 위치한 마가얀의 기후 때문에도 너무나 중요한 자원인 천연가스의 가격 상승을 비판하며 대규모 시위에 참여했다. 단 몇 주 후 환경주의자들은 코킴보 지역 푼타 데 토로스 국립공원 안에 열병합발전소를 건설하고자 하는 정부의 계획에 반대하는 다

2) 고등학생들의 시위를 부르는 명칭. 고등학생들이 교복을 입은 모습이 펭귄과 같다는 데서 기인함 — 옮긴이.

양한 시위를 주도했다. 4~5월 산티아고와 코야이케 지역에서 동시에 수력발전소 건설을 위한 이드로아이센 프로젝트에 반대하는 대규모 집회 또한 열렸고, 이 집회에서 그 유명한 구호인 '댐 없는 파타고니아(Patagonia sin Represas)'라는 구호가 탄생했다. 이 모든 사건들은 우리로 하여금 6월부터 격화되어 이후 상당한 사회적 지지를 불러일으킨 교육 운동이 단순히 칠레 사회에 대한 불만 표출 이상의 의미를 지닌다는 것을 보여준다.

교육을 둘러싼 사회 갈등, 학생들의 고등학교 점거, 대학생과 교수들의 집단행동 및 교사들의 이에 대한 동조는 모두 칠레의 주요 정치 제도 및 기관의 정당성의 위기로 이어졌다. 시민들의 정치에 대한 혐오가 이미 새로울 것이 없는 현상이라고 할지라도 이러한 불신이 이제 정치권을 벗어나 다른 국가기관으로까지 번져나가고 있으며 시민과 사회질서 간의 괴리가 나타나기 시작했다. 좀 더 자세히 이 상황을 분석해보자면 다음과 같다. 칠레의 끝나지 않는 '전환기'는 이미 시작부터 피노체트가 만든 헌법의 질서 속에서 이루어질 수밖에 없었으며, 그 결과 가장 긍정적인 시나리오에 따르더라도 칠레가 도달할 수 있었던 것은 민중의 주권이 상당히 훼손된 형태의 저강도 민주주의(low intensity democracy)였다. 이는 독재[3]를 대체한 선거주의 정치 시스템이 상당히 빠르게 대표성을 의심받게 된 현상을 설명해준다. 오늘날 주목해야 할 점은 실제로 칠레가 사회의 다양한 이해관계를 대변하는 세력으로서의 정당에 대한 불신을 품은 것뿐만 아니라 정치 전반에 대한

3) 이미 1997년 국회의원 선거에서 선거 과정에서 소외된 300만 명 가까운 유권자들이 의미하는 대표성의 위기에 대한 논의가 있었다. 이 300만 명 가까운 유권자들은 투표하지 않거나, 백지 투표 혹은 무효표를 투표한 사람들이다.

불신을 의미하는 심각한 정치적 위기에 봉착해 있다는 것이다. 현재 군사독재에서 기인한 정당시스템과 사법제도 전체가 비판에 직면해 있으며, 1980년 헌법 자체가 저항의 대상이 되고 있다. 그럼에도 이 모든 현상 속에서 가장 새로운 현상은 아직 일어나지 않은 듯하다. 작년(2011년) 말 발표된 여론조사 결과에 따르면 전통적으로 국민들의 신뢰를 받았던 기관들, 즉 군대, 경찰, 사법부, 대기업 그리고 가톨릭교회와 같은 기관들에 대한 신뢰도도 상당히 낮아진 것으로 나타났다(Universidad Diego Portales, 2011). 칠레대학교의 알베르토 마욜(Alberto Mayol)에 따르면, 칠레 사회를 안정시키고 사회를 규제하는 역할을 담당하던 이런 기관들에 대한 신뢰도 추락은, 2011년 한 해 동안 칠레인들이 공개적으로 사회적 저항을 표출하는 데 결정적인 역할을 했다.[4)]

칠레의 근대화 과정 깊숙이 내재된 불만 같은 구조적인 원인들이 점점 심화되는 정치 혐오와 맞물려 시민들의 사회에 대한 요구뿐 아니라 교육운동에서 나타난 것과 같은 상징적인 리더십도 일깨웠을 수 있다. 그런 의미에서 민간부문과 민간부문의 폐해에 대한 공개적인 거부를 포함하는 시민들의 요구가 상당한 사회적 지지를 획득한 것은 놀라운 일이 아니다. 교육을 위한 다양한 주장과 요구들은 부차적인 요구가 아니다. 오히려 이는 1980년대 군부독재하에서 이식된, 그리고 이후 콘세르타시온 정부에 의해서 정당화된 신자유주의적 구조조정에 대한 본원적인 문제제기이다. 이와 같은 분석이 구리광산에 대한 국유화에 대한 공개적인 지지에도 적용될 수 있다. 구리광산의 국유화를 통해 값진 붉은 광물에 대한 거대 광산 생산자들의 사유재산권이 도전

---

4) 이 주장은 알베르토 마욜이 2011년 칠레의 대표 경영자들의 모임인 ENADE 미팅에서 한 발표에서 좀 더 심화되었다.

받았으며, 이는 신자유주의 원칙 안에서 불가침의 권리로 치부되던 사유재산권에 대한 문제제기였다. 신자유주의 속에서 개인의 사적 재산권은 어떠한 사회 정의보다 우선되는 권리로서의 지위를 누리고 있기 때문이다.

앞서 언급한 사회적 요구와 관련해서 고찰해야 할 또 다른 측면은 교육운동이 획득한 민주화 추진 세력으로서의 동력이다. 시간이 지나도 교육운동에 대해 구체적인 대응을 내놓지 않는 정부의 태도를 통해 정부는 교육운동의 주장을 받아들일 의지가 없음을 분명히 했다. 교육운동은 정부의 이러한 태도에 대해 또 다른 요구사항을 내놓았는데, 이는 국민투표를 통해 시민들의 직접적인 의견을 알아보자는 것이었다. 비록 정부는 이러한 요구를 재빨리 거부했으나 정부의 입장은 매우 부자연스러운 것이었으며, 정부가 이러한 요구를 거절하기 위해 내놓은 궁색한 논리는 국민투표를 요구하는 세력에게 오히려 정당성을 부여했다. 정부의 비타협적인 태도와는 반대로, 교육대학(Colegio de Profesores)과 다른 학생조직 및 사회운동 단체들이 '사회 포럼(mesa social)'을 구성해 10월 7~8일 국민적 협의를 이루기 위해 노력했으며, 높은 참여를 통해 다시 한 번 칠레 사회에 신선한 충격을 가져왔다.

교육운동이 국민여론으로부터 이끌어낸 호응 덕분에 언론은 이 기간 동안 교육운동을 집중적으로 조명했다. 인터넷 언론, 신문 그리고 특히 텔레비전의 경우 거리에서 일어나고 있는 사실을 감추는 것이 거의 불가능했다. 그 결과 시위의 다양한 측면들을 폭넓게 다루지 않을 수 없었다. 시민의식의 자각이 미디어의 공간을 열었고, 다양한 사회주체들 간의 토론을 추동했다. 민주화를 이러한 토론의 주제로 포함한 것은 이 운동의 장기적 효과라고 할 수 있으며, 칠레 정부도 이러한 요구에 반응해 다음 회기에 국회에 사법제도 개혁안을 상정하기로 했다. 게다가 최근 정부 여당의 정당연합을 구성하고 있는 정당들 사이에서 중선거구제의 개혁에 대한 논쟁이 벌어지고 있다. 중선거구제는 그동안 두 개의 거대 정당 블록에 포함되지 않는 정당들의 대표성을 크게 침해해온 제도로 평가받고 있다.[5] 흥미로운 점은 이렇듯 진정한 공공 어젠다의 정치 이슈화는 '위에서만' 이루어지는 것이 아니라는 것이다. 오히려 수천 명 혹은 수만 명의 시민들의 삶에 영향을 미치는 이런 이슈들은 수년 동안 시민들의 관심 밖에 놓여 있었던 과거를 극복하고 일요일 점심, 혹은 오후 간식 시간에 가족들이 둘러앉아 토론하는 화두가 되었다. 이러한 현상이 대개 눈이 띠지 않는 사소한 변화로 보일지라도, 이러한 변화는 시민들과 정치 간의 감성적인 연계를 회복하는 근본적인 변화이며 그동안 시장 세력에 의해 파편화된 사회적 연대를 회복하려는 시도이다.

경험이라는 차원에서 볼 때, 지난 7개월 동안의 조직과 운동의 경험은 칠레 시민들의 집단기억에 지워지지 않는 흔적을 남겼으며 특히 젊은 세대에게 그러하다. 시위가 절정에 이르자 시위에 참여한 많은 이들은 독재정권 타도 운동 당시 시민들이 느꼈던 기쁨과 만족감을 느낄 수 있었다. 체제에 대한 불만이 극에 도달했을 때 생겨나는 충동이 투쟁의 순간 승화되었던 경험은 칠레인들의 기억 속에 기록되어 있던 저항의 감정이 다시 한 번 분출되고 새로운 의미를 부여받는 기회를 제공했다. 시위가 보여준 사회적 상상력 속에서 피노체트와 피녜라는 동일시되었고, 그 과정에서 8월 4일의 카세롤레오는 즉흥적으로 시작

---

5) 공공부문연구소(El Centro de Estudios Públicos)가 2011년 11월과 12월에 실시한 여론조사에 따르면, 응답자의 60%가 현재 칠레 선거제도인 중선거구제를 변경해야 한다고 답변했다.

되었다. 산티아고 중심가에서 학생운동에 대한 무차별적인 탄압을 자행한 경찰에 분노한 당시 칠레 학생연맹(FECH) 회장인 카밀라 바예호는 시민들에게 학생들과의 연대의 의미로 그날 밤 냄비를 두드리며 시위에 참여할 것을 촉구했다. 이날 저녁 9시부터, 즉 첫 번째 카세롤레오가 시작된 지 28년이 지난 이후, 다시 한 번 칠레에서는 그 유명한 카세롤레오가 일어났다.[6] 오늘날의 카세롤레오가 과거의 그것과 다른 점은 더 이상 카세롤레오의 소리가 저소득층 사이에서만 들리지는 않았다는 것이다. 이날 카세롤레오의 소리는 중산층 지역에서도 크게 들려왔다. 칠레의 중산층들은 이미 과도하게 비싼 대학 등록금으로 인해 수개월간 고통을 받아왔던 터였다. 이러한 계층 간 융합의 상징적 가능성은 카세롤레오를 학생운동의 마지막 대규모 집회까지 계속 사용되는 주요 시위 방법으로 만들었다.

공적 담론의 수준에서부터 권력의 미시적 작용에까지 일어난 다양한 작용과 반작용 그리고 수정은 독재시기 이후 상존하던 기존의 이념적 타협으로부터 결별한 새로운 주체성의 탄생을 가져왔으며, 이러한 새로운 주체성은 신자유주의를 자연스러운 것으로 받아들이는 기존의 질서에 저항했다. 칠레의 신자유주의는 피와 총성으로 도입되었지만, 이후 칠레 사회에서 칠레가 꿈꿀 수 있는 유일한 사회 유형으로 인정받고 추앙받았다는 점 또한 잊어서는 안 될 것이다. 그 결과 국가의 존재가 소멸되고 시장의 절대 권력이 인정되며 거의 모든 인간의 활동 목적으로서 이윤의 추구가 정당화되는 정서가 시민사회에 형성되었었다. 따라서 교육운동이 칠레 사회에 가져다준 가장 중요한 성과는 독재

6) 카세롤레오라고 불리는 시위 형태는 1983년부터 분출된 반군사독재 시위로부터 기원하며 산티아고의 저소득층 그리고 다른 대도시 지역에서 자주 사용되었다.

이후 칠레 사회가 유지했던 이념적 타협을 깨는 결정적 계기를 제공했다는 것이다. 하지만 이 이념적 결별이 칠레 사회의 지속적인 문화의 변화까지 추동해낼 수 있을 것인가의 문제는 지금 우리가 쉽사리 예측하기는 어려운 일이다.[7)]

2011년의 성공은 칠레 정당 및 정당 연합의 행태를 변화시켰고, 그 결과 정치 세력 간 관계 또한 변화했다. 세바스티안 피녜라 대통령의 기술관료적인 연설은 교육운동의 요구들에 압도되었고, 효율성만을 강조하지만 막상 어떠한 목적을 추구할 것인지에 대한 토론에는 응하지 않는 정부의 행태에 대해 시민사회는 심각하게 문제를 제기하기에 이르렀다. 정부의 학생조직 및 노동조직과의 소통 불능의 첫 번째 희생자는 바로 당시 교육부 장관이었던 호아킨 라빈이다. 그는 지지부진한 태도로 국민 여론의 신뢰를 잃었고, 그 결과 교육부 장관직에서 물러나야 했다. 2011년 동안 정부는 전략적 주도권을 잃어버렸고, 2012년 주도권 회복을 위해 노력할 것으로 예상된다. 2011년의 거대한 시민조직과 운동은 야권에도 강력한 압력을 가했다. 그 결과 야권은 그들의 입장을 분명히 하게 된다. 콘세르타시온에게 이러한 현실은 극도로 복잡한 시나리오를 제공했다. 왜냐하면 교육 부문에서의 시장의 확대는 지난 4번의 콘세르타시온 정권을 통해 공고화되었다는 비난을 피할 수 없기 때문이다. 교육운동에 대해 콘세르타시온 내부 정파 간의 차이는 점점 더 분명해졌고, 결국 핵심적으로 두 개의 서로 다른 정치적 의견이 도출되었다. 우선, 한편에서는 사회당과 기민당이 채택한 좀 더 실용적인 노선의 주장이 있다. 이들은 지나친 정치 지형의 양극화는

---

7) 신자유주의적 상식의 붕괴라는 주장은 2011년 발표된 발파라이소 대학 교수 하이메 마사르도(Jaime Massardo)의 논문에서 잘 정리되어 있다.

중도의 유권자들을 우경화시킴으로써 전체 유권자를 보수화하는 경향이 있다고 주장하며, 2011년 벌어지는 투쟁에 대해 우려스러운 시선을 보냈다. 그들은 당시 상황이 전임 대통령인 미첼 바첼레트의 재선을 어렵게 할 수 있다고 생각했다. 다른 한편에는 급진당과 민주당을 지지하는 이들의 주장이 있다. 이들은 콘세르타시온의 그간 정책에 대해 자성하는 모습을 보이며 시위 참가자들과 공감하지 못하게 될 것을 우려했으며, 콘세르타시온을 극복하는 대안을 요구하는 대담함을 보였다. 이러한 그들의 주장이 확고하다는 것을 보여주기 위해 이 두 정당은 공식적으로 공산당에게 2012년 8월 열리는 지방정부 선거에서 공동의 공천자 리스트 형성을 제안했다.

전략적인 측면에서 2011년의 교육운동은 또 다른 효과가 있었는데 이는 권력관계의 변화 이상의 의미를 지닌다. 나는 이 운동이 지난 20여 년간 사회적·정치적 현상 유지를 가능케 한 장치 중 하나를 무력화시켰다고 생각한다. 그것이 바로 이른바 '타협의 정치'이다. 현상 유지를 지탱하는 이 혼종의 정치 메커니즘은 파트리시오 아일윈(Patricio Aylwin) 정부에 의해 생겨났고, 콘세르타시온 정권하의 다양한 정부들에 의해 폭넓게 활용되었다. 전임 대통령인 미첼 바첼레트의 경우도 2006년 펭귄들의 혁명 이후 우파들과 「교육에 관한 헌법 구성법(Ley Orgánica Constitucional de Enseñanza)」라는 미봉책을 협상할 때 이 대타협의 원칙에 따랐다. 그 결과 고등학교 학생들이 요구했던 근본적인 변화는 일어나지 않았다. 하지만 이번에는 이전과 같은 일이 일어나지 않을 것이다. 교육이라는 가치를 수호하기 위해 투쟁한 세력의 광범위한 힘과 결속력이 타협의 정치라는 부도덕한 정치적 시도를 용납하지 않았다. 이는 국회에서 교육 관련 예산을 협의하고 표결하는 과정에서 분명히 드러났다. 새로운 교육부 장관인 펠리페 불네스(Felipe Bulnes)는 기민당과의 합의에 모든 희망을 걸었다. 하지만 학생운동 주체들은 콘세르타시온에 타협하지 말 것을 강력하게 요구했고, 그로 인해 그러한 합의는 도출되지 못했다. 학생운동 주체들은 콘세르타시온에 "시민들과 학생운동에 등을 돌리는 합의를 도출해서는 안 된다"라고 주장했다.[8] 이러한 결과를 도출하기 위해 야권의 좌파정당들 특히 공산당 의원들이 의회에서 노력했다. 이들의 역할은 매우 중요했다. 이들은 콘세르타시온 내의 보수 성향 의원들이 야권으로서의 공동 입장에 동의하도록 강제함으로써 이들이 피녜라 정부를 위해 세레나데를 부르는 것을 막아냈다.

오늘날 칠레 정치 상황의 다양한 측면들은 모두 교육운동이 가져온 가장 중요한 정치적 효과가 신자유주의 헤게모니의 부분적인 위기를 가져왔다는 점을 보여준다. 이러한 주장이 오류를 범하지 않기 위해서 현재 지배계급이 경험하고 있는 갈등의 성격을 깊이 연구할 필요가 있다. 헤게모니의 위기가 부분적이라고 주장하는 이유는 이 위기가 이미 극대화되고 있는 것은 아니며 이 위기를 통해 민주화가 이루어질 수 있는 우호적인 조건이 형성된 것은 더욱 아니기 때문이다. 또한 이러한 위기를 누가 가장 잘 활용할 것인가 또한 분명치 않다. 따라서 앞으로의 시나리오는 어떠한 가능성에도 열려 있다. 칠레가 현재 응시하고 있는 헤게모니의 위기로부터의 대안적 출구는 계속 연구될 주제이다.

전통적 정당들의 정당성이 너무나 훼손되었기 때문에 단기간 내에 이들 정당이 스스로를 재정비할 수 없을 것이라고 예상하는 사람들도 있다. 이들은 위기 극복이 방법으로 덜 정치화된 불만들을 직접 동원할 수 있는 담론을 상정하며, 카리스마 있는 리더십을 통해 이들을 결합시

8) 2011년 11월 13일 발표된 카밀라 바예호의 성명서.

킬 수 있다고 생각한다. 이러한 방향으로는 최소한 두 가지의 정치적 프로젝트가 생성될 수 있다. 그중 하나는 지난 대선 후보였던 마르코 엔리케 오미나미와 그의 정당인 진보당(el Partido Pregresista)을 중심으로 한 것이고, 다른 하나는 이미 성공한 독립민주연합당(UDI)의 '포퓰리즘적'인 시도이다. 독립민주연합당은 효율성을 강조하는 탈정치화된 담론을 통해 칠레 우파의 기층을 넓히려고 했다. 이 방법은 페루의 알베르토 후지모리(Alberto Fujimori) '황금기'에 사용되었던 스타일이다. 조금 덜 충격적인 대안은 혁신적 중도의 출현을 통해 신자유주의적 헤게모니를 재편하는 것으로 정당시스템에 새로운 안정성을 부여해줄 것이다. 이 보수적인 대안에는 현재 연합의 여지가 약화된 세력들과 언제나 칠레에 '민주적' 혹은 자유주의적 우파를 건설하고자 하는 오래된 꿈을 지니고 있는 공공부문들이 포함될 수 있다. 칠레의 국가개혁당과 기민당 총수가 최근 이룬 합의의 내용이 바로 이러한 프로젝트의 일례이다.[9] 마지막으로 위기가 더욱 심화되면서 민주화 추동의 사회주체가 출현하기를 기다리는 이들이 있는데, 이들은 칠레가 좀 더 다원주의적인 사회가 될 것을 요구하고 대체로 반신자유주의적 성향을 띤다. 이러한 성향의 대안이 포괄해야 하는 집단은 환경운동이나 원주민운동과 같은 신사회운동세력과 좀 더 고전적인 운동세력인 노동운동과 전통적인 좌파정당들이다. 이들은 권력 창출을 위한 새로운 사회주체들로서 진정한 민주화 의지를 표명하는 콘세르타시온 내의 세력들과의 연합 또한 제안한다. 이를 통해 정치 및 선거에서의 다수를 점할 수 있으며

9) 1월 17일 국가개혁당(RN)의 카를로스 라라인(Carlos Larraín)과 기민당(DC)의 파트리시오 워커(Patricio Walker)가 중선거구제의 개혁과 대통령제를 의회제로 바꾸는 데 대한 기본적인 원칙에 대해 합의했음을 발표해 전 국민을 놀라게 했다.

거리에서의 요구를 현실화할 수 있는 구조개혁을 추진할 수 있기 때문이다.

앞서 설명한 민주화 전략이 실현 가능하도록 하기 위해서는 사회운동과 반신자유주의 정치세력들이 사회적 불만과 2011년 표출된 저항을 정치적으로 대변할 수 있는 능력을 갖춰야 한다. 이러한 문제의식은 교육운동에도 해당된다. 왜냐하면 교육운동의 성공 여부는 그들의 거대한 사회적 문제제기가 민주적 변화를 추동할 수 있는 사회세력 간의 관계 변화로 이어질 수 있느냐에 달렸기 때문이다. 교육운동의 민주화 추동 세력으로의 가능성을 타진해보고자 하는 관심이 상당하기 때문에 교육운동이 다른 시민사회 운동과 연계할 수 있는 능력을 고찰해볼 필요가 있다. 이러한 능력을 고찰함으로써 장래에 교육운동이 칠레 사회의 좀 더 광범위한 민주화 프로젝트와 연계될 수 있는지 판단할 수 있을 것이다.

우선 첫 번째로 눈에 띄는 특징은 교육 분야에서 가장 활발하게 활동하는 세 조직, 즉 고등학생 조직, 대학생 조직 그리고 초·중등 교사들의 조직이 함께 달성한 전대미문의 운동에서의 통일성이다. 최근 몇 년 동안 칠레에서 가장 강력한 대표성을 가진 학생 조직이 교육대학과 함께 연계를 이루어냈고, 함께 주요 행사에 지지 세력을 동원했다. 나아가 8월 24일과 25일 칠레 노총(CUT)이 선언한 총파업의 열기는 교육운동의 새로운 단계로의 전환을 뜻했으며, 교육운동 조직을 위한 좀 더 넓은 연계의 틀이 마련되었다는 것을 의미했다. 세 개의 전국 단위 학생조직(CONFECH, CONES 그리고 ACES)[10]과 환경운동단체, 전문대학

---

10) 각각 칠레학생연맹(Confederación de Estudiantes de Chile), 중등학생전국회의(Coordinadora Nacional de Estudiantes Secundarios)와 중등학생연합회(Asem-

들, 인권계 및 칠레 노총 산하의 노동조합들이 함께 모여 교육의 문제를 논의하도록 한 공간이 바로 사회교육포럼(Mesa Social para la Educación)이었다. 이 모임은 이후 8월 24일과 25일에 걸쳐 일어난 전국 총파업 기간 동안 전국의 각 지역을 아우르는 행사를 기획할 수 있는 지역의 조직화를 이루어낸 시작이었으며, 이후 교육대학이 주최한 성공적인 국민회의의 토대가 된 모임이었다. 이러한 종류의 행사가 계속되는 것은 교육계와 관련 조직들이 다른 사회부문들, 특히 노동부문 및 민중부문과의 유연한 결합을 할 수 있도록 도와준다. 또한 이러한 행사와 조직은 이후 정치 시스템의 민주화를 요구하는 사회세력들의 다양한 요구를 통합할 수 있게 한다.

교육운동의 성공 여부는 그들의 거대한 사회적 문제제기가 민주적 변화를 추동할 수 있는 사회세력 간의 관계 변화로 이어질 수 있느냐에 달렸기 때문이다.

이러한 논의 속에서 교육계, 특히 학생운동의 내부에 존재해왔던 특징에 주목할 필요가 있다. 그동안 운동의 내부에 전통적인 정당들의 정치 관행에 대한 맹렬한 비판이 존재했다. 동시에 의회와 같은 대의기관들에 대한 불신 또한 팽배하다. 그럼에도 오늘날 교육운동은 그동안 유지해왔던 정치권력에 대한 혐오를 스스로 재점검해야 할 입장에 놓이게 되었다. 다시 말해 국가, 정치제도 및 정당과 어떻게 관계를 설정하는가에 대해 고민하게 되었다는 뜻이다. 여기서 그동안 학생운동에 지대한 영향을 끼쳐왔던 — 그러나 단 한 번도 학생운동을 통제하지는 않았던 — 공산당이 학생운동을 통해서 표출된 정치적 감수성을 대변할 것이라고 추측해볼 수 있다. 공산당의 경우 콘세르타시온에 소속되어

---

blea Coordinadora de Estudiantes Secundarios)를 의미함.

있지 않으면서 동시에 반신자유주의 논조를 일관되게 주장해왔다는 점에서 사회당 내의 다른 분파들보다 훨씬 유리한 입장에 놓여 있다. 물론 최근 표출된 대규모의 사회 불만과 그 세력화의 과실을 한 개의 정당이 독식한다고 가정하는 것은 무모할 수 있다. 하지만 학생운동이 스스로 독자세력화해 자신들의 목소리를 스스로 대변할 것이라고 예상하는 것 또한 무모한 예상이다. 이 외에도 다른 가능성이 존재한다. 즉, 앞의 예상들과 크게 벗어나지는 않는 선에서 학생운동이 다른 사회운동들과 함께 스스로 정치적으로 성숙해 신자유주의에 비판적인 제도권의 정치 세력[11)]과 새로운 형태의 연합을 구축해나가는 것이다. 하지만, '사회적인 것'과 '정치적인 것'을 연결하고자 하는 어떠한 시도도 교육과 정치시스템의 민주화를 함께 추진할 수 있는 구조적 개혁안에 합의할 수 있어야 한다.

결론적으로 칠레에서 현재 일어나고 있는, 특히 2011년에 일어난 폭발적인 사회적 저항의 표출은 군부독재 시기 이후 나타난 유례없는 현상이었다. 만약 굳이 유사한 사건을 찾아야 한다면, 두말할 것도 없이 1993년에 일어난 첫 번째 반피노체트 대규모 시위를 들 수 있을 것이다. 이 두 사건은 모두 기존의 사회적 질서에 대해 칠레 민중이 공개적으로 단절을 선언했다는 상징적인 의미를 공유한다. 또한 이 두 사건은 모두 칠레의 이전과 이후를 가르는 중대한 사건이었다. 분명 2011년 이전에 신자유주의가 어떠한 저항도 없이 유지되던 칠레와 2011년 이후의 칠레는 다르다고 감히 확언할 수 있다.

---

11) 역사가인 세르히오 그레츠(Sergio Grez)에 따르면, 사회운동은 정치게임에 참여해야 한다. 이를 위해 그는 학생들이 자신들을 대표할 수 있는 정치 방식을 도출해야 하며, 이 과정에서 신자유주의에 대항하는 정치기관들을 무시해서는 안 된다고 주장했다(Grez, 2012).

참고문헌

Centro de Estudios Publicos(CEP). 2011. "Encuesta Nacional de Opinion Publica, Noviembre-Diciembre 2011." en <http://www.cepchile.cl/dms/lang_1/doc_4936.html>.

Grez, Sergio. 2012. "Chile 2012: el movimiento estudiantil en la encrucijada." en *Le Monde Diplomatique*(Santiago de Chile) Ano XI, No.126, enero-febrero.

Lechner, Norbert. 2012. *Las sombras del Manana. La dimension subjetiva de la politica*. Santiago de Chile: LOM Ediciones.

Massardo, Jaime. 2011. "La significacion historica del Movimiento Estudiantil." en <http://www.chileaulas.com/wp-content/uploads/2011/08/LASIGNIFICACION-HISTORICA-DEL-MOVIMIENTO-ESTUDIANTIL.pdf>.

Mayol, Alberto, Azocar, Carla y Brega, Carla. 2011. "El clivaje publico/privado: Horizonte ultimo del impacto del movimiento estudiantil 2011 en Chile." en <http://www.albertomayol.cl/?p=74>.

Universidad Diego Portales. 2011. "Chile 2011, Encuesta Nacional UDP" en <http://www.encuesta.udp.cl/tag/encuesta-udp-2011/>.

제 4 부
우루과이

제13장 | '완만하게 경사진' 우루과이, 잔잔한 변화를 경험하다:

2009년 우루과이 대선의 결과와 도전 _아구스틴 칸자니

제13장

'완만하게 경사진' 우루과이, 잔잔한 변화를 경험하다

2009년 우루과이 대선의 결과와 도전

아구스틴 칸자니

우루과이 대선에서 호세 무히카(José Mujica) 후보가 결선을 거쳐 당선되었다는 사실은 프렌테 암플리오의 정치적 노선이 유지되었다는 뜻이고 동시에 급격한 변화에 익숙하지 않은 우루과이에 새로운 도전을 의미한다. 이 논문은 간략하게 우루과이 정치 및 선거 시스템을 검토하고, 선거에서 제시된 대안들을 고찰할 것이다. 또한 이번 대선의 결과를 분석할 것이다. 이번 대선의 결과는 우루과이의 구조적 특징, 즉 강력한 중도우파와 좌파 블록으로 양분된 정치 시스템에서 생겨난 대선 구도를 통해 설명될 수 있을 것이다.

아구스틴 칸자니 Agustín Canzani 사회학자. 현재 정치학 박사 과정생임. 여론학과 교수이며, 현재 리베르 세레그니 재단(la Fundación Líber Seregni)의 소장이다.

* 이 글은 ≪Nueva Sociedad≫ 225호(2010년 1~2월호)에 발표한 글을 옮긴 것이다.

아르헨티나의 호르헤 라나타(Jorge Lanata) 기자는 11월 마지막 금요일 전날, 호르헤 무히카의 대선 승리를 예측하며 '이상한 우루과이 사람들'이라고 적었다. 호세 무히카는, 그의 표현에 따르면, 넥타이를 매지 않고 슬리퍼를 신는, 나이 들고 은퇴한 게릴라로 무장투쟁을 하다가 정치활동가가 된 사람이다. 다윈 데스보카티(Darwin Desbocatti)라는 우루과이의 유명한 좌파 칼럼니스트는 선거 다음 날 우루과이의 민주주의 전통에 대한 명성을 비아냥대며 호르헤 라나타에게 다음과 같이 답했다. "이런 일[1])은 민주적 응급상황이라는 유행에 따른 것이다. 여기 우리에게 무가베[2])를 준다면, 우리는 그를 넬슨 만델라(Nelson Mandela)로 만들 수 있다. 하지만 우리에게 30년의 세월도 역시 주어야 한다……." 2009년 대선에 관심을 기울인 사람이라면 세계 언론의 우루과이 대선 보도는 대선 캠페인을 괴상한 현상으로 보도하거나 아니면 상당히 감탄할 만한 모범사례로 보도하고 있다는 것을 알 수 있다. 하지만 우루과이인들에게 이번 대선의 결과는 이미 예측 가능한 것이었다. 많은 이들이 우루과이 대선의 결과에 나타난 후보 간의 눈에 띄는 차이만을 주목했다면, 우루과이 국민들에게 이러한 차이는 단기적으로 급작스러운 변화를 초래하지 않는 정치 시스템의 한 특징으로 받아들여진다.

밖에서 보면 이번 대선의 결과는 이 지역의 강력한 선거운동의 직접적인 결과일 것이다. 하지만 대선의 결과를 잘 설명하는 방법은 한 발짝 떨어져서 중·장기적 관점에서 바라보는 것이다. 이를 통해 이번 대선의 결과를 잘 설명할 수 있을 뿐 아니라 앞으로 우루과이 정치에서

1) 호르헤 무히카의 당선 — 옮긴이.

2) 로버트 가브리엘 무가베(Robert Gabriel Mugabe): 짐바브웨의 독재자 — 옮긴이.

일어날 수 있는 일 또한 예측할 수 있을 것이다.

이 논문은 우루과이 정치 및 선거 시스템의 가장 두드러진 특징을 살펴보았고, 2009년 우루과이 대선에서 각 단계마다 나타났던 다양한 대안적 담론들을 분석했다. 이후, 이번 대선의 결과를 분석해보고, 신임 정부가 맞닥뜨려야 할 다양한 도전들은 무엇인지 파악했다.

1. 선거 주기와 그 의미

우루과이의 정치 시스템은 라틴아메리카에서 가장 안정적인 것으로 평가받는다. 비록 군사 쿠데타와 이후 1973년부터 1985년까지 계속되었던 군사독재가 우루과이 사회, 경제 및 정치에 깊은 상처를 남기며 민주주의의 공백기를 가져오기는 했으나, 이후 우루과이 정치는 '정착된 민주주의'(Merkel, 1999)가 되었다는 평가를 두루 받고 있다. 물론 우루과이의 정치 시스템은 그 자체로 독특한 특징을 가지고 있다. 이러한 특징들 중 강한 '국가중심성(estatalidad)', 강력한 정당 중심의 정치 전통 그리고 민주주의의 가치를 귀히 여기는 정치 문화를 언급할 필요가 있다.

국가중심성이란 국가와 관련된 관료 시스템이 다양한 사회 서비스를 통해 사회 전반에 스며들어 있다는 뜻으로, 일찍이 형성된 보편주의적 사회정책의 제도화, 교육, 노동 및 보건 서비스의 폭넓은 보장성, 그리고 국가의 역할은 시장을 제한하고 통제하는 것이라 여기는 국민 여론 등이 우루과이 정치 시스템이 갖는 국가중심성이라는 성격의 바탕이 되고 있다. 강력한 정당주의의 전통은 늘 다양한 정치주체를 정치시스템 안으로 편입시키려는 노력의 발현으로 '합의를 통한 정당정치'

(Chasquetti y Buquet, 2004)라고 불리기도 했다. 이는 선거 기간뿐 아니라 평소에도 국민들이 정당에 대한 지지도가 높으며 정당정치에 적극적으로 참여하는 현상을 이르는 말이기도 하다(Garcé y Yaffé, 2007: 139~154). 민주주의를 선호하는 정치문화는 미시적인 수준 — 개인들끼리의 대화와 토론 — 뿐 아니라 거시적 수준 — 민주주의 선호 지표 및 민주시스템에 대한 신뢰도 — 에서도 나타나는데, 이러한 성향은 정치의 결과에 대한 비판적 의견과는 별개로 유지된다(Selios, 2006; Moreira, 1997).

2009년은 우루과이가 새로운 선거 시스템을 도입한 지 10년이 되는 해이다. 10년 전, 우루과이는 세계에서 가장 복잡한 선거 및 투표 시스템을 갖고 있었으나 1996년 선거개혁법이 가까스로 통과되었고 1년 동안 선거 기간이 유지되는 선거 시스템을 도입하게 되었다. 선거 기간은 6월에 시작되고, 이때 각 정당은 당내 경선을 통해 대통령 후보를 지명해야 한다. 10월부터는 국회의원(상원 30명, 하원 99명) 및 대통령 선거가 치러지는데, 대통령의 경우 후보 중 한 명이 50% 이상의 득표율을 획득해야만 한다. 그렇지 못할 경우 11월에 결선 투표가 치러진다. 마지막으로 이듬해 5월 지방선거가 있다.[3)]

이 기간 동안 진정한 우루과이의 권력 분립이 시험대에 오른다. 정당 지도자들과 의회조직이 선출되고 행정부의 수반이 정해지며 동시에 지방정부의 관료들 또한 선출된다.

---

3) 지방선거에서는 19명의 주지사와 주의회 그리고 그 밖의 다양한 지방 행정직 관료들이 선출된다. 2010년에는 최초로 60여 명의 구청장과 구의회 의원 또한 선출될 것이다.

2. 우루과이 정치의 핵심 배경: 구조적 변수와 후보군

이번 대선에서의 후보 간 치열한 경합은 우루과이 역사상 최초로 정권을 잡은 좌파세력 덕분에 상당히 독특한 선거 시나리오가 생산되었다는 반증이다. 따라서 이러한 배경이 선거 캠페인의 성격을 규정하리라는 것은 당연하다. 그리고 실제로 2009년 대선은 여러 가지 측면에서 강력한 좌파의 등장과 이에 대한 우파의 대응을 통해 규정되었다.

2005년 타바레 바스케스는 대통령이 되었다. 그는 한 해 전 치러진 대통령 선거에서 50% 이상의 득표율을 얻어 당선되었고, 정부 여당은 상·하원에서 모두 과반을 차지했다. 몬테비데오 주의 전 주지사이자 지난 두 번의 선거에서 좌파 후보였던 타바레 바스케스는 여러 가지 의미에서 매우 독창적인 정부를 이끌었다. 우선, 이미지가 매우 독창적이었다. 5년 임기 동안 내내 절대다수의 국민들이 지지하는 대통령이었다. 이번 선거 기간 동안 그의 정부에 대한 지지도는 65%를 상회했으며 타바레 바스케스 대통령에 대한 지지도는 70%를 넘었다. 이는 최근 4세기 우루과이 역사상 최초이다.

하지만 좌파정부는 단순히 좌파정부에 머무르지 않고 정책과 그 정책의 결과물들을 통해 외연을 확장해나갔다. 경제 분야에서 타바레 바스케스 정부는 당시 우호적인 세계경제의 흐름을 잘 이용해 거시 경제를 안정적으로 운용했고, 우루과이 경제의 몇몇 약점들을 잘 극복했다. 투자를 유치하고 페소를 평가절하해 경제성장률을 유지했으며, 외채들을 장기 부채로 전환했다. 사회 분야에서는 강력한 노동자들의 권익 증진을 통해 노사 간 균등화 및 권리의 증진을 이루었다. 또한 노동의 정규직화, 실업의 축소, 실질임금 인상 및 사회보장제도의 가입률 및 보장성 확대 등을 달성했다. 특히, 사회정책의 분야에서 빈곤층에 대한 특별 응급 지원책뿐 아니라 보편적 복지 정책들을 개발해 장기적으로 극빈층과 빈곤층을 줄여나갔다. 이러한 정책의 상징적인 정책으로 세이발 플랜(Plan Ceibal)을 들 수 있다. 이 정책은 공립학교에 다니는 모든 어린이와 교사들에게 인터넷을 할 수 있는 노트북을 무상으로 배포한 정책이다. 마지막으로 정치 분야에서 바스케스 정부는 인권의 상당한 증진을 이루었다. 바스케스 정부는 독재 시기 동안 인권을 유린했던 수많은 군부 인사들에 대한 재판을 진행했고, 이들을 수감시켰다. 또한 사법 개혁, 의료 개혁 등 주요한 정치 개혁안들을 실행에 옮겼다.[4)]

타바레 바스케스 정부의 성공과 실패는 모두 여론에 영향을 끼쳤다. 실업을 우루과이가 해결해야 할 가장 중요한 문제라고 주장하는 사람들의 수는 급격히 줄어들었다. 일반적인 경제의 문제를 언급하는 사람들도 점차 줄어들었다. 반면, 최근 눈에 띄게 늘어나는 범죄로 인해 범죄에 대한 우려의 목소리는 커졌다. 1년 만에 범죄를 우루과이가 해결해야 할 가장 중요한 문제로 언급하는 사람들의 수는 9%에서 31%로 늘어났고, 범죄는 국민들이 우려하는 사회문제 중 3위를 차지하게 되었다.

바스케스 정부의 정책들이 가져온 긍정적인 결과들과 우루과이 사회의 바스케스 정부에 대한 지지도는 우루과이법으로는 허용되지 않는 대통령의 재임이라는 가설을 고려할 수 있는 것으로 만들었다. 물론 이를 위해서는 개헌이 필요했다. 처음 재임의 가능성에 대한 논의에 접했을 때 바스케스는 즉답을 회피했다. 하지만 곧 재임은 없을 것이라고 선언했고, 그 결과 후임에 대한 논의가 시작되었는데, 가장 활발하게 논의가 진행된 곳은 당시 경제부 장관이었던 다닐로 아스토리(Danilo

4) 좀 더 깊이 있고 정리된 분석을 위해서는 Elissalde(2009)를 참조.

Astori)를 후임 대통령 후보로 추대하고자 했던 여당이었다.

이러한 분위기 속에서 당내 경선이 시작되었고, 여러 후보들이 대통령 후보로 지명받기 위해 경쟁하기 시작했다. 이러한 경쟁은 10월 대선에 더욱 다양한 의미를 부여해주었다.

프렌테 암플리오 연합에서는 호세 무히카가 후보로 선출되었다. 우루과이에서는 그를 페페(Pepe)로 부르며, 그는 1960년대부터 1970년대 초까지 민족해방운동-투마로스(el Movimiento de Liberación NacionalTumaros)의 도시 게릴라로 활동했다. 무히카는 군사독재 기간 동안 내내 혹독한 감금생활을 견뎌야 했으며, 1980년대 말 정당활동을 시작해 1990년대에 국회의원으로 선출되었다. 2004년 총선에서는 좌파세력 중 가장 많은 표를 얻은 민중참여운동(el Movimiento de Participación Popular)을 이끌었으며, 바스케스 정권하에서 상당 기간을 농림수산부 장관으로 재임했다. 직설적인 언변과 성격 탓에 그는 대중에게 인기가 높지만 동시에 논란의 대상이 되기도 했다. 그는 프렌테 암플리아 그룹의 대부분이 지지했던 최대 경쟁자인 다닐로 아스토리(Danilo Astori)를 경선에서 이기고 후보로 선출되었다. 다닐로 아스토리는 경제학자이자 의회 내 두 번째 좌파정파인 아셈블레아 우루과이의 지도자이며 바스케스 정부에서 수년간 경제 장관직을 수행했다. 결국 다닐로 아스토리는 무히카의 부통령 후보가 되어 선거를 함께 치렀다.[5)]

루이스 알베르토 라카예(Luis Alberto Lacalle)는 국민당(백색당) 후보가 되었다. 그의 첫 번째 대통령 임기인 1990년부터 1995년 동안 그는

---

5) 우루과이는 대통령과 부통령을 함께 선출하는 러닝메이트 제도를 채택했다. 대통령 유고 시 부통령은 대통령을 대신할 뿐 아니라 국회의장직을 수행하게 되며 31번째 상원의원이 된다.

분명하게 신자유주의 노선을 표방했다. 물론 그의 신자유주의 노선은 우루과이의 사회와 정치의 특징을 결합한 것이었다. 하지만 이 노선하에서 이후 국민투표에 의해 철회된 법안을 통해 공공서비스를 담당하던 공기업들의 민영화를 시도했다. 라카예는 이후 부정부패로 고발당했고, 그의 측근들은 부패 혐의로 기소되었다. 대선에서 그는 그에게 패한 라이벌인 호르헤 라라냐가(Jorge Larrañaga)를 부통령 후보로 선택했는데, 라라냐가는 이념적으로 그보다 더 중도에 가까운 우파였다.

적색당(el Partido Colorado)의 경우 독재자인 후안 마리아 보르다베리(Juan María Bordaberry)의 아들이자 바스케스 정권에 의해 인권 유린의 죄목으로 수감되었던 페드로 보르다베리(Pedro Bordaberry)를 후보로 내세웠다. 호르헤 바틀레(Jorge Batlle) 정부에서 장관을 역임했고 이념적으로 규정하기 어려운 성향을 띤 보르다베리는 자신을 통해 적색당이 잃어버렸던 사회민주주의적 전통을 되찾을 수 있을 것이라고 주장했다. 물론 근대화 담론과 강력한 통합에의 강조를 통해 '업데이트 된' 후보임을 주장하는 것도 잊지 않았다. 그는 러닝메이트로 정치 경력이 전무한 인기 있는 스포츠 선수를 영입했다.

3. 공약과 선거 과정에서의 부침들

대선전은 당내 경선의 결과가 나온 바로 그날 밤부터 시작되었다. 그날 밤 이미 좌파세력에 대한 심리전이 시작되었고, 라카예에 대한 대대적인 지지도 조직되었다. 유권자의 절반에 못 미치는 숫자가 당내 경선에 참가했으나(대선과 달리 당내 경선은 투표가 의무사항이 아니다), 국민당은 프렌테 암플리아보다 더 많은 참여를 독려하는 데 성공했다.

그리고 당내 경선이 끝난 바로 그날 밤 대중매체들 앞에서 라카예와 라라냐가는 국민 대화합의 장면을 연출했다. 프렌테 암플리아의 경우 경선의 결과는 다소 충격적이었고, 이해할 수 없이 긴 협상이 계속되는 듯 보였으며 경선이 끝난 후 2주 후에야 러닝메이트가 확정되었다. 게다가 적색당마저 경선에 상당한 참여를 이끌어내면서 당의 힘이 강화된 듯이 보였다.

좌파정권하에서 계속해서 좌파의 재집권이 선호되는 듯 보였지만 많은 정치 분석가들과 여론조사의 결과는 새로운 시나리오를 보여주고 있었다. 즉, 처음으로 국민당이 강력한 기회를 잡은 듯 보였다. 신자유주의 담론을 완화함으로써 라카예의 이미지는 좌파에 대한 대안으로 떠올랐다. 그는 경험이 많고 국정운영 능력을 갖춘 후보로 여겨지기 시작했다. 반면, 무히카라는 후보는 프렌테 암플리아가 중도표를 끌어들일 수 있는 기회를 차단하고 있었다. 대선 관련 여론조사도 이러한 경향을 보여주었다. 6월에는 프렌테 암플리아가 43%의 지지를 얻었으며 다른 전통적 정당(적색당과 국민당)에 대한 지지는 46%였다. 1차 투표에서는 프렌테 암플리아가 승리했으나 결선 투표에서 전통적 정당의 연합에 패배했던 1999년 대선이 되풀이되는 듯 보였다.

그럼에도 선거전에서 가장 적극적인 활동을 벌인 부문은 뒤늦게 활동을 시작했다.

각 당은 그들의 대선 슬로건을 선택했다. 프렌테 암플리아의 경우 대선 슬로건은 '정직한 정부, 최고의 국가'였다. 이 슬로건을 통해 프렌테 암플리아는 바스케스 정부의 전통을 이어간다는 메시지와 함께 라카예와 그의 측근들에게 제기된 부정부패의 의혹과 대조된 이미지를 구축하고자 했다. 동시에 무히카-아스토리 팀은 서로 다른 좌파 부문 및 정파들을 결합하기 위해 노력했다.

국민당의 경우 대선 슬로건은 ‘안정의 길’이었다. 이 슬로건을 통해 국민당은 무히카라는 인물이 보여주는 불확실성을 강조하고 라카예의 정치적 경험을 장점으로 내세웠다.

프렌테 암플리아가 어려운 경선 과정에서 생긴 당내 균열을 봉합하기 위해 고전하고 있을 때, 라카예는 많은 정치전문가들이 첫 번째 실수라고 지적하는 실수를 저지르고 만다. 그는 한 인터뷰에서 그가 만약 해외 투자자라면 대선이 끝날 때까지 우루과이에는 투자하지 않을 것이라고 말한 것이다. 이 발언에 대한 반향은 매우 부정적인 것이었다. 정부는 그의 발언을 ‘범죄 행위’로 규정하며 매우 강력하게 비판했다. 국민당의 후보인 라카예는 이전의 선거와는 달리 이번 선거에서는 집권정당의 인기가 매우 높다는 사실을 잊고 있었던 것이다.

라카예의 실수는 여기서 끝나지 않았다. 그가 평소에 갖고 있던 국가기관에 대한 강력한 불신을 드러내며 공공지출을 줄이기 위해서 ‘전기톱이라도 들겠다’고 발언했다. 이에 대한 프렌테 암플리아의 대응은 매우 즉각적이고 효과적이며 동시에 강력했다. 모든 프렌테 암플리아의 정치 지도자들은 라카예가 대통령이 되면 공공서비스와 사회서비스를 대폭 삭감할 것이라고 주장했다. 백색당 후보가 그렇게 발언하지 않았다고 해도 프렌테 암플리아가 이렇게 주장할 수 있었던 것은 우루과이 공공지출의 대부분은 사회서비스를 지탱하기 위해 사용되고 있었기 때문이었다. 라카예는 사태를 진정시키기 위해 노력했으나 성공하지 못했다. 전기톱의 이미지는 이후 프렌테 암플리아가 다양한 홍보 문건에서 사용할 수 있는 모티브를 제공해주었다.

프렌테 암플리아의 두 정치 지도자들의 결합으로 구성된 대통령 후보팀은 곧 강력한 효과를 발휘하기 시작했다. 특히, 아스토리의 적극적인 참여와 공격적인 선거 전략의 성공은 여론조사에 그대로 반영되었다.

7월 말 실시한 여론조사에 따르면 프렌테 암플리아의 지지도는 44%로 상승했고 전통적 정당들의 지지도 총합은 45%로 낮아졌다. 8월에 프렌테 암플리아가 치안과 관련한 현 정부의 한계를 대대적으로 인정하며 이에 대응할 강력한 정책들을 발표하자 치안의 이슈를 선점하고 있던 라카예의 입지가 흔들리면서 7월 여론조사에서 나타났던 프렌테 암플리아의 상승세는 더욱 강해졌다. 하지만 9월에 이번 대선 캠페인에서 일어난 일 중 가장 강력한 사건이 일어났다. 9월 중순, 무히카가 아르헨티나의 신문인 ≪나시온(Nación)≫지와 했던 인터뷰에서 밝혔던 정의에 대한 입장이 이후 상대 진영에 의해 비판받기 시작했던 것이다. 하지만 이 사건이 비교적 잘 수습되었다고 여겨질 때쯤 진정한 폭탄이 터졌다. 한 주간지가 무히카의 대담집에 나온 발언을 폭로한 것이다. 이 대담집에서 무히카는 중앙 및 지방 정치 지도자들을 매우 강력하게 비판했는데, 비판을 받은 인사 중에는 프렌테 암플리아 인사들도 포함되어 있었다. 엄밀히 말해, 이러한 발언들은 무히카가 그동안 해왔던 발언들과 본질적으로 크게 다르지 않았지만, 대선전 중에 벌어진 이러한 폭로는 프렌테 암플리아를 수세적인 입장에 놓이게 했다. 야당들은 일제히 무히카의 변덕스러운 성격과 대통령으로서의 자격 미달을 지적하고 나섰다. 하지만 이 사건의 반향은 비단 야당에만 국한된 것은 아니었다. 성공적인 미국 방문을 마치고 돌아온 바스케스 대통령은 언론을 통해 무히카의 발언 내용을 전해 듣고 "무히카는 내가 속한 당의 후보이고 그에게 투표하겠지만 그가 한 말에 동의하지 않는다"고 말했다. 또한 무히카가 한 몇몇 발언은 그저 '멍청한' 발언이었다고 평가했다.

무히카가 스스로 반성하고 당내 인사들 또한 그의 발언들이 지난 일이었음을 강조했으나, 거의 일주일 동안 프렌테 암플리아는 이 사건이 가져올 파장에 대한 불안감에 시달려야 했다. 하지만 라카예의 또 다른 발언으로 인해 상황은 역전되었다. 국민당 후보는 이 무히카 발언 사건에 대해 발언하면서 무히카가 살았던 조그만 농장을 매우 경멸적인 말투로 비난한 것이다. 그는 무히카의 농장을 '구석'에 있는 '동굴'이라고 표현했다. 프렌테 암플리아는 이 발언을 들어 라카예는 엘리트를 대변하는 후보일 뿐이라는 점을 강조했다. 결국 무히카의 발언 때문에 생겨난 위기는 엄청난 텔레비전 홍보물을 통해 극복되었다.

이러한 사건들의 효과는 다양한 분야에서 나타났다. 프렌테 암플리아 지지자들의 투표 의사가 약간 낮아졌는데, 이는 1차 투표에서 무히카가 승리할 수 있는 기회를 위협하는 것이었다. 하지만 라카예의 이미지 또한 추락해 그에 대한 지지도 역시 대선전이 시작된 이래로 가장 낮은 수준까지 떨어졌다. 라카예의 지지도 하락은 보르다베리에게 유리한 기회를 제공했다. 유권자들 중 특정 그룹들이 보르다베리를 라카예의 대안으로 생각하기 시작했기 때문이다.

9월 말에 있었던 사건은 새롭고 중요한 정치 현상과 일치한다. 그것은 바로 대선 마지막 국면에서 일어난 프렌테 암플리아 네트워크의 발동이다. 그 전에는 정당활동에 참여하지 않았던 프렌테 암플리아의 지지자들이 이메일과 인터넷 포럼을 통해 무히카를 지지하는 활동을 벌이기 시작했다. 처음에는 이러한 활동들이 정당의 지원을 받지 못했으나 이러한 활동에 후보가 직접 참여함으로써 이들 조직에 더 큰 의미가 부여되었고, 결국 대선전에서 중요한 역할을 담당하기에 이른다. 이들이 조직한 가장 유명한 이벤트는 바로 거대한 정당깃발을 만든 이벤트이다. '봄이 왔다. 침대 커버를 꺼내자!'라는 구호와 함께 전개된 이 이벤트는 지지자들에게 푸른색, 흰색 그리고 붉은색 천을 갖고 모여서 프렌테 암플리아 정당 깃발을 함께 만들 것을 제안했다. 이를 통해 다양한 목표를 갖는 세력 간의 연대를 상징적으로 보여주자는 것이었다. 그 깃발은 대선전 막바지에 하나의 아이콘으로 자리 잡았고, 거의 1,000미터에 달하는 깃발이 완성되었다.

10월은 마지막 대규모 집회가 열리며 대선전이 종지부를 찍은 달이다. 몬테비데오에서 열린 대규모 선거 집회에서 무히카와 바스케스는 뜨겁게 포옹했는데, 이는 좌파의 두 강력한 지도자들이 한배를 탔다는 것을 공식적으로 보여주는 이벤트였다.

10월의 마지막 밤은 긴장 속에 깊어갔다. 대선전 막바지 며칠 동안의 분위기는 결선 투표 없이 좌파 후보가 당선될 것을 조심스럽게 점쳐볼 수 있을 정도로 프렌테 암플리아에게 우호적이었다. 물론 대다수의 여론조사 전문가들은 결선 투표 없는 당선이 불가능할 것이라고 예측했다. 몇몇 출구조사의 결과는 결선 없이 무히카가 당선된 것으로 나왔고 프렌테 암플리아와 그 지지자들은 너무 기쁜 나머지 축제를 시작해 버리기도 했다. 하지만 밤이 깊어가고 개표가 진행될수록 대선의 결과는 출구조사와는 다르게 진행되었다. 게다가 좌파정부가 제안한 2개의 개헌안—「특별사면법(Ley de Caducidad)」[6] 삭제와 재외국민에 대한 투표권 부여—이 모두 부결되면서 프렌테 암플리아의 분위기는 매우 침울해졌다. 라카예는 적색당과 함께 결선에 임할 것이라고 발표했으며, 보르다베리도 거의 동시에 라카예를 지지한다고 밝혔다. 6월의 상황처럼 프렌테 암플리아 지지자들은 우울하게 잠자리에 들었어야 했다.

그러나 월요일 오후가 되어서야 분명해진 최종 개표 결과는 예상과는 달랐다. 프렌테 암플리아는 거의 48%의 득표율을 보였고 국민당은 29%, 적색당은 17% 그리고 독립당은 2%의 득표율을 보인 것이다. 이는 좌파가 상하원에서 모두 과반을 점했다는 뜻이며(30명의 상원의원

---

6) 독재하에 저지른 인권유린을 사면하는 법—옮긴이.

중 16명, 99명의 하원의원 중 50명), 정부의 예산안과 법안들이 승인될 수 있는 안정적인 의석이 확보되었을 뿐 아니라 내각을 임명하는 데 야당의 거부를 차단할 수 있게 되었다는 뜻이었다. 게다가 좌파가 동의하지 않는 우파들의 어떠한 입법 시도도 차단할 수 있게 되었다.

결선투표는 프렌테 암플리아에 우호적으로 진행되었다. 라카예는 적색당과 공동의 전선을 형성하고자 했고 이를 위해 '균형은 여러분의 손에 달려 있습니다'라는 슬로건을 내세웠다. 이 슬로건을 통해 그는 이미 좌파가 지배적인 국회와 권력의 균형을 맞추기 위해 우파 대통령이 필요하다는 메시지를 전달하려고 노력했다. 그리고 동시에 무히카의 이미지를 공격했다. 이를 위해 무히카가 1차 투표에서 거부한 대통령 후보들 간의 토론을 요구했다.

이러한 상황 속에서 대선전의 마지막 중대 뉴스가 보도되었다. 경찰과 총격전을 벌인 후 사살된 한 남성의 집에서 무기고가 발견되었는데, 이 남성이 무히카의 전 게릴라조직과 연계되어 있다는 소문이 돌기 시작했다. 전임 대통령인 호르헤 바틀레와 국민당은 이번 사건에 대한 루머를 재생산하는 듯한 정보를 언론에 흘리기도 했다. 경찰의 조사를 통해 총격전의 범인과 무히카 사이에는 어떠한 관계도 없다는 것이 밝혀졌고, 되려 국민 여론은 무히카에 대한 국민당의 공격이 대다수 유권자들을 무시하는 처사이며 정치적 음모라고 규정했다. 라카예는 귀중한 시간을 쓸데없는 정치 공작에 허비했고, 프렌테 암플리아가 대통령 후보 토론을 거부할 명분만을 만들어주었다.

결선투표까지는 약간의 시간이 더 남아 있었다. 라카예는 아르헨티나의 프란시스코 데 나르바에스의 캠페인을 모방한 대선 광고를 방송했고, 프렌테 암플리아의 지지자들은 이를 조롱했고, 결국 대선의 마지막 시도는 효과 없이 끝나 버렸다.

11월 29일 몬테비데오에 불어온 비바람 속에서 수많은 프렌테 암플리아 지지자들은 결선투표에서 52%의 득표율로 대통령에 당선된 무히카에게 환호했다. 무히카는 라카예를 9% 차이로 물리쳤다.

4. 숫자 너머 존재하는 대선의 의미

좌파정권의 연장을 보장해준 이번 대선의 결과는 이미 선거 전의 분위기를 반영한 것이라고 할 수 있을 것이다. 하지만 우루과이처럼 복잡하게 연결된 정치 및 사회 구조를 가지고 있는 사회의 경우 대선 기간을 전후해 일어난 모든 사건들이 대선의 결과에 영향을 끼쳤다고 보는 것이 옳다.

많은 요인들이 프렌테 암플리아에 우호적으로 작용했으며 그러한 요인들을 통해 대선의 승리를 설명할 수 있다.

우선, 이념과 정당 정체성의 확립 및 강화와 이를 뒷받침한 정치담론을 들 수 있다. 1999년부터 지금까지 항상 프렌테 암플리아는 우루과이 국민의 다수가 선호하는 정당이었다. 동시에 프렌테 암플리아가 주장하는 강력한 좌파 정체성에 동의하는 이들이 유권자의 30%를 차지한다. 이들은 좌파정부가 정책을 입안하고 실행하는 데 강력한 동력으로 작용한다. 무엇보다도 국가의 주요 문제에 대한 논쟁에서 헤게모니를 놓치지 않는 역할을 한다. 이러한 능력은 또한 선거에서도 발현되어 전통적으로 중도로 분류되는 정치세력을 우파로 규정함으로써 진정한 중도 성향의 유권자들을 견인할 수 있는 외연을 확장한다.

이처럼 좌파세력은 우루과이의 주요 사회주체들을 결합시킬 수 있는 담론을 생산해낼 수 있었다. 비록 이러한 결합들이 대부분 노동운동과의 결합처럼 역사적인 것이라고 해도 이러한 결함을 통해 정권을 창출했다는 것은 결코 소홀히 볼 수 없는 성과이다.

프렌테 암플리아 역시 국민들로부터 사랑받는 정치 지도자들을 배출할 수 있었다. 바스케스, 아스토리 그리고 무히카는 모두 최근 5년 동안 국민과 상당한 공감대를 형성하는 데 성공한 정치 지도자들이고 정치적 논쟁에서 훌륭한 능력을 보여주었다. 동시에 정권의 운용을 통해 새로운 좌파 인물들이 나타나기 시작했다.

마지막으로 첫 프렌테 암플리아 정부의 주요 성과 중 하나는 정권을 연장해 추진할 과제를 생산했다는 것이다.

하지만 외부에서 본다면 여전히 왜 프렌테 암플리아가 처음부터 결선 없는 대선 승리를 담보하지 못했으며 왜 대선 캠페인이 대선 승리에 그토록 중요한 역할을 했는지 이해할 수 없을 것이다.

10년 전, 좌파로부터 비판을 받는 결선제도를 옹호하면서, 전임 대통령인 호세 마리아 상귀네티(José María Sanguinetti)는 다음과 같이 주장했다. 1차 투표는 정당의 정체성을 확고히 하는 데 기여할 것이고 결선투표는 우루과이 국민들이 속한 각각의 '이념적 가족' 내부의 결속력을 강화시킬 것이다. 이러한 발언을 통해 그는 좌파세력과 나머지 세력을 구분했다. 결선투표의 도입은 1999년 프렌테 암플리아가 1차 투표에서 이기고도 결선투표에서 지는 결과를 가져왔다. 많은 이들이 1999년에 일어난 일이 되풀이될 것이라고 예상했다. 프렌테 암플리아가 다수당이기는 하지만 결선투표는 정당끼리의 경쟁이 아닌 이념블록 간의 경쟁을 가져오고 블록 간의 힘의 차이는 거의 없기 때문이다. 따라서 이러한 상황에서는 매우 사소한 일들도 상당히 중요한 영향을 끼치며 대선 캠페인은 상당한 의미를 지닌 행사가 된다.

수많은 공약과 함께 2009년 대선은 우루과이가 직면할 새로운 도전들을 일깨워준 계기이기도 했다.

우선 선거와 관련해 5월의 지방선거가 이미 코앞으로 다가왔다. 프렌테 암플리아는 정부의 8개 부처를 장악하고 9개의 지방 선거에서 모두 승리하는 꿈을 꿀 것이다. 국민당은 엄청난 대선의 패배를 극복하기 위해 전통적으로 우세를 점하고 있는 지역에 집중할 것이다.

두 번째 도전 과제는 더욱 중요한 것으로 새로운 정부의 정책에 관련한 것이다. 우루과이는 비교적 수월하게 최근의 어려운 경제 상황을 극복했다. 하지만 지속 가능한 경제성장과 평등을 구현하기 위해 개혁을 심화할 필요가 있다는 공감대가 형성되었다. 몇몇 개혁의 테마는 정부에 우호적이지 않은 사회주체들과의 합의를 필요로 한다. 예를 들어 기업가 집단과의 합의가 필요한 에너지 정책 분야가 그러하다. 하지만 공교육 개혁이라든지 그동안 미루어왔던 국가의 개혁과 같은 과제는 노동조합들과 협의해서 추진할 수 있는 과제로 노동조합들의 이해와 협조를 통해 가능할 것으로 기대된다. 무엇보다도 정부의 다양한 정책들이 중장기적 계획을 갖고 사회주체 간의 합의를 통해 추진될 필요가 있다. 그래야만 반대 이념 블록의 공격으로부터 이러한 정책들을 온전히 지켜낼 수 있을 것이다.

많은 경우 지리는 단순히 민중이 살아가는 배경이 아니다. 어린이들이 초등학교에서 우루과이의 지리에 대해 배우는 가장 첫 번째 특징은 '완만하게 경사진' 나라라는 것이다. 선생님과 교과서는 끊임없이 이 사실을 주지시킨다. 이 표현을 통해 우리는 우루과이라는 나라가 상대적으로 균일하며 통일되어 있고 거대한 물리적 국경선이 없는 국가라는 이미지를 갖게 된다. 이 이미지는 우루과이 국민들에게는 마치 우루과이의 상표와 같다. 우루과이의 대표적인 지식인인 카를로스 레알데 아수아는 이 이미지를 사회에 투영했다. 우루과이는 '가까이 있는 나라'이다. 이 말로 미래에 우루과이 좌파들이 당면해야 할 과제를 종합할 수 있을 것이다. 어떻게 사회적 차별을 최소화하면서 지속적인 발전을 추진할 것이며 동시에 가능한 최대한의 지지를 이끌어 낼 것인가?

상당히 어려운 일일 수도 있으나 또 그렇게 어렵지 않은 일일 수도 있다.

참고문헌

Chasquetti, Daniel y Daniel Buquet. 2004. "La democracia en Uruguay: Una partidocracia de consenso." en *Política*, No.42, otoño de 2004.

Elissalde, Roberto(comp.). 2009. *Gozos y sombras del gobierno progresista*. Montevideo: Aportes al balance, Dedos.

Garcé, Adolfo y Jaime Yaffé. 2007. "Los partidos políticos." en *La hora de las reformas. Gobierno, actores y políticoas en el Uruguay 2006~2007*. Motevideo: Informe de Coyuntura, Instituto de Ciencia Política, Ediciones de la Banda Oriental.

Merkel, Wolfgang. 1999. "Defective Democracies." Estudios/Working Paper, 1999/132, Instituto Juan March de Estudios e Investigaciones, Madrid, Marzo de 1999. <www.march.es/ceacs.publicaciones/working/archivos/1999 _132.pdf>.

Moreira, Constanza. 1997. *Democracia y desarrollo en Uruguay*. Montevideo: Trilce.

Selios, Lucía. 2006. "Los últimos diez años de la cultura política uruguaya: entre la participación y el desencanto." en *América Latina Hoy*, Vol.44.

주요 사건 연대표 1325~2012

칠레, 아르헨티나, 우루과이		라틴아메리카
	1325	테노치티틀란(Tenochtitlan) 건설, 멕시코
	1492	크리스토퍼 콜럼버스(Cristóbal Colón)의 첫 항해
	1500	페드로 카브랄(Pedro Cabral) 브라질 항해
후안 디아스 데 솔리스(Juan Díaz de Solís), 리오데라플라타 도착	1516	
	1519	에르난 코르테스(Hernán Cortés) 멕시코 도착
페르디난드 마젤란(Ferdinand Magellan) 마젤란 해협 발견	1520	
	1523	프란시스코 피사로(Francisco Pizarro) 페루 도착
	1535	누에바에스파냐(Nueva España) 부왕청 설립
페드로 데 멘도사(Pedro de Mendoza), 부에노스아이레스 건설	1536	
페드로 데 발디비아(Pedro de Valdivia), 산티아고 건설	1541	
페루 부왕청(副王廳) 설립	1542	
마푸체 봉기, 페드로 데 발디비아 사망	1553	
소리아노(Soriano)에 우루과이 최초의 유럽인 정착촌 건설	1624	
포르투갈 콜로니아 도 사크라멘토(Colonia do Sacramento) 건설	1680~83	
스페인, 몬테비데오 건설	1724	
	1759~88	카를로스(Carlos) 3세의 부르봉 개혁
	1767	아메리카, 스페인 식민지로부터 예수회 추방
리오데라플라타 부왕청 설립	1776	

	1780 ~81	페루에서 투팍 아마루(Túpac Amaru) 봉기
	1781 ~1804	아이티 독립 투쟁
	1810 ~24	아메리카의 스페인 식민지에서 독립운동 전개
아르헨티나, 칠레 독립 전쟁 개시	1810	
우루과이, 스페인으로부터 독립 전쟁 개시	1811	
브라질, 우루과이 침공	1816	
아르헨티나 독립선언	1816	
칠레 독립 선언	1818	
	1822	페드로 1세 브라질 독립 선언
우루과이, 브라질로부터 독립 선언	1825	
시스플라티네(Cisplatine) 전쟁	1825 ~1828	
몬테비데오 조약 및 우루과이 독립	1828	
	1829	베네수엘라, 그란 콜롬비아 (Gran Colombia) 탈퇴
아르헨티나 후안 마누엘 데로사스(Juan Manuel de Rosas) 집권	1829 ~1832	
아르헨티나, 후안 마누엘 데로사스 재집권	1835 ~52	
우루과이 내전(Guerra Grande)	1839 ~51	
	1846 ~48	미국-멕시코 전쟁
	1858 ~61	멕시코, 개혁전쟁(Guerra de Reforma)
	1864 ~67	멕시코, 막시밀리안(Maximilian) 황제 통치
삼국동맹전쟁(또는 파라과이 전쟁)	1865 ~70	
	1876 ~1911	멕시코 포르피리오 디아스(Porfirio Díaz) 통치
태평양 전쟁(Guerra del Pacífico)	1879 ~83	
	1988	브라질 노예제 폐지

	1989	브라질 페드로 2세 퇴위
칠레 1891년 내전(또는 1891년 혁명)	1891	
	1898	미국-스페인 전쟁
	1899 ~1903	콜롬비아 천일전쟁
	1903 ~14	파나마 운하 건설
	1909 ~33	미국의 니카라과, 멕시코, 카리브 지역 개입
	1910 ~17	멕시코 혁명
아르헨티나, 이폴리토 이리고옌(Hipólito Yrigoyen) 최초의 민주적 선거로 대통령 당선	1916	
	1927 ~33	니카라과, 아우구스토 세사르 산디노(Augusto César Sandino) 게릴라 미 해병대 축출
	1929	에콰도르에서 여성 참정권 부여; 멕시코 PNR(PRI 전신 창당)
아르헨티나, 군사 쿠데타 발발; 우루과이 제1회 월드컵 개최 및 우승	1930	APRA 창당; 브라질 헤툴리오 바르가스(Getúlio Vargas) 집권
	1932 ~35	차코 전쟁
아르헨티나, 카를로스 사아베드라 라마스(Carlos Saavedra Lamas) 노벨평화상 수상	1936	
	1938	멕시코 석유국유화
칠레 가브리엘라 미스트랄(Gabriela Mistral) 노벨문학상 수상	1945	
	1945 ~54	과테말라의 개혁 민주주의
	1950	브라질 월드컵 개최
아르헨티나, 후안 페론 집권	1946 ~55	
아르헨티나, 여성 참정권 부여	1947	
	1948	콜롬비아, 가이탄(Gaitán) 암살; CEPAL 창설
	1948	콜롬비아, 라 비오렌시아(La Violencia)

	~58	발발
아르헨티나, 에바 페론(Eva Perón) 사망	1952	볼리비아 혁명; 베네수엘라, 마르코스 페레스 히메네스(Marcos Pérez Jiménez) 집권
	1954	과테말라에 CIA 개입
아르헨티나, 군사 쿠데타, 페론 스페인 망명	1955	
	1958	콜롬비아, 민족전선 개시; 베네수엘라, 「부동점 협약(Pacto de Punto Fijo)」
	1959	쿠바혁명
	1960	OPEC 창설
	1961	JFK 진보를 위한 동맹(Alliance for Progress) 개시
칠레, 월드컵 개최	1962	쿠바 미사일 위기
	1964	브라질 군사 쿠데타 발발
아르헨티나, 후안 카를로스 온가니아(Juan Carlos Onganía) 주도의 군사 쿠데타 발발	1966	
	1968 ~75	페루의 개혁적 군사정권 집권; 멕시코 올림픽 개최
아르헨티나, 코르도바(Cordoba) 민중봉기(Cordobazo)	1969	
칠레, 살바도르 아옌데(Salvador Allende) 대통령 당선	1970	멕시코 월드컵 개최
칠레, 파블로 네루다(Pablo Neruda) 노벨문학상 수상	1971	
칠레, 구리대광산 국유화	1972	
	1972 ~79	에콰도르 개혁적 군사정권 집권
아르헨티나, 후안 페론 대통령 당선; 칠레, 아우구스토 피노체트(Augusto Pinochet) 주도의 군사 쿠데타; 우루과이, 군사 쿠데타	1973	
아르헨티나, 후안 페론 대통령 사망, 부인이자 부통령 이사벨 페론(Isabel Perón) 대통령 취임	1974	
아르헨티나, 군사 쿠데타로 이사벨 페론 실권	1976	

아르헨티나, 월드컵 개최 및 우승	1978	
	1979	니카라과 FSLN 소모사 정권 전복
칠레, 1980년 헌법 제정; 아르헨티나, 아돌포 페레스 에스퀴벨(Adolfo Pérez Esquivel) 노벨평화상 수상	1980	엘살바도르 로메로 대주교 암살
아르헨티나, 말비나스(포클랜드) 전쟁 패배	1982	멕시코 외채위기 시작; 콜롬비아 가브리엘 가르시아 마르케스(Gabriel García Márquez) 노벨문학상 수상; 멕시코 알폰소 가르시아 로블레스(Alfonso García Robles) 노벨평화상 수상
아르헨티나, 라울 알폰신 대통령 당선	1983	
우루과이, 콜로라도당 훌리오 마리아 산귀네티(Julio María Sanguinetti) 대통령 취임, 민주주의 회복	1985	브라질, 군사독재 종식; 멕시코시티 대지진
	1986	멕시코, 월드컵 개최
칠레, 국민투표 피노체트 패배	1988	
아르헨티나, 카를로스 메넴 대통령 당선	1989	
칠레, 중도좌파 야당 연합 콘세르타시온의 파트리시오 아일윈 대통령 취임, 민주주의 회복	1990	
「아순시온 조약」, 남미공동시장(메르코수르)	1991	
「오우로 프레토(Ouro Preto) 협약」, 남미공동시장	1994	NAFTA 발효; 멕시코, EZLN 봉기; 멕시코, OECD 가입
	1998	베네수엘라, 우고 차베스 대통령 당선
	1999	파나마운하 파나마 반환
	2000	멕시코 비센테 폭스(Vicente Fox) 대통령 당선
아르헨티나 정치 및 경제 위기	2001 ~02	
	2002	브라질 룰라 대통령 당선
아르헨티나, 네스토르 키르치네르 대통령 당선	2003	
우루과이 좌파연합(Frente Amplio) 타바레 바스케스 대통령 당선; 칠레-미국 FTA 발효	2004	
	2005	볼리비아 에보 모랄레스 대통령 당선

칠레, 최초의 여성대통령 미첼 바첼레트 대통령 당선	2006
아르헨티나, 크리스티나 페르난데스 데 키르치네르 대통령 당선	2007
우루과이 좌파연합 대통령 선거(호세 무히카) 및 의회선거 승리	2009
칠레 우파연합 세바스티안 피녜라 대통령 당선, 대지진 500명 이상 사망; OECD 회원국; 아르헨티나, 네스토르 키르치네르 전 대통령 사망, 동성결혼 합법화	2010

서울대학교 라틴아메리카연구소(SNUILAS)는 1989년 스페인중남미연구소로 발족하여 2008년 확대 재편된 국내 라틴아메리카 연구의 산실이다. 라틴아메리카의 33개 독립국과 1개 준독립국, 인구 약 5억 5,000만 명의 광대한 지역을 연구대상으로 하는 서라연은 총서, 학술지, 웹진, 이슈 등을 발간하고 있으며, 다양한 분과학문 출신의 연구진이 학제적 연구를 통해 지식의 식민성 극복과 학문의 대중적 소통을 지향하고 있다.

편역자 박윤주

계명대학교 스페인어중남미학과 부교수
한국외국어대학교 학사
텍사스대학교(오스틴) 중남미지역학 석사
텍사스대학교(오스틴) 사회학 박사

주요 논문 및 저서

2012. 「아르헨티나의 민간연금기금 국유화 연구」, ≪국제지역연구≫, 제16호, 1권.

2011. 「의료보험 민영화가 여성의 건강에 미치는 영향: 칠레의 사례를 중심으로」, ≪이베로아메리카≫, 제13호, 1권.

2011. 「의료개혁의 정치적 결정요인 연구: 칠레와 멕시코의 사례를 중심으로」, ≪스페인어문학≫, 제58호.

2010. 「G20와 중견국가의 역할 연구: 아르헨티나의 사례를 중심으로」, ≪세계지역연구논총≫, 제28권 1호 등.

한울아카데미 1561

아르헨티나, 칠레, 우루과이: 남미의 대안

ⓒ 서울대학교 라틴아메리카연구소, 2013

편역자 | 박윤주
펴낸이 | 김종수
펴낸곳 | 도서출판 한울
편집책임 | 김현대
편집 | 조수임

초판 1쇄 인쇄 | 2013년 6월 20일
초판 1쇄 발행 | 2013년 6월 28일

주소 | 413-756 경기도 파주시 파주출판도시 광인사길 153
한울시소빌딩 3층(
전화 | 031-955-0655
팩스 | 031-955-0656
홈페이지 | www.hanulbooks.co.kr
등록번호 | 제406-2003-000051호

Printed in Korea.
ISBN 978-89-460-5561-2 93950

* 책값은 겉표지에 있습니다.